図解&ストーリー「子会社売却」の実務

株式会社
岡&カンパニー　岡 俊子 著
代表取締役

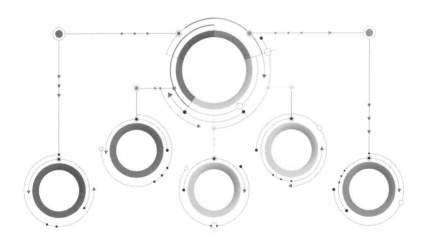

中央経済社

はじめに

本書は，『図解＆ストーリー「子会社売却」の意思決定』（2023年8月刊）の続編として，架空の上場企業であるミツカネ工業がその子会社であるミツカネ電子を売却するプロセスについて描いたものである。

世の中のM&Aの書籍というと，買い手目線で書かれているものがほどんどで，売り手目線，ましてや対象会社目線の書籍にはなおのこと出会うことはない。しかしながらM&Aにおいて，買い手に新たな価値をもたらすのは対象会社である。対象会社にはもっと光をあてるべきであるが，ときに「売られてしまった」可哀そうな立場とみられることがある。利益が出ている事業のカーブアウト型M&Aが増えていくなか，そういう見方は，すでに時代遅れである。そのような問題意識から，本書およびその前編にあたる『図解＆ストーリー「子会社売却」の意思決定』を執筆した。

ストーリーのほうは，ミツカネ工業の子会社であるミツカネ電子がオークションの対象になったという前編の設定を引き継ぎ，本書ではいよいよオークションプロセスに入り，新たな株主が決まるところまでを描いている。このストーリーは，2023年9月から12月にかけて週2回メール配信したメルマガの内容をもとにしている。各章には，解説を設け，売り手および対象会社がオークションプロセスでどういう準備をし，買い手候補にどう対応するか，その際の留意点は何かについて記載した。ストーリーに興味がある読者は，先にストーリーだけを読み，その後に解説を読むという読み方もある。

執筆にあたって，長年にわたりM&Aアドバイザリー業務に従事してきた豊田明子氏や株式会社ばんそうの松田克信氏，Kroll International上席顧問の佐藤徳之氏などから多くのアドバイスを頂戴した。

中央経済社の末永芳奈氏には，前編の『図解＆ストーリー「子会社売却」の意思決定』（2023年8月）および同じく姉妹編の『図解＆ストーリー「資本コスト」入門第3版』（2024年12月）に引き続き，継続して特別な配慮をして頂いた。

末筆であるが，これら全ての方々とメルマガの読者に，この紙上を借りて，お礼を申し上げたい。ありがとうございます。

2025年3月吉日

株式会社岡＆カンパニー　代表取締役
明治大学グローバル・ビジネス研究科専任教授

岡　　俊　子

前編にあたる『「子会社売却」の意思決定』のあらすじ

　下の図は，本書および前編（『「子会社売却」の意思決定』）のストーリーに登場する主な人物である。

　親会社は，非鉄金属の雄であるミツカネ工業であり，大手町に立地していることから，子会社から「大手町」と呼ばれている。今回，売却の対象会社となっているのは，その子会社であるミツカネ電子である。

登場人物

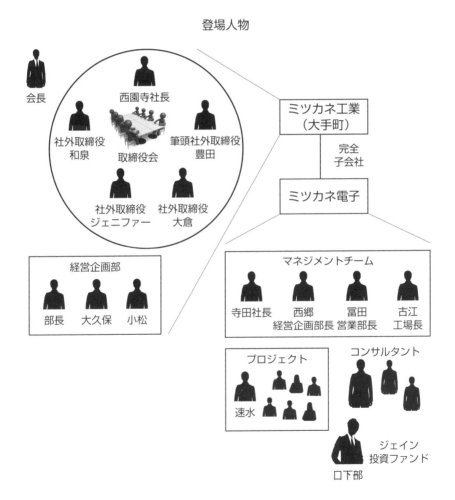

ミツカネ工業は，次期中計策定作業の一環で，全ての子会社を「遠ざける会社」と「近づける会社」に仕分けすることになった。

トンで物事を考える親会社のミツカネ工業とは異なり，極小サイズの高付加価値の製品を扱う子会社のミツカネ電子は，グループ内では相応の利益貢献をしているが，今後成長するためには，これまでとは異なる次元の大きな投資が必要なステージにきていた。

親会社のミツカネ工業では，主力の非鉄金属事業の工場において事故が散発し，その原因分析や処理対応や将来に向けての支出がかさみ，ミツカネ電子の巨額にのぼる資金需要に対応する余力がない。

そのような中，ミツカネ工業では，ミツカネ電子を含めたグループ会社のあり方を今後どうするかについて，外部のコンサルティング会社を起用し，ミツカネ電子に対してはセラーズDDを実施し，喧々諤々の議論を行っていた。この作業は少人数で水面下での検討だったはずだが，なぜかOBたちの耳に入ることになり，最後は，社内政治に押された形で，「ミツカネ電子はグループの外に出し，そこで成長させることが最良の選択肢である」という方向になった。

売却を知らされたミツカネ電子の寺田社長は，当初，大いに困惑し，怒り心頭だったが，次第に「やりたいことができないミツカネ工業の下にいても先が見えない」という考えに傾いていき，「それならば自分たちの手で新たな株主を探そう」ということになった。しかしながらピンとくる株主候補はなかなか見つからない。あるとき，ひょんなことから，投資ファンドの「ジェイン」と出会い，将来の事業構想を膨らませていくうちに，ジェインがベストな候補ではないかと考えるようになった。そしてその旨を親会社に伝えた。

ところが親会社では，「譲渡するなら，透明性を確保するためにオークションで」と社外取締役から指摘され，電子にジェインとコンタクトを持つことを禁じた。でもそこは親心。ミツカネ工業の西園寺社長は，「電子が，自分たちで新たな株主を探せるよう，もう少し時間を与えたい」と考えていた。

次の図は，本書の位置づけを示したものである。本書は，ミツカネ電子を対

象会社とするオークションを中心に解説する。

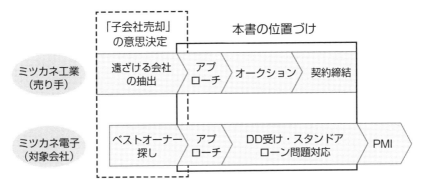

vii

目　次

●はじめに　i
●前編にあたる『「子会社売却」の意思決定』のあらすじ　iii

プロローグ■ミツカネ工業の経営課題 ―――――――――――― 1
- ● 3月の取締役会後に開催されたランチ会　1
- ●「ドラゴン」という名のアクティビスト　3

第1章■ミツカネ工業に株付けしたアクティビスト ――――― 5
〜あらすじと登場人物〜

1. 取締役会後のランチ会 ――――――――――――――――― 6
- ●「ドラゴン」を率いるチャールズとの面談　6
- ●ドラゴンの要求　9
- ●呆れてものがいえない　10
- ●西園寺社長の本音　11

2. アクティビストに対する四人の社外取締役の反応 ――――― 14
- ●日本企業のコーポレートガバナンス　14
- ●「時代遅れの事業から早く撤退しろ」発言が気になる社外取締役　16

解説：活動を活発化させるアクティビスト ――――――――― 18
1. 日米のアクティビスト　18
- ●米国のアクティビストの活動　18
- ●日本におけるアクティビストの活動　20
2. アクティビストとその他の投資家　24
- ●投資行動のマトリックス　24

- ●アクティビストの位置づけ　25
- ●同意なき買収　26
- ●投資ファンドと機関投資家　27
- ●投資ファンドとアクティビスト　28
- ●機関投資家とアクティビスト　29

3．アクティビストからのアプローチ　29
- ●アクティビストのターゲティング　29
- ●アクティビストからの株付け　30
- ●他のアクティビストとの連携　31

4．アクティビストが求めるリターン　32
- ●アクティビストのアービトラージ　32
- ●アクティビストから狙われやすい企業　33
- ●イベントドリブンの要求　34
- ●MBO　35
- ●上場子会社の非上場化　36
- ●公正性担保措置　38

5．アクティビストの存在とMBO　38
- ●アクティビストの存在がきっかけ　38
- ●TOBが不成立になることも　39
- ●TOBが成功したあとの監視の目　40

6．アクティビストのEXIT　40
- ●高株価経営　40
- ●自社株買い　41
- ●非公開化　42

7．ポストアクティビストの経営　42
- ●再来襲するアクティビスト　42
- ●サスティナブルな収益を獲得する態勢の構築　43

8．アクティビストが社会に与える影響　44
- ●業界再編を引き起こすアクティビスト　44
- ●環境をテーマとするアクティビスト　45
- ●資本市場のスタンスと企業の姿勢　45

目　次　ix

第2章■オークションは避けられない ——————— 47

～あらすじと登場人物～

1. ネガティブリストの提出を求める西園寺社長 ——————— 48
- ●ミツカネ電子の寺田を呼び出した西園寺社長　48
- ●オークションは避けられない　49
- ●背景にはドラゴンのことがある　50
- ●なぜそんなに急ぐのか？　52
- ●ネガティブリストを出してほしい　52
- ●「やりたいことがある」寺田　54

2. ミツカネ工業の西園寺社長の思い ——————— 56
- ●時代遅れの事業とはどの事業？　56
- ●自分の決断　57
- ●ミツカネ電子への思い　59

解説：オークションプロセス ——————— 60
1. 昨今のオークションに影響を与えた三つの要因　60
2. 売却方法の選択肢　61
   - ●相対取引とオークション　61
   - ●オークションの主導者　62
   - ●売り手と対象会社の利害　63
3. オークションプロセスの概要　65
   - ●ロングリスト作成　65
   - ●ティーザー配布　66
   - ●簡易的なQ&Aセッションとインタビューセッション　67
   - ●セラーズDD　68
   - ●NDAの受領　68
   - ●プロセスレター，インフォメーションメモランダム（IM）配布　70
   - ●評価項目と評価表の準備　70
   - ●意向表明の受領　71
   - ●一次入札が不調の場合　72
   - ●DD実施要領の配布　72
   - ●デューデリジェンスと二次入札　73

- ●最終提案書　73
- ●価格調整　74
- ●ブレークアップ　75
4．オークションプロセスを支える外部リソース　**76**
（1）外部専門家の起用　**77**
- ●売り手が起用する外部専門家　77
- ●メンバーリスト　78
- ●ガンジャンピング規制への対応　78
（2）表明保証保険　**79**
- ●表明保証とは　80
- ●表明保証保険とは　80
- ●投資ファンドによる活用　81
- ●表明保証保険の仕組み　81
- ●表明保証保険に関する留意点　82

第3章■売り手のFA選定 ———————————— 83

〜あらすじと登場人物〜

1．1行だけのネガティブリスト ———————————— 84
- ●Good news が7割，bad newsが3割　84
- ●大手町からのリクエスト　86
- ●1行だけのネガティブリスト　87
- ●親会社ではなく株主がよい　88
- ●親会社と子会社の関係　90
- ●IPOを目指す　93

2．ミツカネ工業のFA選定 ———————————— 95
- ●FA選定はコンペで　95
- ●インフォメーションメモランダム（IM）作成の準備開始　97

3．したたかなFAの世界 ———————————— 99
- ●FA選定　99
- ●売り案件を好むFA　99
- ●インフォメーションメモランダム（IM）を欲しがる事業会社　101

目　次　xi

解説　一次入札に向けて売り手の準備作業───────── 103

　1．一次入札用プロセスレター　103

　（1）一次入札用プロセスレターに記載する内容　103

　　●体裁　103

　　●記載する内容　104

　　●項目毎の説明　104

　（2）意向表明に記載してほしい項目についての説明　108

　　●項目毎の説明　108

　（3）デューデリジェンスに関連する項目についての説明　111

　　●項目毎の説明　111

　2．インフォメーションメモランダム（IM）　113

　（1）インフォメーションメモランダム（IM）に記載する内容　113

　　●位置づけと体裁　113

　　●記載内容　114

　　●情報開示のスタンス　114

　　●対象会社の協力　115

　　●バリュエーションに必要な情報　116

　　●質問の受付け　116

　（2）インフォメーションメモランダム（IM）に記載する項目の説明
　　　117

　　●項目毎の説明　117

第4章■大手町に対する不信感 ───────── 123

　　〜あらすじと登場人物〜

1．一次入札が始まった ───────────────── 124

　　●一次入札の参加者　124

　　●投資ファンドも勢揃い　126

2．ミツカネ電子のオークション前夜 ─────────── 128

　　●デューデリジェンス対応の態勢　128

　　●トランジションとポストディール　130

3．新たな火種 ─────────────────────── 132

●ミツカネ電子を呼び出す大久保　132

●公正な競争環境と恣意性　134

4．ミツカネ電子に帰社した西郷 ―――――――――――――― 136

●ジェインは入っている　136

●バーチャルデータルーム（VDR）の開設　136

5．大手町の西園寺社長にアポを入れたミツカネ電子の寺田社長 ―― 140

●西園寺社長に挨拶する寺田　140

●一次入札通過者に事業会社が入っている理由　141

● 2 社を優先，事業会社は排除しない　143

6．ミツカネ電子におけるＤＤ受入れのキックオフ ――――――― 144

● 2 つのプロジェクトチームのキックオフ　144

● 2 社ではなく 3 社に！　144

●コントロールタワーチームのキックオフ　145

● 3 社になった理由　146

●DD対応チームのキックオフ　147

●デューデリジェンスのフロー　148

解説：二次入札に向けて売り手の準備作業（ＤＤ実施要領）――――― 152

1．各当事者にとってデューデリジェンスの意味合い　152

●実施が浸透してきたデューデリジェンス　152

●買い手候補にとってのデューデリジェンスの意味合い　153

●売り手にとってのデューデリジェンスの意味合い　154

●対象会社にとってのデューデリジェンスの意味合い　154

2．DD実施要領の作成　156

（1）バーチャルデータルーム（VDR）と従来型のデータルーム　156

（2）VDRを使った場合のデューデリジェンス　157

●VDRを使った運営　157

●VDR開設の場合のDD実施要領　158

●イベントの案内　159

（3）従来型のデータルームを使った場合のデューデリジェンス　159

●従来型のデータルームを使った運営　159

●従来型データルームの場合のDD実施要領　160

3．二次入札用プロセスレターと株式譲渡契約（SPA）（案）　163

目　次　xiii

- ●二次入札用プロセスレター　164
- ●株式譲渡契約（SPA）（案）　164

第5章■デューデリジェンスが始まらない，終わらない── 165
〜あらすじと登場人物〜

1．デューデリジェンスが始まらない ─────────────── 166
- ●平穏なスタート　166
- ●DDアドバイザーが決まっていない！　166

2．デューデリジェンスが佳境に入った ─────────────── 169
- ●寝る間もないコントロールタワーチーム　169
- ●質問数の制限　172
- ●西郷と大久保の会話　173

3．ミツカネ電子のマネジメントチームの様子 ──────────── 176
- ●入札参加者の品定め　176
- ●デューデリジェンスを受けて反省する買い手だったときの傲慢さ　178
- ●新たな株主に気持ちが移る　179

4．デューデリジェンスが終わらない ────────────────── 181
- ●10月に入ってもデューデリジェンスが続いている　181
- ●デューデリジェンスからみえてくる事業会社の企業風土　182
- ●ミツカネ電子から終わらせることはできない　184

4．外資系投資ファンドが降りた ─────────────────── 188
- ●外資系投資ファンドがバインディングオファーを出さない　188
- ●事業会社を受入れる余地はないのか？　189

解説：入札における対象会社の作業（DD受入れ）─────────── 191
1．対象会社のDD受入れ作業の全体図　192
- ●対象会社の作業がひっ迫する構造的要因　192
- ●対象会社における作業の流れ　193
2．資料準備　194
- ●閲覧要望がある資料の準備　194

- ●提供する資料の粒度　195
3．DD受入れ態勢の整備　196
- ●対象会社のDD受入れチーム態勢　196
- ●チーム間の情報フロー　196
4．マネジメントプレゼンテーション（マネプレ）　197
- ●実施時期と目的　197
- ●プレゼンテーションの内容　198
- ●プレゼンの実施要領　199
- ●資料作成にあたっての留意点　199
- ●資料の格納　200
- ●スケジュール調整　201
- ●プレゼンの時間枠　201
- ●マネジメントプレゼンテーションへの出席者　202
5．サイトビジット　202
- ●サイトビジットの準備　202
- ●スケジュール調整　203
- ●サイトビジット実施時の留意点　203
- ●サイトビジットの代替手段　204
6．Q&A対応　204
- ●書面とインタビューによるQ&A対応　204
- ●情報拡散のリスクに留意　205
- ●対象会社のスタンスの変化　205
- ●追加質問のロジスティクス　206
- ●追加質問が多くなる背景　207

第6章■事業戦略ワークショップ —————— 209
〜あらすじと登場人物〜
1．社外取締役に対する経過状況の説明 —————— 210
- ●ワークショップ前日　210
- ●一次入札参加者の数に驚く社外取締役　211
- ●ジェインの提案　211

目 次　xv

2．事業戦略ワークショップでの出来事 ——————————— 216
- ● ワークショップ当日　216
- ● 西園寺社長を探すミツカネ電子の寺田社長　217

解説：強すぎるマネジメントケース ——————————— 220
1．対象会社のマネジメントケース　220
- ● マネジメントケースとバリュエーションとデューデリジェンス　220
- ● 実は自然体ではない事業計画　221
- ● 強すぎるマネジメントケースの作られ方　223
2．買い手候補のプライシング　225
- ● 買い手候補によるデューデリジェンス　225
- ● 買い手候補の課題　227
3．減損のリスク　228
- ● のれんの減損　228
4．かつてのマネジメントケース　229
- ● かつてのマネジメントケースのイメージ　229
- ● 強すぎるマネジメントケースになった背景　229

第7章■第二の創業 —————————————————— 231

～あらすじと登場人物～

1．大手町から呼び出された寺田社長と西郷 ——————— 232
- ● 突然の呼び出し　232
- ● なぜジェインになったのか？　234
- ● エレベーターに乗り込んでくる小松　236
- ● 小松の打ち明け話　237
- ● ジェインと話をしながら打開策を探る大久保　238
- ● 大久保のケジメ　241
2．ミツカネ電子のマネジメントチーム ————————— 243
- ● X day 対応策　243
- ● 誰一人取り残さない　244
3．ミツカネ工業の臨時取締役会 ——————————————— 247

xvi

- ●「Project Elephantの件（決議事項）」 247
- ●「おめでとう」を伝える西園寺社長 249

解説：事業計画の見直しは対象会社からも言い出そう ─────── 250

1. 双方の言い分 250
   - ●親会社の言い分 250
   - ●子会社の言い分 250
2. 同床異夢の親子 251
   - ●子会社が認識するギャップ 251
   - ●親会社が認識するギャップ 252
   - ●親子は異なる内容のシナジー効果を想定 253
3. 事業計画の見直し 254
   - ●シナジー効果が鍵 254
   - ●子会社から働きかけよう 255
   - ●信頼関係の醸成がベース 256

エピローグ■アクティビストのドラゴンからの連絡 ──── 257

- ● 3 時半の投げ込み直後 257
- ●決議の翌日の早朝 258
- ●午前 7 時25分 259
- ●午前 7 時43分 259
- ●午前 9 時20分 262

参考文献・参考資料 263
索 引 264

プロローグ■ミツカネ工業の経営課題

３月の取締役会後に開催されたランチ会

　ミツカネ工業は，売上４桁億円後半のプライム市場上場の非鉄金属メーカーである。主力事業は，トン単位で計量する非鉄事業である。子会社には半導体に使われる電子部品を製造しているミツカネ電子があるなど，いわゆるコングロマリット企業[1]である。ミツカネ工業社長の西園寺義孝は，社長就任後６年が経過し，貫禄十分のベテラン社長という風格を醸し出している。

　今日は，今年度最後の取締役会が開催される日であるが，西園寺社長の顔色が冴えない。今期の見通しが，下方修正[2]を出すかどうかギリギリのところまで落ちていたためである。今日のところは，かろうじてアップサイドの要因が残っているため，「とりあえず様子見」ということになった。

　取締役会終了後，西園寺社長は，四人の社外取締役とランチをとるために，別室の会議室に移動した。ミツカネ工業では，社長と社外取締役の意見交換会が定期的に設けられており，取締役会終了後のランチ会もその一環である。

　ランチ会の冒頭，筆頭格の社外取締役[3]である豊田が，西園寺社長に語りかける。豊田は，四人の社外取締役の中で一番の古手である。

「ここのところ，西園寺さんは以前よりもさらに忙しそうですね」

　豊田は，数年前まで，ミツカネ工業よりも幾分か規模が大きい兆円企業のメ

1　コングロマリット（Conglomerate）企業とは，異なる業種や業態の事業体が集まって一つの企業体グループを形成している企業のこと。事業リスクを分散し，収益の安定化を図ることができる。
2　業績が上方もしくは下方と判断された場合，上場企業は即時に開示する義務がある。上方の場合が上方修正。下方の場合が下方修正。修正を出す基準は，売上高の増減が10%以上，営業利益・経常利益・当期純利益の増減が30%以上である。
3　コーポレートガバナンス・コード（2021年６月11日）は，補充原則４－８②において，「独立社外取締役は，例えば，互選により「筆頭独立社外取締役」を決定することなどにより，経営陣との連絡・調整や監査役または監査役会との連携に係る体制整備を図るべきである。」としている。

ーカーの副社長を務めていた。開発畑の技術者というバックグラウンドを持ち，西園寺社長とは旧知の間柄であり，西園寺社長に率直にモノが言える貴重な存在として，社内の経営陣からも一目置かれている。

「はい，いろいろと忙しくしています。

　以前，皆さんにもお伝えしましたが，ドラゴンというアクティビスト[4]がウチに株付け[5]していましてね……実は，ここのところ，ドラゴンと何度か面談をしているんです。

　面談の前には，弁護士から注意点をインプットしてもらうための打ち合わせや，IR[6]や法務との社内打ち合わせなど，次から次へと会議が入ってくるので，てんてこ舞いでして……」

西園寺社長は，多少，疲れた表情をしている。

　アクティビストと呼ばれる投資家は，"モノ言う株主"とも呼ばれ，日本においても20年くらい前から活動を繰り広げ，近年，その活動を活発化させている。株主としての権利を積極的に行使して，会社に増配[7]や自社株買い[8]などの株主還元[9]，事業売却，経営陣の刷新など，多岐に渡る提案を迫り，世間の耳目を集めながら株価を上げ，利益がとれたところで売り抜ける。

「ドラゴンのほうから面談を要請してきたのですね？」

と確認したのは，ミツカネ工業で初めての女性取締役である和泉教授である。

　経営学を教えている和泉教授は，大学卒業後，大手メーカーに就職したが，男女雇用機会均等法[10]施行の少し前の時代だったこともあり，大手メーカーで

4　アクティビスト（Activist）とは，「活動家」を意味する英語。株式市場の世界では，株主としての権利を積極的に行使して，企業に影響力を及ぼそうとする投資家を指す。一定数以上の株式を保有し，投資先企業の経営者に対して経営戦略などを提案し，実行を迫ることで，株価を高めようとする投資家のこと。

5　株付けとは，総会や株主総会に出席するために当該企業の株式を購入し，株主名簿に指名を登録することを示す業界用語。

6　IR（Investor Relations）とは，自社の経営状態や財務状況など，投資判断に資する情報を投資家や株主に提供する活動のこと。

7　増配とは，株主に支払う配当金を増やすこと。

8　自社株買いとは，企業が株式市場から自社の株式を買い戻すこと。

9　株主還元とは，企業が事業活動で得た利益を株主に返すこと。

10　男女雇用機会均等法とは，雇用における機会などを性別の差別なく確保することを目的として定められた法律で，1985年に制定され，翌1986年に施行された。

のキャリアに限界を感じ，シンクタンクに転職し，その後，大学教授に転じたという経歴の持ち主である。

「はい……今日は，皆さんにその話を共有しようと思います」
西園寺社長の声のトーンが普段よりもかなり低い。

「ドラゴン」という名のアクティビスト

「以前，その話を頭出しして下さったときは，まだ少ししかウチの株を保有していないとのことでしたが，ドラゴンは，その後，買い増しているのですね？」
と訊ねるジェニファー。

　ジェニファーは，新型コロナウイルスが世界的に流行[11]する少し前に，ミツカネ工業の社外取締役に就任した。両親の仕事の関係で，子供の頃，日本で育ち，米国のビジネススクールを卒業した後，コンサルティング会社に勤務した。そのときのクライアント[12]の一社が日本企業だったことから，日本企業のスピード感をよく理解しているつもりであるが，いつも「ミツカネ工業の動きは遅い」と苦言を呈している。現在は，サンフランシスコに住んでいる。コロナ禍で来日できないときは，オンラインで会議に参加していたが，最近は，可能な限り，毎月来日している。

「最近の実質株主判明調査[13]で，新たなファンドがもう一つ出てきました。それもドラゴン系です。大量保有報告書[14]を出さない範囲で，複数のファンドを使って，ウチの株を買い増ししているようです」
憮然とした表情の西園寺社長。

11　2019年に発生した新型コロナウイルス感染症は，2020年に入り，世界中に感染が拡大し，世界的流行（パンデミック）をもたらした。
12　クライアントとは，顧客のこと。
13　実質株主判明調査は，カストディアンと呼ばれる株主名簿記載の株主の背後に存在する実質的な保有者（主に機関投資家など）を特定するための調査のこと。
14　大量保有報告書とは，発行済株式数の5％以上を保有した株主が，株式の保有割合が5％を超えた日から5営業日以内に報告する際の提出書類のこと。これを5％ルールというが，わが国では，それほど厳格に運用されていないことが実務上の課題として指摘されている。

4

「なるほど……彼らは申し合わせて動いているのかもしれません」

和泉教授やジェニファーよりも少し上の年齢の大倉が表情を曇らせる。

　大倉は，中央官庁に就職して，かなり順調に出世したが，同期が事務次官に就任したことから役所を退官し，その後，知人からミツカネ工業の社外取締役のポジションを紹介され，民間に身を投じることにした。

　ミツカネ工業では，毎月の取締役会において，会社法が要請するアジェンダ[15]に加えて，経営の重要事項について議論を重ねている。昨年から非鉄金属の主力工場において，いくつか重大事故が発生しており，その原因分析や事後対応，そして再発防止策に多くの時間を使ってきた。他にも，次期中計策定の進捗状況，そのなかでも事業ポートフォリオ[16]の入れ替えは，重要アジェンダであった。なかでも子会社のミツカネ電子の今後の行方については，情報共有セッション[17]においてかなりの時間を使って議論を重ねてきた。

　そんななか，ドラゴンがミツカネ工業に株付けした件も，情報共有ということで，昨年の秋に，四人の社外取締役に伝えられていた。その時は，「ドラゴンは，何百という銘柄に株付けしており，ミツカネ工業への株付けもその一環に過ぎず，株価が戻ればそのうち売り抜けるのではないか」という楽観的な説明であった。

　しかしながら，西園寺社長がドラゴンと面談しているということは，「これまでとは異なるステージにある」ことを示すに十分であった。

15　アジェンダ（Agenda）とは，議題やテーマのこと。

16　事業ポートフォリオとは，企業が手掛けている事業の組み合わせのこと。取締役会においては，少なくとも年に1回は定期的に事業ポートフォリオに関する基本方針の見直しを行うとともに，経営陣に対して，事業ポートフォリオマネジメントの実施状況等の監督を行うべきとされている（事業再編実務指針，第3章事業ポートフォリオに関する取締役会の役割）。

17　取締役会終了後などに，議題外のアジェンダについて議論，情報共有する場のこと。

第1章

ミツカネ工業に株付けした
アクティビスト

〜あらすじと登場人物〜

- 非鉄金属を主力事業とするミツカネ工業の取締役会における重要アジェンダの一つは，将来の成長に向けた事業ポートフォリオの見直しであった。
- そのような折，かねてからミツカネ工業に株付けしていたアクティビストのドラゴンが，いよいよミツカネ工業に対話を要請してきており，ミツカネ工業とドラゴンの関係は，新たなステージを迎えていた。
- 取締役会終了後，ミツカネ工業の西園寺社長は，そのドラゴンとのことを，社外取締役の四人に共有したところである。

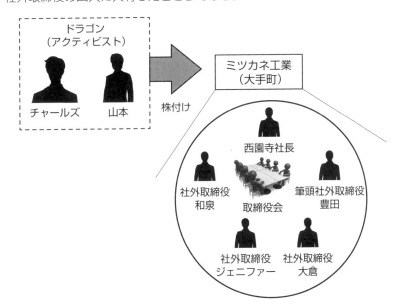

1 取締役会後のランチ会

「ドラゴン」を率いるチャールズとの面談

「さあ，弁当をいただきましょう」

　西園寺社長に促され，四人は，小さい声で「いただきます」と言い，食事を始めた。

「ドラゴンは，ここ数年，活動を活発化させていますね。本国よりもむしろ日本での活動に積極的で，東京にも拠点を置いて，投資先に様々な株主提案[1]をしているという報道を目にします。ドラゴンの代表は，『チャールズ』という名前でしたね。メディアで写真を見たことがありますが，見た目は，若いですよね」
と言い，和泉教授は西園寺社長のほうを見る。

「そうです。そのチャールズが来ました」

「チャールズは，何を言ってきたのですか？」
ジェニファーが，テーブルに箸を置きながら，こう聞く。

　その場にいる誰もが，その答えに興味がある。四人とも，弁当を食べる箸を止め，西園寺社長の言葉を待った。

　西園寺社長は，ゆっくりとお茶を口に含んだ後，
「主なところは，『利益水準が低い』，『事業構造を転換しろ』，それから『政策保有株式[2]をもっと削減しろ』，『株主還元を増やせ』といったところです。
　東京事務所代表の山本さんと一緒に来社しました。山本さんは，外資系投資

1　株式会社の最高決定機関である株主総会では，取締役の選任や配当金の決定など様々な議案を決議する。議案を出す権利は会社側と株主の双方にあり，株主が提出した議案のことを株主提案と呼ぶ。

2　政策保有株式とは，企業が純投資ではなく，取引先との関係維持や買収防衛などの経営上の目的で保有する株式のこと。複数の企業が相互に政策保有株を保有している状況のことを「持ち合い」と呼ぶ。政策保有株保有の解消が進むと安定株主が減るため，企業が諮る議案で賛同を得るためには，株主との対話がこれまで以上に必要となる。

銀行出身で，その下に，日本人を含めて，いろんな国籍のアナリストが数人いるようです。

　弁護士から，『通訳してもらう時間を考える時間に充てられるから』というアドバイスをもらったので，『こちらは通訳をつける』旨を事前に伝えました。

　当日のチャールズの発言は，山本さんが訳してくれましてね……まぁ，山本さんっていう人は……日本人的というか，コミュニケーション能力が高いというか……チャールズの発言を，それはもううまく訳すのですよ」
と皮肉交じりの声色で話し始める。

「うまいことって……どういう訳し方ですか？」
ジェニファーが興味を示す。

「初回なので，互いに自己紹介をしました。

　チャールズは，『自分がわざわざ日本に来て，このような活動を行う目的は，日本企業の経営者をeducateして，ガバナンス[3]を正すためである。緩い経営をしている日本企業に本当の経営とは何かを教えてあげるのが自分の使命だ』と英語でまくし立てました。

　何様だと思っているんだ！　無礼極まりない！」
その時のことを思い出して，西園寺社長の頬が上気してくる。

「educate……ですか」
ジェニファーは，目を見開き，唇をへの字に曲げ，首をすくめる。

　西園寺社長は，ジェニファーのほうを向き，つとめて冷静な口調で，
「失礼なことを言う人です。私だって，チャールズの英語はだいたい分かります。

　山本さんは，『意訳しますとね』と前置きして，チャールズの発言をこう訳すんです。『日本企業の経営者に欧米流の考え方をご紹介したい』とね。

　こちらを傷つけないようにという配慮か何か分からんが，山本さんの手にかかると，チャールズが言った内容が10分の1の量になる。表現も丸くなる。あれは山本さんのスゴ技だ」

3　ガバナンス（Governance）とは，日本語で，統治，支配，管理のこと。ビジネスにおいては，コーポレートガバナンスを意味する。

と言い，心を落ち着けようと，お茶を口に含む。

「なるほど……詳細については，面談の後，部下が丁寧に解説することを想定して，とりあえずその場の話を前に進めるための意訳かもしれませんね」
和泉教授が感想めいたように呟く。

　西園寺社長は，身を乗り出して，
「彼らは，ウチの中計もよく読み込んでいるようでした」
と続ける。

　西園寺社長の右手に収まっていた箸は，完全に止まっていた。

「『こんな中計を読んでも，誰もミツカネの株を買う気にならない』と，チャールズは長々とまくしたてました。
（株主の立場からは，そう感じるかもしれない，ご指摘は真摯に受け留めよう）と思って神妙にして聞いていたところ，『事業ポートフォリオ⁴を見直さないと，ミツカネの将来はない！　helpするから，時代遅れの事業から早く撤退すべきだ』と言い始めました。
　事業転換が上手くできなかった会社の事例を引き合いに出して，『ミツカネがそうならないようにするのが自分の使命だ』と，身振り手振りを交えて大演説をするんです」
と言い，荒く息を吐く西園寺社長。

「時代遅れの事業？」
豊田の表情が曇る。

　その豊田をチラリと見て，頷きながら，
「その大演説も山本さんの手にかかると，『せっかくのご縁で株主になったので，ミツカネ工業さんの企業価値向上に向けて一緒に努力していきたい』という訳

4　アクティビストが事業ポートフォリオの見直しを求めるケースが増加している背景には，2020年に経済産業省より「事業再編実務指針（事業再編ガイドライン）」が公表されたことに加え，2021年のコーポレートガバナンス・コード改訂の際に，事業ポートフォリオに関する基本的な方針や見直しの状況の開示（補充原則5-2①）が新しく追加されたことがある。上場会社は，経営戦略等の策定・公表に当たり，取締役会において決定された事業ポートフォリオに関する基本的な方針や事業ポートフォリオの見直しの状況について分かりやすく開示することが求められている。

に変わる」
と言い，西園寺社長は作り笑いをする。

「山本さんがチャールズの言葉をそのまま訳しても，それはそれで相当癪に障ったと思いますが，逆にちゃんと訳してくれないのも癪に障りました」
と言い，西園寺社長は，苦々しい表情のままで箸を置いた。

ドラゴンの要求

　食事する気がすっかり失せた西園寺社長を前にして，四人の社外取締役も言葉少なめになる。その空気を破るように，和泉教授がこう尋ねる。

「この時期に気になるのは株主提案です。

　最近では，アクティビストでなくとも，NPO法人[5]からも気候変動問題[6]への対応強化や対応策の開示を求める株主提案が出る[7]時代になっていますが，ドラゴンに株主提案を出す動きはありませんか？」

「これまでのところ，株主提案をにおわせる話は出ていません。とはいえ株主提案の提出期限は，総会の8週間前までですから，まだ分かりません。

　株主提案を提出するには，6か月以上前から継続して議決権の1％以上，または300個以上の議決権を持つ必要がありますが，ドラゴンは，この条件を満たしているので，いつ出してきてもおかしくない状況です」
西園寺社長は，よどみなくスラスラと説明する。株主提案について，相当勉強しているようだ。

「チャールズは，他にどういうことを言っていましたか？」

5　NPO（Non-Profit Organization）法人は，特定非営利活動法人とも呼ばれ，利益を目的とせず，ボランティアに近い活動を行う法人のこと。

6　気候変動問題とは，平均気温が上昇する地球温暖化，世界各地で起こっている干ばつや熱波，豪雨などの異常気象による自然災害など，日々の暮らしや経済活動にさまざまな悪影響を及ぼす問題のこと。

7　たとえば2020年6月に行われた，みずほフィナンシャルグループの株主総会では，五つの株主提案が出された（いずれも否決）が，その中の一つは，「定款一部変更の件（パリ協定の目標に沿った投資のための経営戦略を記載した計画の開示）」だった。提案したのは，京都に本拠を置く環境NPO・気候ネットワーク。これには，大手議決権行使助言会社・グラスルイス，ISSも推奨を表明した他，一部の海外機関投資家が賛同し，結果的に否決されたものの，34・5％と，3分の1を超える賛成比率となり注目を集めた。

「うむ……『社外取締役の皆さんとも会いたい』と言っていたので，話しておきますが……『減損[8]を出したのは取締役会のガバナンスの問題だ』，『取締役がちゃんと役割を果たしていない』とも言っていました」
と言い，うつむき加減に四人の社外取締役の顔を見る西園寺社長。

「そうですか……なるほど……それでチャールズは，その後も何度か来ているのですか？」
冷静な口調で，大倉が西園寺社長に尋ねる。

「チャールズが来たのは初回だけです。その後は，山本さんとそのスタッフが来ています。『とりあえず対話を重ねましょう』ということで，定例で面談をすることになりましたが，山本さんたちは，チャールズが言っていたことを繰り返すだけです」

呆れてものがいえない

「あっ，そうだ」と何かを思い出した様子の西園寺社長。

「いつだったかな……話の流れで『今回は，早めに次期中計策定作業にとりかかっている』という話をしたのです。もちろん具体的な内容については，何も伝えませんがね。
　驚いたことに，その数日後，連絡があって，『ミツカネは，ドラゴンの指導に従って次期中計策定作業に早期に着手したと，他の投資先に伝えてもいいか？』と山本さんが聞いてくるのですよ！」

　西園寺社長は，憤懣やる方ないといった表情である。

「呆れてものがいえない！
　次期中計策定作業は，ウチの中でドラゴンに会う前からスタートさせていたことだ。それをドラゴンのイニシアチブでスタートさせたことにして，外に喧伝しようとする。事実の捏造だ。あの人たちは人格が破綻している」

　冷静さを失わないように努力している西園寺社長の唇がみるみるうちに震えてくる。

8　減損とは，固定資産の回収可能価額が帳簿価額より下落したときに行う会計処理のこと。

「人格破綻ですか……。

　山本さんがそう言ってきたのは，チャールズからの指示かもしれませんね。

　面談の際に山本さんがテキトーに意訳するのも，チャールズと山本さんの二人で示し合わせて，役割分担をしているのかもしれません……。

　そうやって，焚きつけたり，いなしたりして，硬軟とりまぜて経営者を追い込んでいくのが彼らのやり方なのでしょう。人に行動を起こさせる原動力は，怒りとか負の感情ですから……」

大倉が西園寺社長を慰める。

　西園寺社長は，天井を眺めながら，乾いた声でこう言う。

「日本企業の中には，業績が低迷しているところもあるし，昔からの悪しき慣習が残っているところもある。そういった体質は変えなきゃいけない。新陳代謝を図っていく必要がある。

　内側から自発的に変革することが困難であれば，外から変革を促すしかないという文脈で，アクティビストは新たなコーポレートガバナンス[9]の担い手かもしれない。

　そのことは理論的にはよく分かっている。だがね！」

　言いたいことがたくさんありそうだ。とはいえ，一旦それを口にすると，とめどもなく怒りがこみ上げてきそうな西園寺社長は，ここで一呼吸置く。

西園寺社長の本音

「だが……こうやって目の前で，あーだこーだとまくし立てられると，誰だって『なにぃ！』って思いますよ。

　インサイダー情報[10]を与えるわけにいかないから，自由に反論もできない。本当にフラストレーションが溜まる。

　社外取締役の皆さんにこんなことを言うのもアレだが……『そんなにウチの会社に不満があるんだったら，ウチの株主になってくれなくて結構！　ウォー

9　コーポレートガバナンス（企業統治：Corporate Governance）とは，株主視点にたち，企業経営を管理監督する仕組みのこと。

10　インサイダー情報とは，上場会社の株価に一定の影響を与えるような「未公表」の「重要事実」のこと。

ル・ストリート・ルール[11]でいいよ。別にこっちが頼んでアンタにウチの株を買ってもらったわけじゃない』とここまで出かかりました。でも，ぐっと堪えました」

西園寺社長は，悔しそうな表情で喉のところを指さす。

　四人の社外取締役は，返す言葉が見つからない。

　四人とも，アクティビストは「有難迷惑な存在」として，経営者から忌み嫌われていることを知っている。

　しかし，そんなアクティビストとて，立派な株主である。

「ちょっと言い過ぎました。

　ドラゴンが言っていることは，株主目線からすると正論かもしれない。

　でも『アンタたちの手伝いは要らないから，早く出てってくれ。モノの言い方や礼儀作法を勉強してから出直してくれ』というのが私の本音だ。

　チャールズは，一方的に演説をして帰っていったが，投資家である前に人間だ。人間として尊敬される振舞いかどうか，胸に手を当てて，よーく自分を振り返ってみてほしい」

西園寺社長の怒りはおさまらない。

　少し間を空けて，

「とは言っても，ドラゴンは株主だから，株主対応の一環として淡々と接するしかない……私らは上場している以上，株主を選べないからね。それは分かっている。

　でもな！　既存株主としてもともと持っていた自らの利益を守るために経営に介入することには一定の合理性があるかもしれない。ところがあいつらは，株主の利益を最大化するという大義名分を振りかざして，わざわざ新たに株主になってまでして，そうやって経営に介入しようとしている。そこまでの権利があいつらにあるとは思えん」

11　ウォール・ストリート・ルールとは，「投資先企業の経営に関して不満があれば，その企業の株式を売却することで不満は解消される」という考え方のこと。米国で最初に誕生したコーポレートガバナンス（企業統治）の考え方であり，投資家としての意見を，株式市場を通して間接的に経営者に伝えることを意味する。

冷静に話をしようと試みるが，話すうちに，怒りがこみ上げてくる。西園寺社長は，半分も手を付けていない弁当に蓋をする。もう食べる気などない。思い出すだけでも腹立たしいという形相だ。

　西園寺社長がここまで率直な気持ちを社外取締役に吐露するのは珍しい。

（いろんなタイプのアクティビストがいるが，一部のアクティビストの乱暴な振舞いが，アクティビスト全体の評判を落としているのだろう）
と思いながら，筆頭社外取締役の豊田は，「ご馳走様でした」と言い，ランチ会を終了させた。

　心が荒れている西園寺社長を残して，豊田は，他の三人の社外取締役と一緒に控室として使っている大部屋に移動した。

2　アクティビストに対する四人の社外取締役の反応

日本企業のコーポレートガバナンス

社外取締役の大部屋にて。

「アクティビストについては，これまでは報道で知るだけで，他人事のようにとらえていました。しかし，先ほどの西園寺社長の話を聞くと，上場企業に関わる者にとって，すぐそばにいる存在であることがよく分かりました」
和泉教授が神妙な表情で感想を述べる。

「そういえば，日経平均株価採用企業の225社のうち，約半数は，アクティビストに株を持たれている[12]と聞いたことがあります。大企業のなかには，事業が成熟化して，業績が低迷して，株価も冴えないところがありますから……うちもPBR[13]が1倍以下です。

上場しているオーナー企業も多いです。そういう会社では，昔ながらの経営スタイルをとっていて，コーポレートガバナンスが不全なままです」
と言い，大倉が顔をしかめる。

「かつて多くの日本企業では，これまで経営トップに権限が集中していて，会社の方針はトップが決めていた。オーナー企業など，その最たるものだ。
取締役会はその方針を追認するシャンシャン会議で，取締役会の機能は形骸化していた。今のような役割の社外取締役を置く会社なんて少数だった。
でも最近は，社外取締役が，会社の意思決定において積極的な役割を果たす

12　出所：アクティビストの最新動向と日本企業への提言マールインタビュー MARR Online2022年1月号327号（2021/12/09）

13　PBR（Price Book-value Ratio）とは，株価純資産倍率のこと。株価がBPS（1株当たり純資産）に対して何倍まで買われているかを示したもので，PER（株価収益率）と並び，株価が割安か割高かを判断する重要な指標の一つ。PBRが1倍未満の場合，株価は割安と考えられている。東京証券取引所は，2023年3月に「資本コストや株価を意識した経営の実現に向けた対応」を出し，PBR（株価純資産倍率）1倍割れが約半分を占める日本株のテコ入れに乗り出している。2024年1月15日から，資本コストや株価を意識した経営に向けた取り組みを開示した企業一覧の公表を始めた。

ことが期待されている。ここ10年で日本企業のガバナンスは，随分と変わった。そんな変化についていけず，お飾りのように社外取締役を置いている会社は，アクティビストの恰好の餌食になっている」

豊田が神妙な口調で，ガバナンスに関する近年の変化について話す。

「ミツカネの取締役会は，外形的にはダイバーシティも確保して，ガバナンスの面では優等生の部類に入ると思っていました。

それでもアクティビストがやってきて，あれこれ注文をつける……我々の存在もお飾りにみえるんでしょうか」

元官僚の大倉は，自らの存在について，冷静に自らに問いかける。

「海外投資家の目から見ると，日本企業のガバナンスはまだまだです。

2014年にスチュワードシップ・コード[14]が，2015年にコーポレートガバナンス・コード[15]が制定されましたが，運用には改善点が多いです。

海外投資家は，日本企業には，さらに企業価値を向上させる余地があるとみています。そのためには『業界の事情に通じ，経営に関するスキルを有する独立した社外取締役を入れて，ガバナンスを強化する』ことが重要だと考えています」

と，海外投資家の視点でジェニファーがコメントする。

「アクティビストは，今の社外取締役に力量がないと見ると，すぐさま新たな社外取締役候補選任の株主提案[16]をしてきます。我々も気を引き締めて，仕事をすることが求められます」

和泉教授は，真剣な表情を崩さない。

14　スチュワードシップ・コードとは，機関投資家向けの行動規範のこと。投資先企業に対して対話と働きかけを行うことにより，企業価値を高めリターンを上げることを目論む。2017年に1回目の改訂が，2020年に2回目の改訂がなされた。

15　コーポレートガバナンス・コードとは，上場企業が行う企業統治（コーポレートガバナンス）においてガイドラインとして参照すべき原則・指針を示したもの。2018年に1回目の改訂が，2021年に2回目の改訂がなされた。

16　たとえば香港オアシスは，通信機器・パチンコ関連機器メーカーのサン電子の2019年の定時株主総会で，社長を含む4人の取締役の解任などを求めたが，この解任案は退けられた。翌年の2020年4月に開かれた臨時株主総会では，取締役1人の解任と新たに5人の取締役選任を求める香港オアシスの株主提案は可決され，取締役の大幅な入れ替えに成功した。

「時代遅れの事業から早く撤退しろ」
発言が気になる社外取締役

「そういうことだ。それでね……先ほどの西園寺社長の話で気になったのは，『事業ポートフォリオの見直し』のことだ。

　ドラゴンもミツカネのことをよく勉強していると思う。まさに『事業ポートフォリオの見直し』は，ミツカネにとって喫緊の課題だ。

　しかし，『時代遅れの事業』というのは，どの事業のことを言っているのだろうか？　非鉄金属事業だとしたら，ミツカネが考えている方向性とは全く逆だ」

豊田は心配そうな表情になる。

「はい，私もそこのところは気になりました。電子の売却については，機関決定に至っていませんが，現時点では売却の方向です。

　『電子を売却することが，本当にミツカネグループの企業価値向上につながるか』については，株主の利益も含めて議論を深め，再度方向性を確認することが必要です」

和泉教授の表情は，さらに真剣さを増してくる。

「『売却』になったとして，その売却で得たキャッシュをどう使うのかについても，さらに議論が必要だ。

　会社としては，非鉄事業の立て直しのための投資資金が欲しい。でも立て直しただけでは，将来に向けたミツカネの成長を見せられない。売却で得たキャッシュは，できるだけ将来への投資に回したい。だがドラゴンは，株主還元も求めてくるだろう」

　こう指摘する豊田のほうを向きながら，三人の表情がさらに引き締まる。

「事業売却というイベントで得たキャッシュをどうアロケート[17]するかについては，外部に説明できるように，大きなストーリーを持っておくことが必要ですね」

和泉教授も同意する。

17　アロケートとは，割り当てること，配分すること。

第1章　ミツカネ工業に株付けしたアクティビスト　　17

「次期中計の内容については，グループ内はもちろんだが，グループ外のステークホルダー[18]ともうまくコミュニケーションを行わないと，それこそ大きな火種を抱えてしまうことになる」
と言いながら，豊田は帰り支度を始めた。

　豊田につられるように，他の三人も帰り支度をするなか，大倉が遠慮がちにこう言う。
「ちょっと気になったのが，西園寺社長のことです。
　普段，西園寺社長に上から目線で話す人はいませんから，ドラゴンとの面談で，随分と嫌な思いをしたようですね。ドラゴンに対する敵意が露わでした。
　ドラゴンとの対話はまだこれからも続きますよね。次期中計の内容が表に出ていくのは，来年の5月くらいになるでしょうから，長期戦になりそうです。大丈夫ですかね……」

「そうだね。西園寺さんのことは，昔からよく知っているが，あの人は，たまにああやって爆発することがある。すぐに冷めるとは思うが，『泰然自若とした態度で接するように』とそれとなく伝えておこう」

　豊田のこの言葉を締めくくりにして，四人の社外取締役は大手町を後にした。

18　ステークホルダー（Stakeholder）とは，企業をとりまく利害関係者のこと。具体的には，従業員，顧客，投資家，サプライヤー，地域社会などのこと。

18

解説 活動を活発化させるアクティビスト

本章の解説では，近年，活動を活発化させているアクティビスト[19]の動向や，その活動の影響について解説する。

1．日米のアクティビスト

■米国のアクティビストの活動

アクティビストの活動は，米国での活動が先行しているため，先に米国の状況について解説する。米国では，第二次世界大戦の前後の時期から敵対的買収が起こっていた。敵対的買収とは，買い手が対象会社を実質的に支配することなどを目的として，売り手や対象会社の同意を得ないまま，対象会社の株式を多く買い集めることである。アクティビストの活動が本格的に始まったのは，その後の1980年頃からである。

アクティビストの活動がさらに活性化したのは，2000年代初頭に起きたエンロン事件[20]・ワールドコム事件[21]を受けて，サーベンス・オクスリー法（SOX法）[22]が導入され，コーポレートガバナンスが強化されたことがきっかけであった。これ以降，取締役会や経営陣は，アクティビストを含む株主の声に，以前よりも敏感になっていった。

その後，2008年のリーマンショック[23]において，レバレッジ[24]を効かせて自己資本を薄くした米国企業が数多く破綻したが，この頃から，アクティビストからの要求は，従来の増配や自社株買いなどの株主還元の強化から，スピンオフなどを活用して事業ポートフォリオを入れ替える要求に変遷していった。スピンオフとは，社内の事業部門を切り出し，独立させることである。切り出した事業について現株主

19　本章で取り上げた事例は，公開情報をもとに実名で記載している。
20　エンロン事件は，2001年，世界最大手のエネルギー販売会社だったエンロンが経営不振に陥り，総額160億ドルを超える巨額の負債を抱えて倒産した事件のこと。
21　ワールドコム事件は，2002年，全米第2位の長距離通信会社だったワールドコムが不正会計処理に端を発して7月に倒産した事件のこと。
22　企業会計・財務諸表の信頼性を向上させるために2002年7月に制定された。
23　リーマンショックとは，2008年に米国の巨大投資銀行が倒産したことで引き起こされた世界的な金融危機のこと。
24　レバレッジとは，借り入れを活用すること。

第1章 ミツカネ工業に株付けしたアクティビスト 19

との資本関係が継続される点がスピンオフの特徴である。日本では事例がまだ少ないが，欧米では，後述するイーベイ社によるペイパル社のスピンオフ以外にも，米化学大手のデュポン社が2015年に高機能化学事業（テフロン，酸化チタン等）をケマーズ社としてスピンオフさせた件など多くの事例がある。

図表1-1にアクティビストの主な活動を記載した。2010年代にはアップル社，マイクロソフト社，イーベイ社などがアクティビストのターゲットとなり，近年でもペイパル社，スターバックス社などの世界的な巨大著名企業がターゲットとなっている。

たとえば2014年の「カール・アイカーン氏がイーベイへ」という件は，アクティビストとして知られるカール・アイカーン氏が，同年1月に，電子商取引大手のイーベイ社に委任状争奪戦を仕掛け，2002年に買収したオンライン決済サービス部門のペイパル社をスピンオフさせるよう働きかけた件である。委任状争奪戦とは，委任状闘争，委任状合戦，プロキシーファイト（Proxy Fight）ともよばれ，株主総会において，議決権獲得を会社の経営陣と争うことをいう。

アイカーン氏とイーベイ社のドナフーCEOとの対立は2か月ほど続いたが，同年4月にアイカーン氏は，スピンオフの提案やイーベイ社の取締役に推していた候補者二人の指名提案を撤回し，委任状争奪戦には一旦終止符が打たれた。その後，ペイパル社は，スピンオフにより2015年7月に米国NASDAQ市場に再上場した。米ニューヨーク・タイムズ紙とのインタビューで，イーベイ社のドナフーCEOは「アイカーン氏がこれまで提案していた戦略に従っている」と認めながらも，スピンオフの件は慎重な検討のうえでの決定であり，外部からの圧力に屈したわけではないと語っている[25]。

25 出所：東洋経済ONLINE 2014/10/01 配信記事から編集

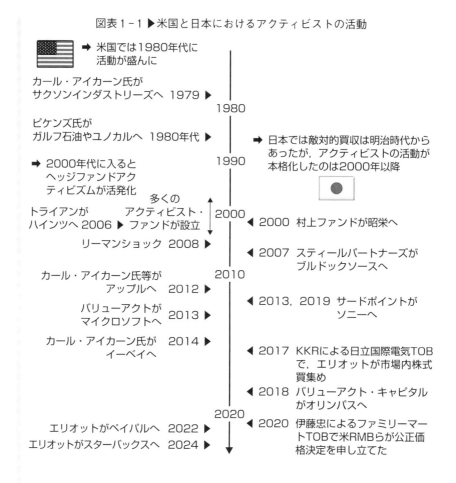

図表1-1▶米国と日本におけるアクティビストの活動

■日本におけるアクティビストの活動

　わが国では，敵対的買収（同意なき買収[26]）は，明治時代からあった[27]。戦後の1953年には，横井英樹氏が，東京日本橋の老舗百貨店である白木屋の株式を買い占

26　敵対的買収という用語については，「企業買収における行動指針」経済産業省2023年8月31日に基づき，対象会社の取締役会の賛同を得ずに行う買収として「同意なき買収」とよばれるようになった。

27　1886年には東京電燈（東京電力ホールディングスの前身）が若尾逸平氏および根津嘉一郎氏に，1888年には甲武鉄道（現在のJR中央線の一部）が明治時代の相場師として知られる雨宮敬次郎氏に敵対的に買収された件などがある。

め，最終的に東急電鉄の実質的な創始者である五島慶太氏が収拾にあたった。この一連の騒動は，城山三郎氏の小説「乗取り」のモデルにもなった。

他方，アクティビストの活動が活発化したのは，そのずっと後の時代であり，米国に遅れること20〜30年後の2000年代である。この頃，活動していたのは，村上ファンドや，近年は日本株から撤退しているスティール・パートナーズ，さらにこの頃から現在に至るまで積極的に活動しているダルトン・インベストメンツなどである。2008年のリーマンショック後にアクティビストの活動は一旦下火になったが，2015年以降に再び活発化し，ここ10年は急増の状況にある。

図表1-2は，公開キャンペーンを開始したと報道された情報をもとに，日本で活動するアクティビストの件数を集計したものである。キャンペーンとは，アクティビストがウェブサイトやメディアを活用して，ターゲット企業の経営課題を広く世の中に訴え，アクティビストの要求内容を世の中に伝える一連のアクションのことである。報道されていないものは，この数に含まれないが，アクティビストに株付けされている日本の上場企業は，相当数にのぼるといわれている。

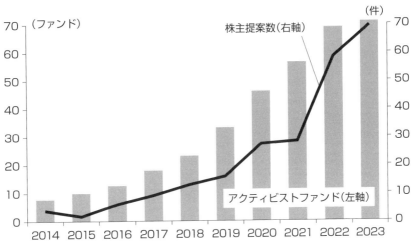

図表1-2 ▶ 日本に参入しているアクティビストファンド数と株主提案数

注：2023年は9月30日時点。日本株投資が明らかになっている国内・海外でアクティビスト活動実績があるファンド。アクティビスト活動を開始していない時期の日本投資はファンド数に含まない
（出所：アイ・アールジャパンHD資料よりみずほ証券エクイティ調査部作成）
（出所：MARR Online 2023/11/20）

図表1-2の折れ線グラフは，株主提案[28]の数を示している。2015年頃は10件もなかった株主提案は，年々増加していき，2023年には100件を超えた。この数全てがアクティビストからのものというわけではなく，環境NPO[29]などからの提案も含まれている。

アクティビストは，株主提案を出す他，株主代表訴訟[30]による役員の責任追及，解任の訴え，株主総会決議の取消訴訟，無効訴訟の訴えなどの法廷闘争や，臨時株主総会の招集請求を行うなど，より先鋭化した戦術を用いることがあり，その情報収集の手段として，各種書類の閲覧，謄写請求がなされることもある。

アクティビストの活動が活発化し始めた時代は，2014年に機関投資家の行動規範であるスチュワードシップ・コードが，2015年に企業の統治指針であるコーポレートガバナンス・コードが相次いで策定され，経済産業省や金融庁なども，上場企業のガバナンス改革や株価向上に向けて，積極的な政策を打ち出した時代と重なる。

折しも欧米では，長期的な低金利を背景としたカネ余りから，アクティビストに大量の資金が流入していた。そんななか，欧米では上場企業数が逓減[31]し，ターゲットとすべき上場企業が少なくなってきたことから，欧米のアクティビストは，日本市場にその活動の場を広げてきた。これが日本における外資系アクティビストである。

日本で活動するアクティビストは，これらの外資系アクティビスト[32]と，日系アクティビスト[33]に大別される。外資系，日系とも，自己勘定[34]で投資を行うアクテ

28　わが国では，現行，総株主の議決権の100分の1以上の議決権または300個以上の議決権を6か月前から引き続き有する株主は，株主提案をすることができる。

29　NPO（Non-Profit Organization）は，民間企業ではない組織のこと。環境NPOとは，地球環境の保全や，持続可能な自然資源利用のために活動を展開しているNPOのこと。

30　株主代表訴訟とは，役員が会社に対する義務を果たさなかったときに，その責任を追及するために，株主が起こす訴訟のこと。

31　2001～2021年の20年間で，英国，ドイツ，米国の上場企業数はそれぞれ40％以上減った（出所：FrontierEyes Online2023-12-19配信記事）。

32　米サード・ポイント，米エリオット，米バリューアクト・キャピタル，香港オアシス・マネジメントなどが著名である。

33　多くは2000年以降に誕生している。シンガポールを拠点としている村上グループのファンド（村上ファンド），エフィッシモ・キャピタル・マネジメント，3Dインベストメント・パートナーズ，日本バリューインベスターズなどが著名である。

34　自分の資本を使って取引を行うこと。

ィビスト[35]と，投資家から資金提供を受けるアクティビストファンドがいる。図表1-3は，外資系，日系について，アクティビストの特徴を整理したものである。

図表1-3 ▶ 外資系と日系のアクティビストの特徴

	外資系アクティビスト	日系アクティビスト
主なターゲット	大企業	中堅規模以下のオーナー上場企業
理由等	・大企業の業界情報は情報量が多く，外資系アクティビストにも入手し易い ・外資系は，潤沢な資金があり，大企業にも投資できる ・大企業は英語でのコミュニケーションが比較的可能	・国内の機関投資家からの資金提供は難しく，ファンド規模自体が大きくないため，投資先も中堅規模以下になる ・国内のネットワークを通じて，中堅規模以下の情報入手が可能

　資金量が潤沢な外資系アクティビストは，宣伝効果が大きく，費用対効果が見込め，英語によるコミュニケーションが問題ない大企業をターゲットとする[36]ことが多い。他方，日系アクティビストには，レピュテーションリスク[37]を嫌がる日系の機関投資家が資金提供しておらず，資金量に限界があり，中堅規模以下の上場企業[38]を主なターゲットとすることが多い[39]。時価総額が100億円前後の上場企業や，スタンダード市場[40]の上場企業，さらに地方の上場企業がターゲットとなることもある。

35　米国ではカール・アイカーン氏，日本では現在の村上ファンドが自己勘定で投資しているといわれている。

36　セブン＆アイ・ホールディングスに株付けしている米バリューアクトの運用総額は約2.4兆円といわれる（執筆時）。

37　レピュテーションリスクとは，風評リスクのこと。商品やサービス，それらを提供している会社などについて悪い評判が広まり，企業の信頼性が低下する危険性のこと。

38　日本のストラテジックキャピタル・マネジメントの運用総額は600億円といわれ，案件当たりの投資額は，2桁億円。4桁億円前半の上場企業がターゲット（執筆時）。

39　例外もある。米国の大学基金，退職年金基金などから資金を集めるエフィッシモ（シンガポール拠点，主に日本企業に投資）の運用額は1兆円超といわれる（執筆時）。

40　スタンダード市場は，2022年の市場区分の再編時に新たにできた市場区分の一つ。プライム市場と比べて収益基盤や財務状態の金額の基準が緩く設定され，グロース市場よりも上場維持基準が高い。

2. アクティビストとその他の投資家

■投資行動のマトリックス

図表 1－4 は，友好的か敵対的かという経営者との関係性を縦軸に，ストラテジックバイヤーかフィナンシャルバイヤーかという投資家の属性を横軸にとって，プレーヤーの投資行動を分類したものである。ストラテジックバイヤーとは，経営戦略を実現するうえで必要な事業強化や事業拡大，シナジー効果などを目的として買収を行う事業会社のことである。フィナンシャルバイヤーとは，事業上の関連が特になく，一定期間投資した株式を最終的には売却して利益を上げる投資家のことである。友好的か，敵対的かは，ターゲット企業の経営者の判断である。

図表 1－4 ▶投資行動のマトリックス

友好的

投資ファンドによる投資　機関投資家による投資

多くのM&A

ストラテジックバイヤー　　　　　　　　　　　　　　フィナンシャルバイヤー

同意なき買収

アクティビストによる株付け

敵対的

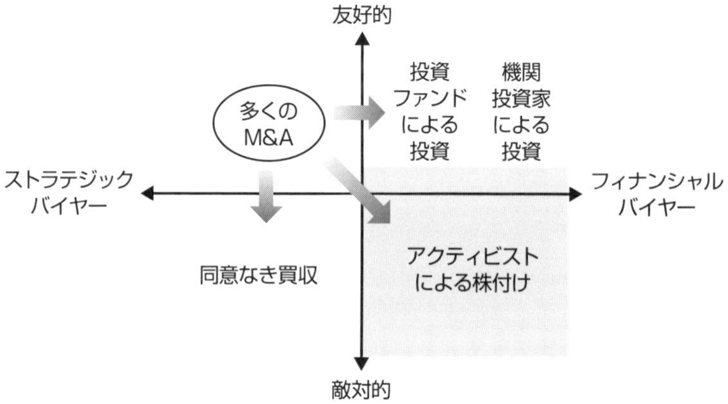

このマトリックス上，左上の象限に位置するのは，ストラテジックバイヤーによる友好的買収であり，これが一般にみられるM&Aの形である。多くのM&Aでは，売り手や対象会社から事前の同意を得たうえで，企業や事業を譲り受ける。このM&Aでさえも，かつては「ハゲタカ」と呼ばれた時代[41]があった。ハゲタカとは，腐肉を漁る猛禽類のことで，M&Aでは，経営危機に陥った企業を買収し，資産を切り売りするなどして株主価値を上げたうえで売却するファンドのことをさす。

41　2004年に刊行された真山仁氏の経済小説『ハゲタカ』（ダイヤモンド社刊行，講談社がシリーズ化）が2007年にNHKでドラマ化されたことにより，「ハゲタカ」という用語が一般に定着した。

第1章 ミツカネ工業に株付けしたアクティビスト 25

1992年のバブル経済崩壊後の不良債権処理において，M&Aが使われたことで，M&Aにハゲタカのイメージが重なった。またその処理のなかで巨利を得たのが投資ファンドであったことから，投資ファンドにもハゲタカのイメージが重なった。しかしながら近年では，M&Aは産業構造や事業構造の変革に欠かせない手段として認識され，ネガティブなイメージは払拭されてきている。

■アクティビストの位置づけ

アクティビストは，フィナンシャルバイヤーによる敵対的の領域に位置づけられ，図表1-4では，右下の象限にあたる。

フィナンシャルバイヤーであるため，基本的にはターゲット企業の経営権の取得を目的としていない。しかしながら株主の権利を使って，経営改革を要求し，役員人事にも積極的に介入し，社長解任を求めることもある。2020年に香港オアシスが東京ドーム社に，社長ら取締役三人の解任を要求した件などがその例である。そのため経営者の目には，アクティビストは厄介な存在に映り，アクティビストから自社をどう守るかが，こうした経営者にとって大きな課題になっている。

他方，アクティビストと友好的な関係を築き，共に企業価値向上を目指す経営者もいる。たとえばオリンパス社では，2011年に巨額損失を隠した会計不正が発覚したが，その後の構造改革をけん引した背後には，同社の大株主である米バリューアクト・キャピタルの存在があったといわれる。またDNP（大日本印刷）は，米エリオット・マネジメントによる株式取得をきっかけに，市場重視にかじを切り，2024年には，PBR[42] 1倍の目標に加え，約2200億円の政策保有株式の売却，3000億円程度の自己株式取得などの資本政策[43]を次々と打ち出している[44]。

経営者以外のステークホルダーは，アクティビスストを必ずしも厄介な存在とみているわけではなく，「これまで社内で経営陣に経営改善策を提案したが，動きが鈍かった。同じことをアクティビスストが提案すると，経営陣はすぐに動く」と，アクティビスストに株付けされた企業の従業員が語るケースもある。

42　PBR（Price Book-value Ratio）とは，株価純資産倍率のことで，株価がBPS（1株当たり純資産）に対して何倍まで買われているかを示す指標のこと。

43　資本政策とは，株式数や資本の増減を通じて，資金調達，株主構成の最適化，利害関係者の利益調整などを検討すること。

44　出所：日本経済新聞2024年5月13日

アクティビストが入ったという報道により，株価が上昇するため，他の株主も，株価上昇というメリットを受ける。たとえばJSR社の株価は，2020年に米バリューアクトによる株式保有が公表されると，前日比8.0%上昇し，2021年に米バリューアクトから取締役を受け入れることが公表されると5.0%上昇した[45]。

■同意なき買収

図表1-4のマトリックス上，左下の象限に位置づけられる「同意なき買収[46]」も，近年目につくようになっている。

経営者の事前同意を得ずに，対象会社の株式を取得し，経営陣と対立するという構造から，同意なき買収とアクティビストは，同類として語られることが多いが，大雑把に捉えると，同意なき買収は，経営権の獲得を目指すストラテジックバイヤーであるのに対して，アクティビストは，短期的にリターンを最大化したいフィナンシャルバイヤーであるという違いがある[47]。

同意なき買収は，数年前までは「会社の乗っ取り」といわれ，和を尊ぶ日本に馴染まないとされてきた。しかしながら近年，資本市場を取り巻く環境は大きく変化し，企業価値を上げるならば，これも一つの手段であると捉えられるようになり，2019年3月には伊藤忠商事がスポーツウェア大手のデサントを，2023年7月にはモーター業界最大手のニデック社が工作機械の名門であるTAKISAWA社を，敵対的TOBで傘下におさめた。敵対的TOBとは，TOB[48]をかけられた対象会社が提出す

45　出所：株式会社ゴードン・ブラザーズ・ジャパン　アクティビスト・ファンドは「ハゲタカ」から救世主に変わった　2022年1月25日

46　TOBをかけられたターゲット企業の取締役会は，金融商品取引法上「意見表明報告書」の作成・提出の義務がある。その際，TOBに反対もしくは中立の表明をした（賛同しない）TOBのことを敵対的TOBという。敵対的TOBは，2007年にスティール・パートナーズがブルドックソースに敵対的TOBをしかけ，定時株主総会の特別決議で承認された買収防衛策の発動の違法性が最高裁で争われた件以来，世間の耳目を集めることになった。

47　アクティビズム活動の一環で，アクティビストが一時的に経営権を取ることもある。

48　TOB（Take Over Bid）とは，募集株式数の上限や下限，TOB価格，TOB期間などを提示して市場外で一括して買付けること。TOBの手続きは，金融商品取引法に定められている。

わが国では，2000年頃までは友好的であってもTOBはほとんど使われなかったが，2000年に村上ファンドが昭栄（現ヒューリック）に敵対的TOBをかけたことが世間の耳目を集めたことで，TOBに敵対的なイメージが付くようになった。

る意見表明報告書[49]において反対の意見を表明した際のTOBのことをいい，敵対的TOBによる買収が同意なき買収である。

同意なき買収と一般の友好的な買収を明確に分けることは難しいが，経営者の事前同意の有無にかかわらず，海外からの提案を含め，ベストオーナー[50]による買収提案は，今後も増加するものとみられる。ベストオーナーとは，事業やヒト，モノ，カネ，情報という経営資源の価値を最も高くすることができ，中長期的な企業価値向上に資する経営主体のことである。

■投資ファンドと機関投資家

フィナンシャルバイヤーには，アクティビスト以外にも，投資ファンドや機関投資家がいる。投資ファンドとは，未上場の株式に投資を行うファンドのことである。ここでは，成熟期の会社に投資を行い，経営に関与して企業価値を高めたうえで，株式を売却してリターンを得るバイアウトファンド[51]をイメージしている。

機関投資家とは，顧客から預かった資金を株式や債券などで運用・管理する生損保，年金基金などの大口投資家のことである。資金量が大きいため，市場において大きな影響力がある。国内機関投資家のなかには，近年，ROE[52]基準を引き上げ，PBR 1 倍未満や，東証の要請への対応が不十分な企業の経営トップ選任に反対するなど，議決権行使基準[53]を厳格化しているところもある。

図表 1-5 は，投資ファンド，アクティビスト，機関投資家の違いを整理したものである。これらの投資家は，いわゆる『ファンド』としてアクティビストと同類にみられ，世間から十把一絡げに扱われることがあるが，これら三者には明確な違いがある。

49　意見表明報告書とは，金融商品取引法の定めに従い，TOBをかけられた対象会社が，当該TOBに関する意見等を記載する開示資料のこと。

50　出所：事業再編実務指針，経済産業省。ベストオーナーであるかどうかの判断は，主観的または相対的なところがあることに留意しておきたい。

51　バイアウトファンドとは，主に成熟期の会社に投資を行い，非公開の環境のなかで経営に関与しながら企業価値を高めたうえで，株式を売却してリターンを得るファンドのこと。

52　ROE（Return On Equity）とは，自己資本利益率のことで，株主から預かった資本をどのくらい効率的に使って稼いでいるかを示す指標。8％以上，近年では10％以上が目安。

53　株主総会において，議決権を行使するための基準のこと。

28

図表 1-5 ▶アクティビストと他の投資家との違い

		投資[54]ファンド	アクティビスト	機関投資家
投資 ↓ 回収	対象会社の経営者の同意	原則得る	得ない	得ない
	支配権	握る	握らない（数%〜20%程度の議決権のみ）	握らない
	経営への参画	積極的に経営改革を実施	積極的に要求や提案をする	しない
	エグジット	する	する	する

よりフィナンシャル的

■投資ファンドとアクティビスト

投資ファンドは，ターゲット企業の経営者から事前同意を得て，当該企業の支配権，つまりマジョリティ[55]を握り，ハンズオン[56]で経営改革を実行する。これに対して，アクティビストは数%〜数十%の株式取得に留まる。したがって，マジョリティを握る投資ファンドは，株式取得時に多額のプレミアム[57]を払うことになるが，マジョリティを握らないアクティビストは，プレミアムを払わない。

両者ともファンドであるため，EXIT[58]を前提に投資するが，アクティビストの持ち分は数%〜数十%であり，少量であれば市場でも売却できるなど，EXIT時の選択肢は多い。とはいえEXIT時にプレミアムをつけることが期待できる投資ファンドとは異なり，アクティビストは，EXIT時の株価に縛られる。またアクティビストは，直接的に経営参画しないため，経営人財を確保しておく必要はないが，そ

54　近年では，投資ファンドが関わる案件において，対象会社の経営者の同意を得ていない案件が出てきている。
55　マジョリティとは過半数のこと。
56　ハンズオンとは，M&Aや投資を行った後，対象会社の経営に相当程度深く関与するスタイルのこと。
57　コントロールプレミアムは，前日終値平均株価の40%〜50%くらいになることが多い。
58　EXIT（エグジット，イグジット）とは，ビジネスにおいて，投資をした資本を回収するための出口戦略のこと。

のため価値向上のために打てる手には制約がある。だからこそアクティビストは，レピュテーションリスクを背負いながらも投資に際してはターゲット企業にコーポレートガバナンス上の弱点を厳しく指摘して，正論を前面に打ち出しながら攻め込む戦法をとることになる。

■機関投資家とアクティビスト

アクティビストは，「その潜在的な資産価値に比較して株価が割安な対象会社の株式の数％〜数十％を取得して，対象会社に経営の効率化や株主還元の強化等の要求を行ってその株価を引き上げる等したうえで，数か月から数年後に保有株式を売却してリターンを上げる投資家」であるという定義[59]がある。割安に放置されている企業の株に投資し，その価値が適正価格になるまで待つという点において，アクティビストの行動は機関投資家，特にバリュー投資家[60]と近い。

異なるのは，アクティビストは，ターゲット企業の株式を取得した後，経営陣に書簡を送付するなどして，要求事項を明確に伝え，株主総会における株主提案や委任状争奪戦を行うなどの方法で，積極的に経営改革を働きかけ，経営者を揺さぶる点である。

3．アクティビストからのアプローチ

■アクティビストのターゲッティング

このように投資ファンドや機関投資家とは一線を画すアクティビストは，ターゲットにできそうな上場企業を求めて，国境なく活動している。上場企業の株式は，誰でも市場で取得することができるし，TOBをかけることもできる。TOBは，株式公開買付けのことであり，わが国では，株式の買付け後，株式の総議決権数の3分の1を超える場合はTOBが義務付けられている。

アクティビストは，図表1-6に記載したように，全上場企業を対象として，開示されている情報をもとにターゲット企業を選定し，書類送付や面談・対話を経て，エンゲージメントを開始する先を絞っていく。

59　出所：敵対的買収とアクティビスト，太田洋著，岩波新書
60　バリュー投資家とは，株価が本来の価値よりも割安である企業の株式に投資する投資家のこと。

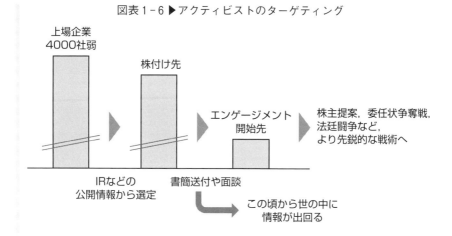

図表 1-6 ▶アクティビストのターゲティング

　アクティビストのターゲットにされないためには，効率的な高株価経営を実践することに加え，中期経営計画や統合報告書[61]などの開示資料については，アクティビストだったらどういう点を指摘してくるかといった資本市場の視点を意識して作成することが重要である。しかしながら，そこまで意識して，開示資料を作成している上場企業は，未だ多くない。

■アクティビストからの株付け
　ターゲット企業の経営者がアクティビストから株付けされたことを知るのは，アクティビストから個別にアプローチがあるか，株主名簿[62]や実質株主判明調査で分かるか，大量保有報告書[63]が出たかの時点である。なかには，メディアの報道でたまたま知ることもある。

　アクティビストを歓迎しない経営者にとってみると，株付けの段階でアクティビストが入ってくることを阻止したいところだが，上場している限り，これは阻止できない[64]。経営権を握ることを想定していないアクティビストに対しては，同意な

---

61 統合報告書とは，企業の財務情報と非財務情報を統合的に開示する報告書のこと。企業理念，価値創造ストーリー，事業戦略などが記載される。
62 株主名簿とは，株主に関する基本情報を記載した帳簿のこと。
63 大量保有報告書とは，発行済株式数の5％以上を保有した株主が公表する書類のこと。
64 他方，非上場企業は，アクティビストによる株付けも，同意なき買収も，受ける心配がない。

第1章　ミツカネ工業に株付けしたアクティビスト　　31

き買収において検討されるポイズン・ピル[65]などの買収防衛策導入の効果も限定的である。

　アクティビストから対話の要請があったら，おおよその経営者は，弁護士や幹事証券会社，投資銀行，または取引銀行に相談することが多いが，取引銀行によっては，この手の案件の経験が乏しく，相談にのれないことがある。特に地方では，金融機関によっては，適切なアドバイスを提供できず，企業側の初期対応が遅れることがある。

　アクティビストは，初回面談には訪問してくるが，その後は，ウェブ会議を要請してくることがある。しかしながら地方企業は，こういった内容の件をウェブ会議でコミュニケーションすることに慣れていない。言われっ放しになっているうちに，時間だけが経過していくと，アクティビストのほうは，要求が無視あるいは拒否されたと捉え，ウェブサイトにホワイト・ペーパーを公開するなどのキャンペーンをうつなどして，活動をより先鋭化させていく。ホワイト・ペーパーとは，ターゲットに関する詳細な分析やそれに基づく要求事項を記載したものである。ウェブサイトを使う時代では，紙で行っていた時代と比べて，活動コストが大幅に下がっており，それにつれてアクティビストの活動量も増大している。

　企業がアクティビストの正論に理由なく反対すると，メディアが，「改革を迫るアクティビスト」と「保身に走る経営陣」と，劇場型の構図で報道することがある。

■他のアクティビストとの連携
　アクティビストが取得するのは一般に数％〜数十％の持ち分であるが，その議決権だけだと，委任状争奪戦や株主提案では勝てない。そのためアクティビストは，他の投資家と共同戦線[66]を張ることがある。大量保有報告書を出す５％に満たない程度の議決権を，複数のアクティビストと暗黙裡に協調して買い進める手口であり，ターゲット企業が気付いたときには，アクティビストの要求に応じなければいけない状況になっていることも少なくない。

65　ポイズン・ピルは，毒薬条項やライツプランとも呼ばれ，敵対的買収者が株式の保有比率を増やし始めた際に，ターゲット企業が既存の株主に新株を発行することで買収を防ぐ仕組みのこと。買収防衛策の導入企業数は，年々減少している。
66　ウルフパック（Wolf Pack）ともいう。

32

　資金量が潤沢にない日系のアクティビストは，これまでは中堅規模以下の上場企業しかターゲットにしてこなかったが，他のアクティビストとの連携により，今後は，時価総額が大きい企業もターゲットにできる。加えてアクティビストの運用資産規模は，年々巨大化している。大企業でも，海外勢を含め，あらゆるアクティビストからターゲットにされる時代に入っている。

　近年では，アクティビストの要求が合理的であれば，議決権行使助言会社[67]，スチュワードシップ・コードを背景とした機関投資家や株価上昇を好感する個人投資家などが，企業価値向上の観点から是々非々で判断し，その結果，株主提案が可決されることがある。たとえば，エレベーター大手フジテック社の株式16.5％以上を保有していた香港オアシスは，2022年12月にフジテック社の臨時株主総会の招集を請求した。2023年2月24日に開催された臨時株主総会では，香港オアシスの株主提案のうち，3人の社外取締役の解任議案，香港オアシスが提案した6人の社外取締役のうち4人の選任議案が可決された。なお会社提案の社外取締役の追加選任は否決された。

4．アクティビストが求めるリターン

■アクティビストのアービトラージ[68]

　一般に10年といった長期資金を投資家から預かって活動するアクティビストの報酬体系は，パフォーマンス連動の成功報酬であり，絶対リターンでパフォーマンスが評価されるため，高いリターンを求める強いインセンティブが働く。

　売却までの期間にアクティビストが目論むのは，図表1-7に示す（A）のリターンを最大化することである。（A）は，取得時の株価とEXIT時の株価の差である。（A）が大きい上場企業は，アクティビストの恰好のターゲットになりやすいため，アクティビストを歓迎しない経営者は，日頃から「狙われやすい」事象をなくしておくこと，つまり株価を「割安でない」状況にしておくことが重要である。

67　機関投資家や個人投資家に対して，投資先企業の株主総会における議決権行使について助言を行う専門企業のこと。大手ではISS（Institutional Shareholder Services）とグラスルイス（Glass Lewis & Co.）がある。

68　アービトラージ（Arbitrage）とは，裁定取引，サヤ取りのこと。一時的な価格差がある場合に，割安な価格のほうで買う取引と，割高な価格のほうで売る取引を行って，利ざやを稼ぐことをいう。

（A）の部分は，株価に反映されていない潜在的価値を顕在化させる部分（a1）と，M&Aなどのイベントが起きた際の介入によって利益を上げる部分（a2）に分けられる。

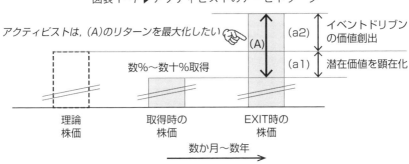

図表1-7 ▶アクティビストのアービトラージ

■アクティビストから狙われやすい企業

図表1-7の（a1）が大きい企業は，理論株価よりも株価が低い「割安」な株価の企業である。わが国には，上場オーナー企業をはじめ，（a1）が大きい企業は少なくなく，これらの上場企業には，増配や自社株買いなどの株主還元の要求がなされることが多い。

図表1-8は，アクティビストに狙われやすい事象と，アクティビストがどのような要求をしてくるかを示したチャートである。

図表1-8 ▶アクティビストからの要求

狙われやすい事象	要求内容

狙われやすい事象
- ガバナンスが緩い
- コンプライアンス上の事件発生
- 親子上場，資本関係の歪みがある
- コングロマリットディスカウント発生
- 政策保有株式が多い
- 現金をためこんでいる
- ノンコア事業がある
- 遊休資産が多い
- PBR1倍以下
- デットを活用していない

要求内容

上場のまま

取締役会・ガバナンス改革
- 新たな取締役の選任
- CEOの解任
- 取締役会会長の解任
- 経営幹部の報酬見直し

資産売却，スピンオフ活用などによる事業ポートフォリオの見直し(BSの左側)

レバレッジの活用など資本構成の変更(BSの右側)

増配・自社株買いなどの株主還元

非上場化

MBO，第三者への売却

　アクティビストに狙われやすいのは，政策保有株式や過剰な現預金を保有し，PBR1倍割れなど，資本効率が悪く，コーポレートガバナンスに対する意識が低い企業である。コンプライアンス[69]の問題が報道された企業も，株価が下がり，アクティビストに正論を突く余地を与え，ガバナンス強化の要求が出されることが多い。また成長戦略の欠如や成長事業への投資が不十分であることを指摘されることもある。今後の企業における対応策としては，事業ポートフォリオを見直し，ROIC[70]経営など企業価値を最大化する経営を実践すること，さらに筋肉質なバランスシートを保ち，株主資本コスト[71]を上回る高ROEの経営を実践することなどがあげられる。

■イベントドリブンの要求

　近年増加しているのが，図表1-7上の（a2）のイベントドリブンの価値創出である。イベントを活用して，理論株価を上回る価値を作り出すことから，バンプ

69　コンプライアンスとは，法令遵守のこと。最近では，法令を遵守することはもとより，企業倫理や社会規範を尊重するといった意味合いで使われている。

70　ROIC（Return On Invested Capital）とは，投下資本利益率のこと。ロイックとよぶ。

71　株主資本コストとは，企業が株主から調達した資本のコストのこと。

トラージ[72]や，M&Aアクティビズムとも呼ばれる。具体的には，M&A取引などのイベントにアクティビストが介入するケースであり，2007年の大阪製鐵と東京鋼鐵の経営統合に際して，いちごアセットマネジメントが，経営統合比率に異を唱え，東京鋼鐵の臨時株主総会において経営統合議案を否決に追い込んだ。この「いちごの乱」[73]が日本初のM&Aアクティビズムの成功といわれている。

アクティビストによる介入が起こりやすいイベントは，利益相反が内在するM&A取引であり，典型的には，マネジメントバイアウト（MBO[74]）や上場子会社の非上場化である。利益相反とは，当事者間の利益と不利益が相反する状態にあることをいう。

■MBO

MBOは，経営陣がその株主から自社株式や事業を買収することである。

MBOを企図するTOBでは，経営者は，株主の利益を最大化させるために，高いTOB価格を獲得する責任を負っている。しかしながら買い手である自分としては，低いTOB価格を望む。ここに利益相反の構造がある。

アクティビストは，このMBOのときのTOB価格を突いてくることが多く，2017年の投資ファンド米KKRによる日立国際電気へのTOBでは，米エリオットが市場内で株式を買い集め，2度のTOB価格引き上げを実現させた。

図表1-9は，わが国におけるMBOの件数の推移と主な案件を示している。アクティビストが活躍し始めた2000年代後半に一つの山ができ，2020年頃から再び増加していることが分かる。

72　バンプトラージ（Bumpitrage）とは，Bump（衝突）とArbitrage（アービトラージ）を組み合わせた造語。
73　出所：大和総研経営戦略情報ガバナンス回顧-2007年上半期①-「いちごの乱」とは何だったのか　2007年7月9日
74　MBO：Management Buyout

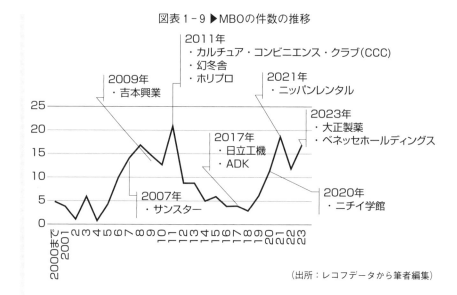

図表1-9 ▶MBOの件数の推移

（出所：レコフデータから筆者編集）

■上場子会社の非上場化

　もう一つの利益相反取引である上場子会社の非上場化[75]とは，上場親会社が上場子会社を完全子会社化するM&A取引である。

　子会社の経営陣には親会社出身者がいることが多いことから，子会社が親会社の意向を優先させる恐れがあり，これが上場子会社の少数株主の利益を損ねる可能性があるとして，かねてからガバナンス上の問題点が指摘されている。

　図表1-10は，親子上場の数の推移である。2006年をピークとして，親子上場の数は減少に転じているが，未だに約200社が親子上場の状態にある。

75　または持分を売却して非公開化することもある。昨今では，上場子会社ではなく持分法適用会社にしているケースが増えてきており，これらを含めて親会社がいる上場企業は約1000社といわれている。

図表1-10 ▶ 親子上場の数

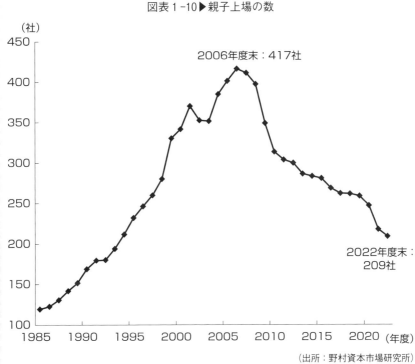

（出所：野村資本市場研究所）

　近年も，上場子会社を完全子会社化または持分を売却して非上場化させる動きは続いている。

　上場子会社を完全子会社化するM&A取引では，TOBまたは株式交換[76]が使われるが，そのときのTOB価格や交換比率に納得できないと，アクティビストから親会社に有利なTOB価格や交換比率ではないかとの指摘がなされる。たとえば，アルプス電気とアルパイン社の統合（アルプス電気を完全親会社，アルパイン社を完全子会社とする株式交換）では，香港オアシスが，子会社アルパイン社株主に不利な交換比率であると主張した。なおこの経営統合議案は，2018年12月のアルパイン社の臨時株主総会において可決された。

76　株式交換とは，対象会社の全株式を，買い手の株式と交換することにより100%の親子関係を生じさせる手法のこと。

■公正性担保措置

　こういった利益相反の状態が生じるM&A取引においては，少数株主と経営陣との間に情報の非対称性が存在することから，少数株主に適切な判断機会を与えることや，経営陣の意思決定における恣意性の排除，価格の適正性を担保する客観的情報などを確保するための手続きが必要となる。これを公正性担保措置といい，利益相反が内在するM&A取引を実行する際は，「公正なM&Aの在り方に関する指針」[77]を踏まえ，独立社外取締役[78]主体で構成された特別委員会[79]の設置など，より透明性の高い意思決定プロセスと意思決定が求められる。

　とはいえこれらの措置をとったからといって，アクティビストからの介入を防げるわけではない。最大の論点は，TOB価格や交換比率，端的に言うと，少数株主へのプレミアムの水準である。非公開化では，アクティビストを含むすべての株主を強制的に退出させることになる。そのため，株主にとってみると，非公開化時のTOB価格にいくらプレミアムがのっているかが大きな関心事である。プレミアムの引き上げであれば，一般の株主からの賛同も得やすく，結果，TOB価格の引き上げに成功することが少なくない。MBOと上場子会社の非上場化は，アクティビストには，攻めやすく，利益を上げやすい，ど真ん中の領域であるといえる。

5．アクティビストの存在とMBO

■アクティビストの存在がきっかけ

　利益相反が内在するM&A取引の一つにMBOがあることを述べたが，経営者がMBOを指向する背景には，コーポレートガバナンス・コードへの対応を含め上場維持コストが増大し，これが上場していることのメリットを上回るようになったこと，経営の自由度を高めたいことなどがあげられる。表向きはそうであるが，本音

77　「公正なM&Aの在り方に関する指針―企業価値の向上と株主利益の確保に向けて―」（公正M&A指針）経済産業省，2019年6月28日のこと。2007年に策定された「企業価値の向上及び公正な手続確保のための経営者による企業買収（MBO）に関する指針」（MBO指針）を改訂したものと位置づけられる。MBOおよび支配株主による従属会社の買収（上場子会社の非上場化）について，主として手続面から公正なM&Aの在り方を提示している。

78　社外取締役のうち，証券取引所の定める独立性基準を満たす者であり，その要件は会社法の定める社外取締役よりも厳しい。

79　特別委員会とは，構造的な利益相反の恐れのある取引を行う際に，対象会社の取締役会において任意に設置される会議体のこと。

の理由として，アクティビストに経営介入されたくないがためにMBOを選択する
ケースも増えている。

2023年は，大型MBOが相次いだ[80]。非公開化に必要な資金は，投資ファンドや
金融機関がLBO[81]ファイナンスの形で提供するため，非公開後のキャッシュフロ
ーが見込めれば，資金調達に大きな問題が生じることは少ない。

■TOBが不成立になることも

MBOを企図するときのTOBには，アクティビストが介入することがあり，結果
として，非公開化が失敗に終わることがある。たとえば，2017年のマグロ運搬船の
運行を展開する東栄リーファーライン，2019年の印刷業を中核事業とする廣済
堂[82]，2021年の片倉工業[83]，オフセット印刷用写真製版大手の光陽社などにおいて
は，応募株式数が下限に満たず，MBOを目的としたTOBが不成立に終わってい
る。

TOBは，その名のとおり，公開のなかでの買付けである。そのため，TOBが対
抗TOBを誘発し，当初想定していない結末に至ることもある。たとえば，首都圏
を中心にホームセンターを展開する島忠は，旧村上ファンド系のアクティビストな
どに株付けされ，長年にわたり良好な関係を築いてきたDCM社にホワイトナイト
としての役割を期待し，DCM社からのTOB（TOB価格は4200円）に賛同していた。
しかしながらそのTOB期間中に，ニトリが5500円で対抗的買収提案を出してきた
ため，島忠は，ニトリと面談を実施したあと，最終的にニトリの買収提案に賛同意
見を出し，2020年12月に，島忠はニトリホールディングスの傘下に入った[84]という
件があった。

TOB成立の可否を分けるのは，少数株主が納得する適正なTOB価格を提示した

80　2023年の大型MBOには，ベネッセホールディングスや大正製薬ホールディングスの案
　　件があった。
81　LBO（Leveraged Buyout）は，対象企業が生み出すキャッシュフローを担保にして買
　　収資金を調達するM&A手法のこと。
82　この件では，村上ファンド系のアクティビストである南青山不動産による対抗TOBも
　　起きたが，これも不成立になった。
83　一旦応募契約を結んだ香港オアシスは，鹿児島東インド会社に持分を売却した。その
　　鹿児島東インド会社がTOB価格に反発した。
84　出所：日経ビジネス2021.7.5配信

かどうかであり，目安にする基準は，プレミアムの水準[85]とPBR1倍以上である。株式市場にこれが適切に認識されないと，TOBが不成立になる可能性が高まる。

■TOBが成功したあとの監視の目

TOBが成立したあとのスクイーズアウト[86]に際して，TOB価格を不服とする株主が，裁判所に価格決定の申し立て[87]をすることがある。たとえば2020年の伊藤忠商事によるファミリーマートの完全子会社化では，アクティビストが市場内で株式を買い集め，2300円のTOB価格でTOBとしては成功したものの，スクイーズアウトに際して，米RMBキャピタルなどの海外投資家が東京地裁へ価格決定申し立てを行った。東京地裁は，ファミリーマート側の特別委員会が役割を十分に果たしたと評価せず，公正と認められる手続きにより行われたとは認められない旨判断し，「公正な価格」を裁判所において算定した。司法判断は2600円だった[88]。非公開化時のTOB価格については，常に周りからの強い監視の目があることに留意しておきたい。

6．アクティビストのEXIT

■高株価経営

アクティビストは，ファンドであり，いつかはEXITする。早くEXITできると，アクティビストも次のターゲット企業の活動に移れるし，ターゲットになった上場企業も本業に集中できるため，双方にとって対立の長期化は避けたいところである。

しかしながら上場企業のほうから表立ってアクティビストを追い出すことはできない。アクティビストが自らEXITしていくのを待つしかないが，多くの場合は，株価が上昇すると，いつの間にか持分を売却して，出ていっている。アクティビストにEXITしてもらうための正攻法は，平時よりもまして，企業価値向上に能動的に取り組み，株価を上げることである。

85　近年は，40%～50%が多い。
86　スクイーズアウトとは，少数株主が保有する株式を強制的に買取ること。
87　買取価格が合意に至らなかった場合，「公正な価格」の決定を求めて裁判所に申し立てること。
88　東京地方裁判所令和5年3月23日

近年、アクティビストからの要求は、コーポレートガバナンスを改善しながら中長期的に企業の収益性や成長性を高めるための経営改革や、経営戦略の転換など、高度な要求に移ってきている。とはいえ企業の経営戦略については、日々経営にあたっている経営者が深い洞察を持っており、経営者は、アクティビストが指摘する点において、何らかの経営課題があることに同意するものの、必ずしもアクティビストの主張を、そのまま受け入れるわけではない。たとえば、2022年、香港オアシスは、デジタルガレージ社に、競争力強化と成長加速を目的とした決済・広告事業のスピンオフ、さらに傘下の持分法適用会社の売却などを求めたが、会社はこれに応じていない。その間、香港オアシスは、同社の株を9.43％から12.57％に買い増した[89]。

図表1-11▶アクティビストのEXIT

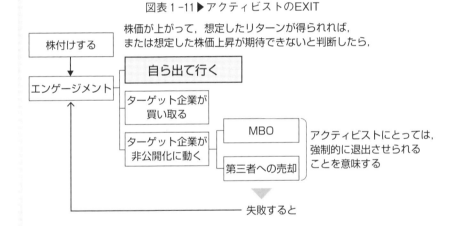

■自社株買い

アクティビストとの攻防を長期化することを避けるため、アクティビストとの関わりに、能動的に終止符を打ちたい経営者もいる。その場合の一つの手段として、一般株主を残したままアクティビストから保有株式を自社株買いする方法があるが、株価目線が合うかが問題である。2021年、不動産販売会社のフージャースホールディングス社は、村上ファンド系のシティインデックスイレブンスに同社保有株（37.6％）を全て手放してもらうことを狙って、自社株買いを実施した。TOB価格

---

[89] 文中記載は執筆時の状況である。出所：株式会社デジタルガレージ「主要株主の異動に関するお知らせ」2024年7月26日プレスリリース

は1株当たり684円で，同日終値を下回るディスカウントTOBだった[90]。ディスカウントTOBとは，市場価格より低い価格で実行されるTOBのことである。

■非公開化

ほかにも自ら非公開化するという選択肢がある。アクティビストから逃れるためのMBOや，投資ファンドや事業会社などの第三者による非公開化である。

非公開化すれば，もう二度とアクティビストから経営介入されることはない。その観点から，非公開化は究極の選択肢である。ナナホシマネジメントや，旧村上ファンド系，３Dインベストメントなどのアクティビストが入っていた焼津水産化学工業は，投資ファンドJ-STAR系のYJHDをスポンサーとしてMBOを企図し，TOBを実施したが，応募が買付予定数の下限に達せず，2023年10月のTOBは不成立に終わった。TOB価格がPBRに換算すると0.7倍にとどまったことが不成立の理由の一つであった。その後，同社は，ツナ缶のいなばグループをスポンサーにしたTOBにより，非公開化を達成した。

非公開化に失敗したままだと，アクティビストとのエンゲージメントは，継続される。エンゲージメントとは，目的を持った対話のことであるが，すでに一戦を交えてしまった後のアクティビストとの対話は，より困難なものとなるであろうことは想像に難くない。

7．ポストアクティビストの経営

■再来襲するアクティビスト

このような攻防戦を経ながら，アクティビストは最終的にはEXITしていくわけだが，経営者にとってみると，アクティビストがEXITしたらそれで終わりというわけではない。

アクティビストが入ったということは，収益性，ガバナンス，資本関係など，アクティビストに正論を言われるだけの経営課題があったということである。したがって市場を納得させるだけの改革を進めない限り，再びアクティビストが株付けしてくる可能性がある。

90　出所：Bloomberg「存在感増す旧村上ファンド，自社株買いや対抗ＴＯＢ駆使する手法健在」2021年１月29日配信記事

第 1 章　ミツカネ工業に株付けしたアクティビスト　　**43**

たとえば，ダニエル・ローブ氏が率いる米サード・ポイントは，2013年 6 月にソニー株を取得し，エンターテインメント事業の米国でのIPOを要求した。当時，ソニー（現ソニーグループ）は，コングロマリット・ディスカウントの状態にあった。コングロマリット・ディスカウントの状態とは，複数の事業を抱える企業の株価が，各事業の価値を合計して算出された理論株価よりも小さい状態のことである。ソニーは，同事業を維持し続けたが，米サード・ポイントは，2014年にソニー株を売却した。

その後，米サード・ポイントは，2019年 9 月に，再びソニー株を取得し，半導体事業のスピンオフを要求したが，ソニーは人工知能（AI）や自動運転といった分野で主力製品である画像センサーの需要が増大するとして同事業を維持する方針を明らかにした。その後，米サード・ポイントはソニー株を手放している。

■サスティナブルな収益を獲得する態勢の構築

ターゲット企業は，アクティビストとの攻防戦の期間中，平時であれば経営にあてていた時間をアクティビスト対応にとられ，本業に目が届きにくくなる。一日24時間という限られた社長の時間を何にどうアロケートするかは，社長自身のみならず，会社にとって大きな課題である。

アクティビストとの対話に時間をとられ過ぎると，会社の企業価値を上げるための普段の事業運営活動が手薄になりかねない。アクティビストがEXITし，アクティビスト対応に時間を割く必要がない平時に戻ったら，まずは本業に目を向け，現場に足を運び，組織を再活性化させ，サスティナブルな収益力を獲得する体制を構築することが重要である。

アクティビスト対応をしている期間，会社は，法律事務所や投資銀行，会計事務所，メディアコンサルティング会社などを起用し，平時であれば必要なかったコストが発生している。その財務上の影響は，小さくない。米国の事例であるが，米ウォルト・ディズニーは，2024年 4 月の株主総会での委任状合戦に勝利したが，著名アクティビストである米トライアン・パートナーズへの反撃に5000億円以上費やし，重い代償を払ったと報道[91]されている。

91　出所：日本経済新聞2024年 4 月 5 日

8．アクティビストが社会に与える影響

■業界再編を引き起こすアクティビスト

　アクティビストが特定のターゲットにアプローチした結果，業界再編を引き起こすことがある。ターゲット企業に提案する前に，アクティビストは，業界全体の動向についてリサーチし，業界に精通していることが多い。EXITの際に，同業や周辺業種企業との接点が必要になることがあるためである。さらに同じ業界の企業であれば，類似した経営課題が内在している可能性があるため，次のターゲット企業候補探索にも役立つ。

　香港オアシスは，2023年に，ドラッグストア大手のツルハ社にガバナンス改善を求めるキャンペーンや株主提案を実施した。このときの株主提案は退けられ，香港オアシスは保有していたツルハ株を，従前から同社株を13%保有していたイオンに譲渡した。イオンは，ツルハ社を傘下にあったウエルシア社と経営統合させ，2024年3月に，国内ドラッグストア市場シェア25%超の巨大チェーンを誕生させた。香港オアシスのツルハ社への経営介入が，ドラッグストアの業界再編を引き起こしたといえる。香港オアシスはさらにその後2024年に，同じドラッグストア業界のクスリのアオキホールディングスに対して，社長と副社長を対象に発行した有償ストックオプション[92]についてコーポレートガバナンス上重大な問題があると指摘し，社長ら3人の解任を求める株主提案を提出した。なお同提案は，2024年8月16日の株主総会において否決された。同年には，国内最大の調剤薬局チェーンを展開するアインホールディングスの定時株主総会でも，社外取締役の解任などを求める株主提案に加え，企業統治の体制を問う質問状を送ったが，これらも否決された。アクティビストの活動によって，調剤薬局業界を含めドラッグストア業界には，業界再編の波がきている。

　わが国では，いくつかの業界において，そのプレーヤー数が多いことがかねてから課題とされてきた。既存のプレーヤーの力だけでは業界再編が実現しにくい業界にアクティビストという外圧が加わると，玉突きを誘発し，結果として業界再編になっていく。同業がアクティビストから提案を受けている場合，同じ業界のプレー

92　有償ストックオプションとは，新株予約権の一種であり，特定の価格を支払って株式を取得できる権利のこと。

第1章　ミツカネ工業に株付けしたアクティビスト　**45**

ヤーは，明日は我が身として状況を分析し，必要に応じて適切な行動をとることが求められよう。

■環境をテーマとするアクティビスト

アクティビストの活動とは趣を異にするが，社会的責任（CSR[93]）や環境・社会・ガバナンス（ESG[94]）が，欧州を中心に大きなテーマになっており，特に気候変動問題に関しては，投資先企業に積極的に取組みを要求するESGアクティビストの活動が増えている。たとえば，2024年のトヨタ自動車の株主総会では，デンマークのKapitalforeningen MP Investが，気候変動に関連したトヨタ自動車のロビー活動が同社に与える影響とパリ協定との整合性に関し，包括的な報告書を毎年発行するよう提案したが，同年5月8日開催のトヨタ自動車取締役会は，同提案に反対することを決議した[95]。

従来はNPO団体などが提案主体であったが，近年では，アクティビストから環境・社会に関する提案がなされることもある。ESGと経済的なリターンとは必ずしも連動しない。アクティビストの真の目的は，ESGというテーマを笠に着ながら，ターゲット企業に取締役を送り込むことであるともいわれている。

■資本市場のスタンスと企業の姿勢

多くの経営者にとってアクティビストは厄介な存在であろう。しかしながらアクティビストの要求は正論であり，経営陣に適切な規律や緊張感をもたらす。

コーポレートガバナンス・コード策定以降，上場企業は，一定数の独立社外取締役を確保し，ガバナンス強化を進めているが，その動きはスピード感があるとはいえない。そのような上場企業に対して，アクティビストが合理的な要求をすると，企業の経営改革に一定の効果が生じ，コーポレートガバナンス改革が一気にすすむ面がある。

93　CSR（Corporate Social Responsibility）とは，企業の社会的責任のことであり，持続可能な成長を図るために社会や環境に及ぼす影響に対して責任をとる企業行動のこと。

94　ESGとは，Environmental（環境），Social（社会），Governance（ガバナンス）の頭文字を取ったもの。これらの要素をふまえた企業経営や投資活動のことをいう。

95　出所：トヨタ自動車プレスリリース　株主提案に対する当社取締役会の意見について　2024年5月8日

日本の資本市場では，外国人投資家が保有比率を増やしており，2023年度の外国人保有比率は，前年度比1.7%上昇し，31.8%と過去最高を更新した。資本コストを意識した経営を目指す企業に投資マネーが流れ込み，日経平均株価は，34年ぶりに市場最高値を更新した[96]。

　近年，海外勢から買収提案を受ける上場企業も出てきている。そういった買収提案や，本章でとりあげたようなアクティビストから提案を受けた際，企業の経営者は，取締役会や特別委員会において，中長期的な目線で企業価値向上ひいては株主価値向上に資するか，株主共同の利益[97]を毀損しないかについて，より一層，慎重に検討することが求められる。

96　出所：日本経済新聞2024年２月22日
97　株主共同の利益とは，株主全体に共通する利益の総体のことで，企業価値と株主共同の利益の確保は，買収防衛策導入を検討する際の拠り所になっている。

第2章

オークションは避けられない

~あらすじと登場人物~

- ミツカネ工業の西園寺社長は，子会社のミツカネ電子の寺田社長を本社に呼び，ミツカネ電子を売却するディールはオークション[1]にせざるを得ないこと，についてはオークションに呼んでほしくない先をネガティブリスト[2]として提出するよう指示した。
- 西園寺社長は，寺田と話をするなか，いつの間にか，寺田が子会社の社長として大きく成長したことに驚きと嬉しさを覚えた。
- 西園寺社長の思いや考えを理解してくれた寺田を応援するためにも，電子には，ミツカネ工業のしがらみから離れて，大きく羽ばたいてほしい。それを自分の最後の仕事にしたいと西園寺社長はしみじみと思った。

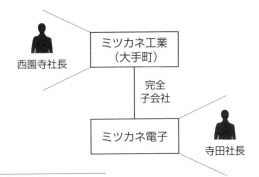

---

1 オークションとは，複数の買い手候補が，金額を提示して，競い合う形式のこと。最も良い条件で入札した買い手候補が交渉権を得る仕組み。入札，ビッド（Bid）とも呼ばれる。
2 ネガティブリストとは，他国との貿易や投資などの海外ビジネスにおいて使われる用語であり，禁止・制限する対象をリスト化したもののこと。

1 ネガティブリストの提出を求める西園寺社長

ミツカネ電子の寺田を呼び出した西園寺社長

3月の取締役会が終わったある日，ミツカネ工業の西園寺社長は，子会社のミツカネ電子の寺田社長を呼び出した。

「年度末の忙しいときに，来てもらってすまんね。こっちもバタバタしていてね。相変わらず，工場に足繁く通っている。それに最近はいろんな来客があって，あっという間に一日が過ぎていく」

西園寺社長の顔に疲労の色がみえる。

ミツカネ電子の寺田社長は，ここのところ，親会社であるミツカネ工業の西園寺社長と直接会う機会をできるだけ多く作ることを心掛けていた。次期中計策定作業のなかで，ミツカネ電子を「"遠ざける会社"に仕分ける」話が出てから[3]，大手町には，二人の間に溝を作ろうとする力学が少なからず働いていることを感じ取っていたからだ。

数か月前のこと，ミツカネ工業が電子の経営実態を調査するために，外部のコンサルティング会社を使ってセラーズDD[4]を実施したとき，その目的を，その時点で，西園寺社長に直接確認すべきであったが，寺田はそれをしなかった。あの頃，西園寺社長は多忙を極めていた。たとえそうであったとしても，社長が工場に行く車に強引に同乗するなどして，西園寺社長に，直接，その真意を確認すべきであった。しかしながら寺田は，遠慮して，確認するのを躊躇したのだ。

3　"遠ざける会社"に分類されたストーリーについては，『図解＆ストーリー「子会社売却」の意思決定』を参照のこと。

4　セラーズDDとは，売り手の立場から実施するデューデリジェンス（DD）のこと。売り手の側でDDを実施しておくことで，売り手が対象会社の財務状況や法律・実務上の問題点などを予め正確に把握しておく（親会社は子会社の経営実態について，案外よく分かっていない）ことによりM&Aの実現可能性を高めたり，取引を円滑に進めることができたり，有利な売却条件を交渉できたりなど，さまざまなメリットがある。ここでは依頼者であるミツカネ工業がミツカネ電子に対して実施したDDのこと。

あの時の，「西園寺社長は多忙なので会えなくても仕方がない」という言い訳が，今の電子の状況を招いた遠因になっている。このことは，今でも寺田の心の中に大きなシミとなって残っており，それからというもの，寺田は，重要なタイミングでは，西園寺社長と直接会って真意を聞くことを肝に銘じている。

先日，大手町の経営企画から指示があった件についても，その背景を，西園寺社長に，直接，確認したいと思っていたところであり，今日の呼び出しは，寺田にとって良いタイミングであった。

オークションは避けられない

西園寺社長は，寺田にソファーをすすめる。

「今日，来てもらったのは，他でもない。今後の電子のことだ。

以前，寺田君からは，"遠ざける会社"に仕分けられるのであれば，自分たちの手で，新たな株主を探したいという話があったね。

投資ファンド[5]のジェインを有力な候補と考えているという話もしてくれた。

だが，その後，ウチの社外取締役が電子の件はオークションにすべき。公正なオークションの競争環境を保つために，ミツカネ電子がジェインと直接接触することはやめるべきと言い出した。

それで寺田君のところには，経営企画を通じて目立った動きはやめるように伝えた」

ミツカネ電子で経営企画を担当している西郷が，少し前に，大手町に呼び出され，「今後は勝手に動かないでもらいたい」と言われていた。寺田と西郷は，(さあ，本格的に新たな株主探しをするぞ) と意気込んでいただけに，出鼻をくじかれた思いがした。しかしながら大手町の指示は絶対である。すでに予定していたジェインとの食事会も急遽延期した。そんなことを思い出しながら，このあと西園寺社長は何を言い出すのだろうと息をこらして，次の言葉を待つ。

「電子は"遠ざける会社"になった。最後くらい，寺田君の希望を聞き入れたいと思ってね。

5　ここで言う投資ファンドとは，プライベートエクイティファンド（PEファンド）のなかでも主にバイアウトファンドのことを指す。

でも今回はオークションにせざるを得ない。

株主などへの説明もあって，公正な競争環境の下でディールを進めることが重要になっている」

と言いながら，西園寺社長は申し訳なさそうな表情をする。

「そうですか……オークションは避けられないのですか……物事というのは，簡単にはいかないものですね」

寺田は唇を真一文字に固く結ぶ。

背景にはドラゴンのことがある

「うむ……社外取締役から言われたということもあるんだが……実はね……ドラゴンがウチに株付けしてきている」

「えっ？」

一瞬，息が止まる。

「えっ？……ドラゴンって……あのドラゴンですか？」

寺田の声がひっくり返る。

「そうだ。アクティビストの……あのドラゴンだ」

「まさか……あのドラゴン……ですか！

経営陣に退陣要求するなど，かなりエゲツナイことをやるアクティビストだと聞いています。そんなところがウチの株を……」

寺田は，思わず，西園寺社長の顔をじっと見る。

「うむ，そうだ。実は以前から入っていたんだが，最近，面談を要請されるようになってね……。

電子の件は，次期中計のなかで，じっくりと進めたいと思っていた。でもそんな悠長なことを言っていられる状況ではない。

ここだけの話だが……今年中に仕上げたい。

今走っている中計も，事業ポートフォリオの見直しに触れている。だから今期，電子の件を実行に移しても，開示している戦略との整合性はとれる。スピードを早めるということだ」

西園寺社長の口調は強い。

寺田は，目を見開く。今年中に仕上げるという西園寺社長の言葉は，驚き以外の何ものでもない。寺田が知る限り，ミツカネ工業という会社が，いや西園寺社長が，こんなスピード感で物事を進めたことなど未だかつてなかった。

どうしたのだろうか？

何が起きているのだろう？

ドラゴンからの圧力というのは，それほど大きいものなのだろうか？

西園寺社長は，さらに続ける。
「この件は，金額が大きなディール[6]になる。

だからドラゴンがこれについて，『株主の利益を最大化するために最も高い価格で売却したか？』とか，『売却プロセスは透明性高くフェアだったか？』など，質問攻めにしてくることは必至だ。

ディールのプロセスや価格に疑義を持たれると，『社長は首！』，『取締役を入れ替えろ！』と言ってこないとも限らない。ドラゴンからはすでに『長く社長をやっているね』と先制攻撃をもらっているよ」

アクティビストにそんなことまで言われていることに，寺田は衝撃を受けた。

寺田は居住まいを正し，西園寺社長の目をまっすぐに見て，
「分かりました」
と言い，大きく頷く。

そして，
「後からドラゴンに突つかれても問題がないという形にすればよいのですね」
と付け加える。

「そうだ。分かってくれてありがとう」
西園寺社長の顔に安堵の色が浮かぶ。

6　ディールとは，取引や売買のこと。

なぜそんなに急ぐのか？

「透明性を担保するためにオークションが必要だということは，よく分かりました。

　しかし……なぜそんなに急ぐ必要があるのですか？　今年中に，だなんて……」

寺田はオークションを実施せざるを得ない状況については理解したが，今年中にディールを仕上げるという時間軸がまだ腹に落ちていなかった。

　それに対する西園寺社長の説明は煮え切らない。

「これから株主総会を迎えるこの時期にあまりガタガタしたくないが……。

　今年は，役職定年を迎える取締役がいないから，総会にあげる取締役候補者の顔ぶれは，昨年とほぼ同じだ。

　買い手が投資ファンドだとしたら，投資ファンドには株主総会シーズンはあまり関係ないだろう……それに……この件については，ドラゴンから余計な圧力をかけられたくない」

　寺田は，漠とした西園寺社長の説明に釈然とはしなかったが，
（ドラゴンに介入されることを避けたい）
という強い思いがあることだけは，じわりと伝わってきた。

　大手町の経営企画からの指示があってから，ジェインとの話は凍結させている。
（ここで宙ぶらりんになったら，たまらない）
と思っている寺田にとってみると，「今年中に仕上げたい」という西園寺社長の話は，多少性急すぎるとはいえ，歓迎すべきことである。

　背景はともあれ，中途半端な状態から早く抜け出し，事態が前に進むことは，寺田にとって悪い話ではない。

　寺田は，西園寺社長の目を見て，再び，大きく頷いた。

ネガティブリストを出してほしい

「ただ……公正な環境下でのオークションとなるとね，誰がオークションに参

加してくるか分からない。寺田君が望まない先に決まるのは忍びない。そうならないために……寺田君のほうからネガティブリストを出してもらいたいんだ」

「ネガティブリスト？
　それは……ウチがオークションに呼んでほしくない先をリストアップするという意味ですか？」
寺田は確認する。

「そうだ」

　これまでも，大手町の経営企画に何度も振り回されてきた寺田である。ここでネガティブリストを出しておけば，確かに多少なりとも安心だ。

「分かりました」

　あれこれ質問攻めにせず頷く寺田を見て，西園寺社長はホッとした。そして柔らかい口調で寺田に語りかける。
「ジェインのことだが……まだ数回しか会っていないんだろ？」

「はい……」

「ジェイン以外とも会ってみればいい。会えば，また別の考えも出てくるかもしれない」

「ありがとうございます。
　実は，ジェインとは近々会う予定だったのですが，経営企画から『動くな』というお達しが出たので中止しました。
　他のいくつかの投資ファンドとも，アポを入れ始めていたのですが，それもストップさせました」

　寺田は，多少話を盛りながら，経営企画の指示をいかに忠実に守っているかを西園寺社長にさりげなくアピールする。

「そうか……この機会を上手く利用すると，電子は，ウチに居てはできないことが，できるようになる。それを可能にする相手かどうか，寺田君の目でよく見たらいい……でもくれぐれも目立たないようにやってくれよ」

「分かりました。ご配慮，ありがとうございます」

寺田は，西園寺社長の電子に対する配慮が素直に嬉しい。

「やりたいことがある」寺田

「ところで，ネガティブリストには，どういったところが入りそうかね？」
と，西園寺社長が話題を変える。

　少し考えた後，戸惑いがちに話す寺田。

「そうですね……これまでの検討の中では，『どこがダメ』という視点での検討は行っていません……ですので，具体的にネガティブリストに入るところをあげろと，今この場で，聞かれましても……取引先とか競合はそれにあたるかもしれませんが……」

「そうか……」

「私としては，我々がやりたいことを尊重してくれるところに譲渡してもらいたいと思っています。ですから……逆に言うと，やりたいことを尊重してくれないところがネガティブリストに入ると思います」

「やりたいこと？」

　寺田にやりたいことがあるなんて，西園寺社長は初めて聞く話だ。思えば，そういう話を寺田とはしたことがなかった。

「はい，この業界は，本来，わが国の産業が得意としている領域です。

　ですから，やり方によっては大きく成長できます。強いプレイヤーになれば，グローバル市場で戦えます。

　でも実態は，どのプレイヤーも事業規模が小さく，ウチのようにどこかの企業グループの一部という形で事業展開しています。専業者がいません」
と言い，寺田は一息入れる。

　西園寺社長は，頷きながら，静かに寺田の話を聞いている。

「まずはウチ自体が自立して，専業者として強い企業にならなければいけません。

　そのためには，外部人材も導入してパワーアップすることが必要です。です

から新たな株主には，それを支援してくれるところが望ましいです。パワーアップした後は，ウチを中心に同業他社をロールアップ[7]して規模を拡大させていきたいと考えています。

　そして，日本で一番，世界でも三本の指に入る企業になってグローバル市場で戦っていく。それが私の夢です。

　社長には，夢物語に聞こえるかもしれませんが，本気でそれを目指したいと考えています。

　ですから，この夢の実現を支援してくれるところと，一緒にやっていければと考えています」

寺田の言葉には力がこもっている。

　いつの間に，寺田はこんな壮大な夢を語れるようになったのだろうか。しかもその実現を見据えて準備をし始めている。

「素晴らしい夢だね。

　私もしっかりと応援していく。

　まずはオークションで良い相手を見つけることだ。どうしてもダメだという候補を教えてもらえれば，そこをオークションに呼ばないくらいのことはできると思う」

　この寺田がいるのなら，このミツカネ電子はどこへ出しても恥ずかしくない。西園寺社長は，寺田の成長に驚きと嬉しさを覚えながら，暖かい気持ちが湧いてくるのを感じる。

「ありがとうございます。早急に検討して，ネガティブリストをお持ちします」

と伝え，寺田は，急ぎ足でミツカネ電子に戻っていった。

7　ロールアップとは，同じ業種の企業を複数買収し，規模を拡大することで，市場のシェアを拡大しバリューアップさせていく手法のこと。

2 ミツカネ工業の西園寺社長の思い

時代遅れの事業とはどの事業？

寺田が部屋から出て行って一人になった西園寺社長は，（一つくらい，自分が納得できることをやらなきゃいけない）と思いながら，椅子に深く座り，目を閉じる。

西園寺社長は，ここのところ何かを決断するたびに，「ドラゴンの目にどう映るか？」を気にするようになっていた。以前は，社内のリアクションとOBたちの反応が気になったが，今では，それに加えてドラゴンのことが気になる。実に窮屈だ。

先ほど寺田には，ドラゴンから「時代遅れの事業から早く撤退しろ」と言われたことについては話さなかった。しかし……「時代遅れの事業」とは，一体どの事業を指しているのだろうか？

普通に考えると非鉄のことだろう。

非鉄から撤退して，ウチにどうしろと言うのだろうか？

ウチが進むべき方向性は，ウチが自ら判断すべき話で，ドラゴンにお伺いを立てる話ではない。「非鉄をどうするか」について，こちらからドラゴンに議論を持ち出すつもりもない。でもドラゴンの考え方は，気になる。

そもそも，「モノづくりもできない連中がカネを転がして荒稼ぎする」ことが，どうにも腹に据えかねる。そういう連中から「非鉄から撤退しろ」と言われたら，意固地だと言われようが，非鉄を守り抜きたくなる。最近，「自分の考え方が時代から遅れているのではないか」と不安になることがある。さりとて自分の考え方が間違っているとも思わない。

振り返ってみると，電子事業は，ウチが育てた新規事業のなかで，まれにみるほど上手くいった事業である。まだミツカネ工業の一部門だったときから，電子事業の将来性を信じて，これまで暗に陽に電子事業を応援してきた。そし

ていつの日かミツカネを支える二本柱になってくれることを願ってきた。他人からどうみえるか分からないが，これまで自分が支援してきたことで電子事業はここまで大きくなったと密かに自負している。だから今般，電子をミツカネグループの外に出す方向になったことは，心底残念でならない。本意ではなかった。

　それもこれも非鉄事業が成熟化し，工場での事故が多発し，キャッシュを稼げなくなっていることが原因である。電子事業は，今，明らかに異なるステージにきている。これまでとは異なる次元の大きな投資を必要としている。非鉄で稼いだキャッシュを電子事業に投下するという構想だったが，その非鉄がキャッシュ創出力を失い，あろうことかその事業の立て直しのために投資が必要な状況に陥っている。

「非鉄と電子の二本柱で」なんて夢のまた夢だ。

　数年後には，大掛かりな選択と集中[8]を迫られる。だったら早いほうがよい。だから水面下で“遠ざける会社”の仕分けを開始した。ところが秘密裏にやっていたはずの仕分け作業を，会長やOBたちがどこからか嗅ぎ付けて，さまざまな圧力をかけてきた。社長の自分がこんな事を言ってはいけないが，やはりここは伏魔殿だ。

　社内力学に翻弄されたことも一因であるが，最後に自分の背中を押したのは，「かくなる上は，電子を売却して頂きたい」という寺田の一言だった。「ミツカネ電子やその社員は，ミツカネのブランドがあるからこそ，社会的な信用が得られている。だから彼らは，グループ内に留まりたいはずだ」とずっと思い込んでいた。しかし寺田は，「電子を売却して頂きたい」と言ってきた。自分には到底理解できなかった。自分の価値観がずれてきているのだろうか。

自分の決断

　自分が社長に就任したとき，ミツカネの組織風土を変えようと大いに意気込

8　選択と集中とは，1990年台半ば頃から注目されはじめた経営戦略で，企業にとって中核となり得る事業を選択し，その事業に経営資源を集中させる経営戦略のこと。米国GE社のCEOジャック・ウェルチ氏が，経営学者のピーター・F・ドラッカー氏の助言を受けた際に誕生した言葉。

んだ。

　企業は，既存事業の発展に偏りがちになる。組織も既存事業の遂行に最適化される。その状態は効率的ではあるが，これを続けると，組織が停滞し，新規事業が生まれない。企業がサステナブルな成長を目指すなら，事業を入れ替えていかなきゃいけない。事業には寿命がある。

　ミツカネに新たな風を吹かせたかった。組織改革の断行は，たやすいことではないと分かっていたが，それにしてもここまで難しいとは。想像をはるかに超えていた。

　ミツカネは，大きい。そして重い。

　正直に言うと，非鉄と電子には，両事業とも少しずつ我慢してもらい，現状維持を図るという選択肢を考えたこともあった。しかしそれだと，電子事業には十分な投資を行えず，競合から遅れをとり，じり貧になる。そうなると，「西園寺政権は，結局何もしなかった」と，後世の人は評価するだろう。電子事業を成長させるためには，何か手を打たないといけない。何もしないのは罪だ。自分にできることがあるとしたら，立派に社会貢献している電子事業を羽ばたかせることではないか。ここ数か月の寺田を見ていると，彼ならやってくれそうな気がする。最後くらいは，ドラゴンが引っかき回す泥沼に電子事業を巻き込まないように，動かなくてはなるまい。

　自分が社長に就任したあと，業績面では，少しだけ利益成長させた。でもここ数年は横ばいだ。今は非鉄の工場で事故が多発している。この状況で新社長にバトンタッチはできない。少なくとも工場の稼働を正常化させるまで，もう少し頑張らなくてはいけない。でも社長在任期間が長くなっている。ドラゴンからも「長く社長をやっているんだね」と皮肉られた。余計なお世話だと思ったが，正直，体力気力的に辛いと感じることがある。特にドラゴンが登場してからはそうだ。

　自分の任期については，いつも考えている。指名諮問委員会[9]は，自分の後

9　指名諮問委員会は，監査等委員会設置会社および監査役会設置会社で設置されることが多い。指名委員会等設置会社では，指名委員会の設置が求められている。

継者プランとして人選の話はするが，時期の話はしない。内規として役職定年[10]を定めてあるが，あくまで「原則として」である。慣例的に社長就任期間を定めている会社があると聞くが，ウチはそうではない。自分の引き際は，自分で判断するしかない。

ミツカネ電子への思い

電子は，ミツカネグループの中で居心地が良かったとはいえないだろう。収益貢献しているのに，企業文化が非鉄と異なり，色眼鏡で見られている。業績が好調でも，業界全体の波に乗っているだけと言われてきた。

寺田には，今回，自分の口から，"遠ざける会社"に仕分けされることを伝えたが，彼らは，この件で相当辛い思いをしたようだ。こちらの経営企画も，不採算事業の売却以外で事業を売却したことがなく，優良子会社の売却プロセスについての経験がない。だからモタモタした。そうこうしている間に，寺田は，自分たちのあるべき姿を着々と描いていった。結局，置いてけぼりを食ったのは，こちらのほうだった。

今，寺田は，「宙ぶらりん」の状態に置かれることをいちばん嫌がっている。電子をミツカネのなかで大きくしてあげられない分，早く外に出してあげることが自分ができる最後の仕事ではないか。ドラゴンから「非鉄か，電子か」という話が出る前に，電子をグループ外に出し，ドラゴンには，そのプロセスの透明性の検証にだけ目を向けさせることが，結局は電子のためになる。電子には，ミツカネ工業のしがらみから離れて，大きく羽ばたいてほしい。

それを自分の最後の仕事にしたい。

10　役職定年とは，あらかじめ定めた年齢に達した社員が，部長・社長などの役職から退く制度のこと。大企業で多く採用されており，組織を活性化させるメリットがある。

解説 ▶ オークションプロセス

　本章以降，ストーリーのほうは，ミツカネ電子を対象会社とするオークションプロセスが進んでいく。解説のほうは，買い手ではなく，オークションを取り仕切る売り手およびオークションの対象となっている対象会社の視点[11]から，解説を進めていく。

　本章の解説では，相対（あいたい）取引とオークションの違い，オークションプロセスの概要，さらにオークションを支える外部専門家について説明する。

1．昨今のオークションに影響を与えた三つの要因

　オークションプロセスを解説する前に，オークションやM&A取引のプロセスにおける昨今の変化について触れる。

　わが国の企業が関係するM&A取引の件数[12]は，2019年に年間4000件を超え，新型コロナウイルス症の感染[13]拡大がわが国で始まった2020年に一時的に減少したものの，翌年の2021年には4000件台を回復し，2024年は，データを遡れる1985年以降で最多の件数となった。そのようななか，昨今は，件数の増加だけでなく，M&A取引のプロセスにおいても実務に変化が起きている。

　変化を起こした要因の一つ目は，2013年頃から活発化していた投資ファンドの活動量がここ数年さらに急増大していることである。事業会社のオークションプロセスに投資ファンドが参加する機会が増え，投資ファンドのEXITでは，オークションになることが多い。投資ファンドはリターンを最大化することを求め，無駄なコスト流出にも敏感である。買い手候補に投資ファンドがいる場合，投資ファンドを意識したオークションプロセスの設計が売り手に求められるようになっている。

　二つ目は，2015年頃から，コーポレートガバナンスに対する意識が高くなったことである。売り手も買い手も，自社の株主に説明できるかどうかを気にするように

11　買い手候補の視点からの解説については，他書に譲る。
12　出所：レコフデータ調べ
13　わが国では，2020年に指定感染症（2類感染症相当）に指定され，政府が緊急事態宣言を発令できるようになったが，2023年1月27日の新型コロナウイルス感染症対策本部において感染症法上の位置付けの変更が正式決定され，2023年5月8日に季節性インフルエンザと同等の5類感染症に引き下げられた。

なり，これもオークションを増加させる背景になっている。

　三つ目は，2020年頃からの新型コロナウイルス症の感染拡大により，オンラインを活用する動きがM&Aのプロセスにおいても急速に進展し，デューデリジェンスにおいてもバーチャルデータルーム（VDR）が主流になり，ウェブ会議が機動的に活用されるなど，オークションプロセスの効率化が促進されていることである。そのため，特段の事情がなければディールプロセスの進行はスピードアップされる傾向にある。

　今後，オークションはさらに増加し，そのプロセスも変化していくものとみられる。

2．売却方法の選択肢

■相対取引とオークション

　M&A取引は，特定の1社のみと交渉を進める相対取引[14]と，複数の企業から買収提案を募るオークションがある。オークションには，広く買い手候補を募るオープンと，限られた数の買い手候補で実施するリミテッド・オークション[15]の形がある。オークションの形をとったことをみせたい場合は，オークションのメリットをとったうえで，デメリットを最小化できるリミテッド・オークションにすることが多い。

図表2-1 ▶売却方法の選択肢

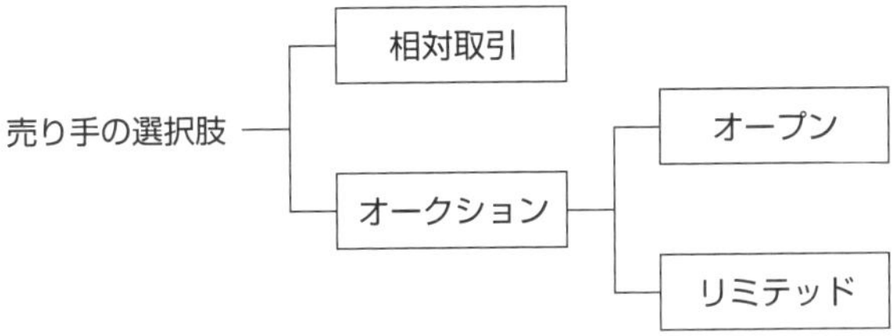

　オークションになることが多いのは，以下のようなケースである。

14　再生事業が売却対象となる場合は，日々，企業価値が劣化していく状況のなか，迅速にプロセスを進めるために相対取引になることが多いが，民事再生法など，法的整理に入ったものは入札になる。

15　クローズド・ビッドともよばれる。

・売り手が上場企業であるケース（説明責任を果たすため）

・対象会社の魅力度や人気度が高く，ディールのストップリスクが低いケース

・想定売却金額を超える確度が高いケース

・対象事業の規模が大きいケース（財務的影響がより大きいため）

・投資ファンドのEXIT案件

オークションでは，複数の買い手候補が，対象会社を巡って，競争環境のもとで提案を出すため，競争原理が働き，高い価格で売却できる可能性が高い。とはいえ必ずしも価格だけが判断要素ではなく，買い手候補の経営戦略との適合性や社風，譲渡後の社員の処遇などを総合的に判断した結果，最も条件に合致した先が買い手として選定される。

オークション形式をとることのメリットは，相対取引よりもプロセスの透明性が高く，売り手にとって株主への説明責任を果たしやすい点である。第1章で紹介したアクティビストも，M&A取引のプロセスにマーケット・チェックがあることをM&Aガバナンスにおける論点の一つとしてみている。マーケット・チェックとは，公正性担保措置[16]の一つであり，M&Aにおいて他の潜在的な買収者による対抗的な買収提案が行われる機会を確保することである。

他方，デメリットは，オークションプロセスを回すにあたって，売り手および対象会社の手間や工数が増え，その分コストがかかること，相対取引よりも時間がかかること，さらに秘匿情報の漏洩リスクが大きくなることである。このようなデメリットがあること，さらに中小規模のM&Aアドバイザーはオークション運営のノウハウを十分に有していないことが多いことから，中小規模の非上場企業同士のM&A取引では，相対取引になることが多い。

■オークションの主導者

オークションでは，複数の買い手候補を相手にプロセスを回すため，買い手ではなく，売り手側がプロセスを主導することになる。

本書のストーリーでは，売り手である親会社のミツカネ工業がプロセスを主導し

16　公正性担保措置とは，第1章解説において詳述したが，M&Aの取引条件の公正さを担保するための実務上の具体的な対応のこと（出所：経済産業省「公正なM&Aの在り方に関する指針－企業価値の向上と株主利益の確保に向けて－」）。

ている。

図表 2-2 ▶売り手と対象会社の関係

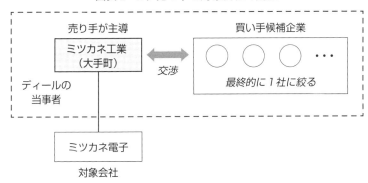

　オークションが成立すると，新たな親会社が決まるという観点から，対象会社にとってオークションは，極めて重要なイベントである。しかしながらオークションの当事者は誰かというと，それは，売り手と複数の買い手候補である。対象会社は，オークションの対象ではあっても，当該プロセスの当事者ではないため，自分たちの要望を直接的にプロセスに反映させられない[17]。そのため対象会社は，オークションプロセスの当事者である売り手（現親会社）に，自分たちの要望を伝え，望む落としどころへの着地を目指すことになる。

■売り手と対象会社の利害
　オークションに限らず他のM&A取引でも同様であるが，売却において，売り手側とされる「売り手」と「売り手の株主」，およびその対象である「対象会社」の三者の利害は一致しない。特に昨今，その傾向は強まっている。論点は，価格である。M&A取引において，価格が最重要要素である点において，「売り手」と「売り手の株主」の利害は一致する。加えて「売り手」は，その他の要素も考慮して意思決定を行う。これに対して，ディールの当事者ではない「対象会社」にとって，価格は，最大の関心事というわけではない。

　上場企業が，そのグループ企業を売却することが少なかった数十年前の時代は，

17　仮に最初から対象会社の意向が100%叶うとしたら，対象会社のお手盛りのプロセスになり，売り手および買い手の利益が損なわれる可能性が生じることにも留意したい。

コーポレートガバナンスに対する意識がまだ高くなく，売り手は，自社の株主への説明責任について，それほど意識してこなかった。価格面のことをいくぶん劣後させても，自社の事業展開上の都合と対象会社の希望を優先させていた。この時代の売り手の関心事は，価格もさることながら，競争環境上，売り手にとって不利にならない相手[18]か，売却先がどこになるかによって自社のレピュテーションリスクが生じないか，など定性的な面であった。

しかしながらコーポレートガバナンスが声高に言われるようになってからは，上場会社である売り手に，その株主に対する説明責任が強く求められるようになっている。株主には，不特定多数のさまざまなタイプの個人・法人がいるが，オークションに関しておおかたの株主の関心事はほぼ一致している。それは「価格を最大化したか」である。

他方，対象会社にとっての最大の関心事は，自分たちにとって望ましい先に落ち着くかどうかである。これまで手塩にかけて育ててきた事業を，新たな株主のもとでどうやってさらに成長させられるか，新たな株主に変わることが社員のモチベーションを下げることにならないかに大きな関心がある。価格については，過度に高い価格になると，のちのち自分たちの首を絞めかねないため，高すぎる水準は望まない。だからといって安いほうが良いということでもない。相応の価値で評価されたことが，買い手グループにグループインした後のグループ内における立ち位置を決めるという側面もある。

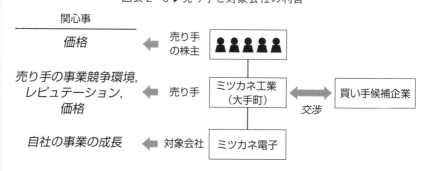

図表2-3 ▶売り手と対象会社の利害

投資ファンドが係るM&A取引の場合であるが，投資ファンドは，投資先の経営

---

18 売り手は，一般に自社の競合には売却したがらない。

陣にストックオプションを付与することが多い。その一義的な目的は，経営陣にも株主と同様に，企業価値に高い関心を持ってもらうことである。それに加えて，必ずやってくるEXITの時のために，売り手と対象会社の経営陣との間で，利害を一致させておくという意味合いもある。海外企業が売り手の場合も，利害をアラインさせる[19]ために，対象会社の経営陣や主要幹部に，ディールが成立したときのインセンティブを付けるケースがある。

　もう一点，当事者の利害の観点から付記しておきたいのは，ディールが進むにつれ対象会社の意識が変化していくという点である。ディールの途中までは，対象会社は忠実な子会社としてふるまうが，デューデリジェンスが中盤から後半にさしかかると，対象会社の意識は，次第に新たな親会社のほうに移っていく。売り手である親会社は，対象会社の意識が，ディールの途中で，もはやこれまでの子会社のままではなくなることを認識して，対象会社である子会社と接することが必要である。

3．オークションプロセスの概要

　オークションプロセスにおける主なイベントの詳細については，次章以降で解説することとし，本章では，先に，オークションのおおまかな流れを解説[20]する。

■ロングリスト作成

　オークションにおける売り手の最初の作業は，対象会社[21]に興味を持つ買い手候補の母集団を形成することである。この母集団をリストにしたものをロングリストという。ロングリストの作成作業は，売り手および売り手のFAが主導して実施するが，大手企業では，情報プラットフォームのデータベース[22]などを使って，社内でロングリストを作成している。

19　アラインさせるとは，個人やチームのゴールと会社全体のゴールとリンクさせること。

20　本書は，対象会社が非上場企業のケースを想定している。MBOや上場子会社の非上場化など上場企業を対象とするTOBの場合，デューデリジェンスに制限が生じることや，利益相反の問題があり公正性担保措置をとることなど，留意を要する重要論点があるが，これらについては他書に譲る。

21　事業の一部を外部に切り出し，新会社として独立させて事業価値を高める経営手法であるカーブアウト案件では，売却対象が特定の事業になることがあるが，ここではそれを含めて対象会社とする。

22　たとえばSpeedaなどの情報プラットフォームのこと。

昨今では，ロングリストの作成段階から，対象会社の意向を積極的に取り入れる傾向がある。これは，対象会社の価値に大きな影響を与えるのは，対象会社の経営陣やキーパーソンたちのモチベーションであることが浸透してきていることの表われである。この段階で，対象会社は自社の売却話が漏洩すると企業価値にネガティブな影響を与えることになる先をロングリストから外すべく，売り手と認識を擦り合わせる。

　対象会社の経営陣は，自社の業界について深い理解があるため，最も高い価値を見出してくれる買い手候補が誰であるかを想定しやすい。とはいえ，普段から競合として現場で競い合っている先が買い手候補となることに対しては，否定的な立場であることが多いことも現実である。自社が対象会社になっていることを，競合には知られたくない。したがって売り手は，ロングリスト作成においては，こういった対象会社の複雑な心境に配慮しながら，対象会社の意向をどれくらい取り入れるかを判断することが求められる。

　近年では，本書のミツカネ電子のように，対象会社が積極的に動いて，自分で買い手候補を連れてきて，当該買い手候補を本命としつつ，オークションを走らせて，競争力のある価格を実現させるケースも特殊ではなくなっている。

■ティーザー配布
　売り手（のFA）は，ロングリストに載っている先に，ティーザー（Teaser）[23]を渡し，対象会社について，一定の魅力をアピールしつつ，オークションへの参加の意向を確認する。ティーザーとは，ノンネーム[24]で対象会社の概要を記載したもので，一般的な会社概要，事業概要，財務情報，将来計画の概要に加えて，最近では，従業員の雇用維持など，オークションにおける必須条件を記載するケースも増えている。

　売り手（のFA）は，ティーザーを渡した先が，対象会社のどの事業領域に関心があるかを探り，その関心の強さを聴取しながらショートリスト化していく。

23　Teaseは，「じらす」という意味。元々はスラングだが，最近ではマーケティング用語にもなっている。ティーザーは，売り手（のFA）が作成する。
24　対象会社の名前を伏せること。

図表2-4 ▶ オークションプロセス：ティーザー

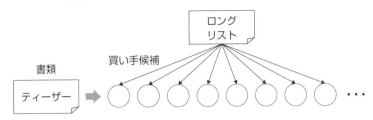

■簡易的なQ&Aセッションとインタビューセッション

　近年，ティーザーを出した段階で，条件面について細かく聞かれることが増えている。これは，買い手候補がM&A慣れしてきていることに加えて，買い手候補に投資ファンドが登場しているためである。近年，投資ファンドに持ち込まれる案件の数が急増している。案件を早い段階でスピーディに見極めるために，ティーザー受領時に，それなりの粒度の情報を求め，簡易的なバリュエーションを実施することが必要とされるようになってきた。デューデリジェンスに入ると外部流出コストが発生するため，ディールコストを下げるためにも，これまではデューデリジェンスでみていたような商品別の売上や投資の内容などの細かいことについても，ティーザー受領時に質問してきて，次のステップに進むかどうかを早い段階で判断している。その代わり，意向表明で出した価格からはあまり下げないスタンスの投資ファンドもいる。

　魅力度がそれほど高くない対象会社の場合は，オークション成立の可能性を高めるために，売り手（のFA）は丁寧に情報提供することが多く，この段階であっても，簡易的ではあるが，Q&Aセッションやインタビューセッションを設けることがある。この段階でQ&Aセッションやインタビューセッションを実施しておくと，実質的にはセラーズDDを行っているぐらいの情報集積が行われるため，売り手のFAは，これらをインフォメーションメモランダム（IM）作成の際に役立てることができる。

■セラーズDD

　ティーザーを作成する前の段階でセラーズDDを行い，売却予想金額について目途をつけておくことが，近年増えている。通常のデューデリジェンスは，買い手候補が対象会社に対して実施するものであるが，セラーズDDは，売り手がデューデリジェンスを実施するものであり，場合によってはそのレポートを買い手候補に開示することがある[25]。セラーズDDの結果は，ティーザーに記載する財務内容に影響を与えることが多いため，ティーザー配布前に実施する。

　セラーズDDを実施することが多いのは，以下のようなケースである。

・売り手が対象会社の事業や財務，税務，法務などの管理の実態をあまり把握していないケース
・カーブアウト案件[26]など，売り手グループとの取引関係が複雑で，対象会社または対象事業単体での財務内容を把握しにくいケース
・案件規模が大きく，デューデリジェンスに時間がかかりそうなケース
・対象会社が複数の事業を有しており，多くの買い手候補企業が対象会社の事業環境に精通していないケース
・対象会社のDD受入れの負担を軽減させたいケース

■NDAの受領

　オークションに関心を示した先へは，この後のプロセスにおいて秘匿性が高い情報を提示するため，NDA（Non-Disclosure Agreement）を締結する。NDAとは，プロセスそのものの存在，取引を行う際に締結する営業秘密や個人情報など業務に関して知った秘密を第三者に開示しないとする機密保持契約のことであり，有効期間は，3年超が多い。機密保持契約のことを，CA（Confidentiality Agreement）とよぶこともある。

　この段階のNDAは，差し入れ式になることがある。差し入れ式とは，売り手のNDAフォーマットに，買い手候補が記名押印し，それを差し入れてもらう形であ

25　これをベンダーDDと呼ぶことがあるが，セラーズDDとベンダーDDは両方とも売り手が実施するものであることから，近年，セラーズDDとベンダーDDの用語の使い分けが曖昧になっている。
26　カーブアウトとは，事業の一部を外部に切り出し，新会社として独立させて事業価値を高める経営手法のこと。

る。弁護士事務所やFAがフォーマットを持っているため，売り手はそれを参考に，必要に応じてカスタマイズして買い手候補に提供する。複数にのぼる買い手候補と，個別に機密保持契約を締結すると，売り手の法務部門の業務負荷が増えるが，差し入れ式だとこの業務負荷が軽減される。

しかしながら差し入れ式だと，買い手候補からは特段の秘密情報を得ないという建付け[27]になるため，差し入れ式を嫌がる買い手候補も少なくない。その場合は双務契約[28]にする。双務契約とは，契約する双方が，それぞれお互いに債務を負担する契約をさす。

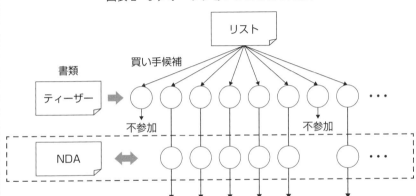

図表2-5 ▶ オークションプロセス：NDA

ゼロ次あるいは0.5次という形で，正式なオークションを開始する前に，いくつかの買い手候補に打診して，オークション実施のタイミングや運営形態，価格について感触を探ることがある。

ティーザー配布後，多くの会社が手をあげた場合，一次入札の前に，やはりゼロ次という形で，一次入札参加企業の数を書類審査で絞ることがある。

手をあげた会社が少ない場合，入札は一回で終えることもある。

---

27 建付けとは，M&A業界でよく使う用語であり，仕組み，枠組みなどを指す。もともとは建築用語で，扉や襖（ふすま），障子などが建物にどのように取り付けられているか，その取り付け具合を指す言葉である。
28 双務契約（そうむけいやく）に対して，契約するどちらか一方のみが債務を負担する契約のことを片務契約（へんむけいやく）という。

本書では，一次入札で，ある程度の数（たとえば3社など）に絞り，その後二次入札を実施するという前提で解説を進める。

■プロセスレター，インフォメーションメモランダム（IM）配布

NDAを受領したのち，売り手は，オークションプロセスを記載した一次入札用のプロセスレターおよび対象会社の概要を記載したインフォメーションメモランダム（IM[29]）を一次入札参加予定者に提示する。公平性と効率性の観点から，一次入札では，どの買い手候補にもほぼ同じ内容のものを渡す。プロセスレターおよびインフォメーションメモランダム（IM）にどのような内容を記載するかについては，第3章解説において詳述する。

図表2-6 ▶オークションプロセス：プロセスレターとIM

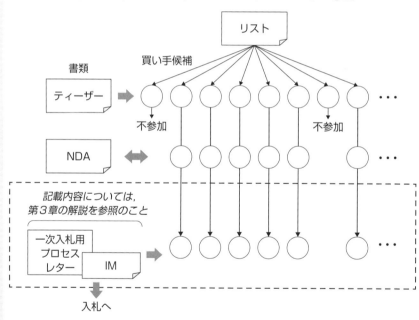

■評価項目と評価表の準備

買い手候補にプロセスレターおよびインフォメーションメモランダム（IM）を

---

29 IM（Information Memorandum）は，アイエム，インフォメモとよばれる。

提示した時点から4〜6週間後くらいあとに、買い手候補から一次入札の意向表明を受領する。その間に、売り手（のFA）は、意向表明の内容を横並びで評価するための評価項目とその評価表を作成しておく。

評価項目には、重要性に応じて優先順位をつけるが、買い手候補からの提案は、提案の仕方が各社バラバラで、その記載内容の幅も多岐にわたるため、点数化などの定量比較は難しい。実務的には、出てきた提案を、総合的に評価して、○×△をつけて、定性的な総評を付記するという形になる。

■意向表明の受領

売り手は、期限までに買い手候補から一次入札の意向表明を受領する。この意向表明は、法的拘束力がないノンバインディング（Non-Binding）である。この段階においてノンバインディングにしておくのは、交渉や関係構築において柔軟性を持たせるためである。

図表2-7 ▶オークションプロセス：買い手候補からの意向表明

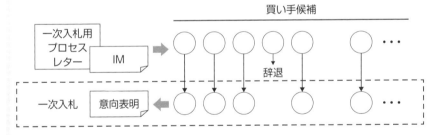

売り手は、予め準備しておいた評価基準に沿って、買い手候補からの意向表明を横並びで評価し、一次入札を通過させる買い手候補企業を決める。

一次入札を通過する買い手候補の数は、対象会社のデューデリジェンス（DD）[30]受入れ負担力に左右されるため、3〜5社に留まることが多い。よほど確度が高く提示条件が売り手の希望と合致している場合や、逆に期待しているような内容の札が入らない場合は2社のこともある。その2〜5社については、この時点で、ある

---

[30] 以下、デューデリジェンスおよびDDの両方の表記が出てくるが、実務で使っている用語または読者にとってのイメージのしやすさをもとに記載しているだけであり、内容として使い分けているわけではない。

程度，本命と次点の目途をたてておく。二次入札では本命を意識したプロセスになっていく。

■一次入札が不調の場合

　一次入札の結果，1社からしか芳しい提案が出てこなかった，あるいは全く芳しい提案がなかったケースも想定される。いわゆる入札が不調に終わるケースである。

　1社でも芳しい提案が出てくれば，二次入札は実施せず，当該買い手候補企業と，実質的には相対で交渉することになる。オークション形式にしたにもかかわらず，買い手候補に1社しか残っていないことを悟られれば，売り手の交渉力が弱くなるため，買い手候補には，独占（優先）交渉権を渡さずに，複数候補者が存在している体で交渉を進める。買い手候補から要請がなければ，売り手は，あえて独占交渉権を付与しない。

　問題は芳しい提案が出てこなかった場合である。その場合，売り手としては，期待に沿う条件でなくともこのままプロセスを進めるか，このタイミングで中断するかの判断が必要になる。成功報酬を期待するFAは，中断の判断を好まないことが多いため，売り手は冷静に判断することが求められる。

■DD実施要領等の配布

　一次入札を通過した買い手候補には，二次入札に向けてのDD実施要領，二次入札用のプロセスレター，および株式譲渡契約（SPA）（案）を提示する。SPA（Stock/Share Purchase Agreement）は，株式譲渡というM&Aのスキームの名称由来のよびかたである。最終契約書という意味で，DA（Definitive Agreement）とよぶこともある。DD実施要領，二次入札用のプロセスレター，SPA（案）については，第4章解説において詳述する。

図表2-8 ▶ オークションプロセス：一次入札通過

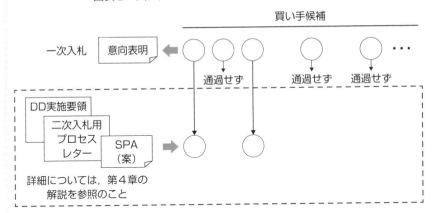

■デューデリジェンスと二次入札

　一次入札が終わると，一次入札を通過した買い手候補によるデューデリジェンスが始まる。デューデリジェンスは，オークションにおける最大の山場である。対象会社は，一次入札を通過した企業の数だけデューデリジェンスを受けることになる。

　この時期には，複数のDDアドバイザーがオークションプロセスに入ってくる。売り手や対象会社においても関与者の数が増加する。それにつれて，対象会社の機密情報が拡散しやすくなるため，この時期の情報管理はさらに重要になる。対象会社のデューデリジェンス受入れに関する留意点などについては，第5章解説において詳述する。

■最終提案書

　デューデリジェンス終了後，二次入札として，買い手候補から最終提案書[31]とマークアップした株式譲渡契約（SPA）を受領[32]する。マークアップとは，英文契約書を作成，チェック，翻訳，修正する際に使われる用語であり，M&A取引では，契約書の内容をレビューし，修正する意味として使われている。買い手候補がマー

31　最終的な提案書のこと。最終意見表明ともいう。
32　最終提案書提出前に，マークアップした株式譲渡契約（SPA）を提出してもらうケースもある。

クアップした株式譲渡契約（SPA）を，売り手が確認し，その後，双方でマークアップを入れながら最終的な契約書にもっていく。

売り手は，最終提案書を審査し，より条件が合う買い手候補を最終交渉先として選定し，細かい条件を詰めていく。交渉で条件が整ったら，株式譲渡契約（SPA）を締結する。交渉が不調に終わったら，次点の買い手候補と交渉[33]する。

図表2-9 ▶オークションプロセス：最終交渉先の決定

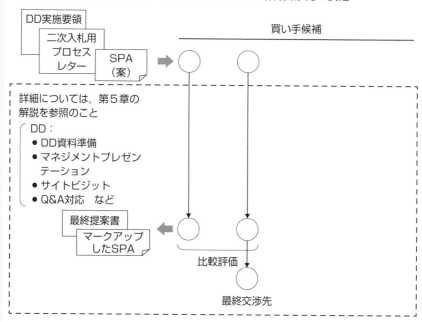

■価格調整

契約締結のタイミングからクロージング[34]までには，1か月から数か月ほどの期間[35]があくため，ディールでは価格調整が必要になる。価格調整には，ロックド・ボックス方式やクロージング調整方式があり，これを株式譲渡契約（SPA）に盛り込んでおく。

---

33 並行して複数の買い手候補者と契約交渉を行うケースが多い。
34 クロージングとは，対価の支払いが完了し，経営権が引き渡される手続きのこと。
35 許認可手続きに日数を要する場合には，1年近くかかることもある。

ロックド・ボックス方式とは，契約締結日やそれ以前の一定の基準日時点における対象会社の財産を固定して対価を決定する方式のことである。通常と同じ過程で業務を運営する前提で，基準日時点において適正な価値評価がなされていれば，あとはいつの時点で代金が支払われるかの差異に過ぎないというのが，ロックド・ボックス方式の考え方である。

他方，通常と同じ過程で業務を運営したとしても，売買はあくまで譲渡時点で発生しているのだから，その時点を基準に価値評価を調整すべきというのがクロージング調整方式の考え方である。

契約締結のタイミングからクロージングまでの間に，あまり期間が空かないようであれば，売り手は，譲渡価格の大きな変動を避けたいため，譲渡時点で譲渡損益が確定されるロックド・ボックス方式を好む[36]。この方式だと，価格調整手続きなしで，速やかに決済を完了させられる。その代わり，契約締結日からクロージングまでの期間について，譲渡対価の基礎となる企業価値が変動しないように，通常と同じ過程で業務を運営することや，許容された事項以外に財産が外部に流出しないことなどがコベナンツで設定されることが多い。コベナンツとは，契約上，企業側に課す一連の義務のことである。

■ブレークアップ

ブレークアップとは，買収（売却）中止のことである。M&A取引の当事者には，ディール中止の決定を軽々に行わないように，中止になった場合，違約金を課すことがある。違約金は，取引金額の1～5％程度で設定されることが多い。これがブレークアップフィー[37]である。これは取引保護のためであり，合意された条件を守るよう動機付けることを目的としている。

主に売り主側の理由によって，M&A取引が実行されなかった場合，売り手から買い手候補に違約金を支払い，M&A契約を終了させることになる。これを規定した条項がブレークアップフィー条項である。買い手候補は，デューデリジェンス実

---

36 キャッシュフローの季節変動があるとか，大きな支払いがあるなどの理由で一時的にキャッシュが大きく動くケースにおいては，買い手は，価格調整としてBS調整を望むことがある。欧米型のロックド・ボックス方式においては，基準日からの経過金利を請求するケースもある。

37 ターミネーションフィーともいう。

施など，M&Aのプロセスを進めるにあたって多大な時間とコストを費やしているため，M&A取引が突然破談になると大きな損失を被る。したがってブレークアップフィーは，買い手候補に対する補償的な役割を果たす。

　近年では，これの逆であるが，リバースブレークアップフィー[38]を支払うディールが増えている[39]。買い手候補が一定期間内（たとえば6か月など）に，買収の前提条件を満たせず，クロージングできなかった場合，買い手候補が売り手に違約金を支払うというものである。

図表2-10▶ブレークアップフィーとリバースブレークアップフィー

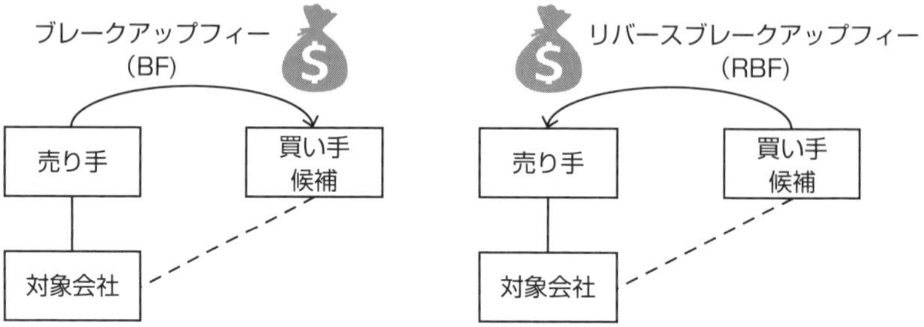

4．オークションプロセスを支える外部リソース

　次に，オークションプロセスを支える外部リソースとして，外部専門家と表明保証保険について解説する。

38　Reverse Break up Fee（RBF）は，リバースターミネーションフィーともいう。なお，ブレークアップとリバースブレークアップの定義は，実務においてやや曖昧である。

39　2011年に米携帯電話トップのAT＆Tが，同4位だったTモバイルUSAをターゲットに総額390億ドル（約6兆2800億円）の買収を仕掛けたケースが知られている。契約では独禁法上の規制リスクが予想されたため，30億ドル（約4830億円）の現金に周波数帯利用権の譲渡などを加えた総額約60億ドル（約9660億円）のRBFが盛り込まれた。結局，規制当局の反対により合併は実現せず，AT＆Tは買収金額の約15％に相当するRBFをTモバイルUSAに支払った（出所：M&AOnline2024-07-06，「米国でM＆Aに冷水をかける買い手側の違約金，日本はどうなる？」最終閲覧日2024年9月20日）。

（1）外部専門家の起用

■売り手が起用する外部専門家

　オークションでは，当事者である売り手と買い手候補が，それぞれに外部専門家の支援を得ながら，プロセスを回していく。図表 2 –11は，売り手と対象会社がどういった外部専門家を起用するかを示した表である。なお，M&A取引においては，売り手が起用する専門家の数よりも，買い手候補が起用する外部専門家の数のほうが多い。買い手候補は，弁護士事務所，会計事務所，各種のコンサルティングファームなどのプロフェッショナルファームをDDアドバイザーとして起用するほか，必要に応じてバリュエーションのために独立した第三者の算定機関を起用するためである[40]。

図表 2 –11 ▶ 外部専門家の起用

	リーガル アドバイザー	FA	DD支援の アドバイザー	バリュエーション 専門家
売り手 ミツカネ工業 （大手町）	◎	◎		
対象会社 ミツカネ電子	○	—	○	—

　売り手が起用するのは，主に弁護士などのリーガルアドバイザーとFAである。FAは，Financial Advisor（フィナンシャルアドバイザー）の頭文字をとった用語であり，M&A取引において，M&Aを検討している企業に対して，計画の立案から，契約，クロージングに至る一連の助言業務を行うプロフェッショナルのことである。独立系，証券会社系，銀行系，会計事務所系などのFAがおり，売り手または買い手のどちらか片側にだけ就く[41]。

40　買い手視点からのM&A取引の進め方や外部専門家の起用について書かれた書籍は多く出版されているため，それらの内容については他書に譲る。

41　FAと似て非なる存在としてM&A仲介がある。M&A仲介は，同一のM&Aアドバイザーが売り手と買い手の間に立ち，交渉の仲介を行い，中立的な立場でM&Aの成立に向けて助言業務を行う。国内の中堅・中小企業のM&Aでは，仲介が多い。

オークションを回すのは，売り手のFAであるため，オークション形式にすることを決めた段階から入ってもらう。バリュエーションや対象会社がデューデリジェンスを受入れる際の運用支援は，売り手のFAのスコープ[42]に入っていることが多い。バリュエーションとは，企業価値や株価を算定することである。

他方，対象会社のほうは，起用するとしても，リーガルアドバイザーを起用するくらいである。リーガルアドバイザーとは，弁護士のことであり，ディールの初期の段階から入ることが多い。他には，デューデリジェンスの受入れを支援するコンサルタントを起用する事例が近年増えているが，この他に外部専門家を起用することはあまりない。

■メンバーリスト

オークションプロセスを支援する外部専門家の起用が整ったら，売り手のFAは，メンバーリストを作成する。メンバーリストには，ディールに関与する社内メンバーの氏名，役職，連絡先の他，起用した外部専門家については，ファーム名，ディールにおける役割，住所，役職，氏名，不在時連絡先（秘書），携帯番号，メールアドレスなどを記載する。

メンバーリストは，対象会社と共有する。買い手候補もそれぞれに外部専門家を起用し，メンバーリストを作成するため，オークションプロセスがキックオフ[43]したら，お互いのFAを介してメンバーリストを交換する。

■ガンジャンピング規制への対応

オークションの買い手候補に対象会社の同業がいる場合[44]は，ガンジャンピング[45]規制がかかる。ガンジャンピング規制とは，M&Aにおける全ての手続きが終了する前に，売り手および買い手候補が行ってはいけない行為への規制のことであ

42　スコープとは範囲のこと。デューデリジェンスは，限られた期間で限られた陣容で実施するため，最初に調査のスコープを設定し，そのスコープ内の調査を実施する。したがってスコープ外の調査はされないことになる。
43　キックオフとは，プロジェクトを始動させるためのミーティングのこと。
44　抵触の対象は直接の同業他社だけに限定されない。昨今はかなり慎重に買い手・売り手双方の弁護士によって対象の精査がなされる。
45　ガンジャンピング（Gun Jumping）の名前の由来は，陸上競技などで，スタータービストルが鳴る前に選手が飛び出すフライング。

る。クロージングまでに，売り手および買い手の間でセンシティブな情報を交換することなどは，競争法上の違法行為[46]とみなされる。センシティブな情報とは，製品に関する機密情報，顧客や取引条件に関する機密情報，将来の価格やマーケット戦略などのことである。

　ガンジャンピング規制にかかる買い手候補であっても，デューデリジェンスを実施しないわけにいかない。その場合，買い手候補は，デューデリジェンスを実施するメンバーを，クリーンチームとそうでないメンバーに明確に分けたうえで，クリーンチームがデューデリジェンスにあたる[47]。

　クリーンチームは，弁護士・コンサルタントなどの外部のメンバーで構成されることが多いが，買い手候補のメンバーがクリーンチームに入ることも少なくない。その場合のメンバーは，競争関係にある事業に直接従事していない者や，意思決定に関与していない者に限られる。特にビジネスDDにおいては，意図的でないものの，クリーンチーム以外のメンバーが質問をしてくることがある。これは違反行為となる可能性があるため，メンバーリスト上で，予め，メンバーの属性を確認しておく。

　デューデリジェンスの進捗状況は，売り手（のFA）が監視コントロールするが，デューデリジェンスが始まってから実際に前線で作業するのは，対象会社のメンバーである。ということはクリーンさが疑われる事業寄りのメンバーがデューデリジェンスの場に出てきていることを最も早く察知できるのは，対象会社である。したがって対象会社のメンバーにも，ガンジャンピング規制については周知徹底し，売り手（のFA）と連携が取れる体制を作っておくことが肝要である。

（2）表明保証保険

　次に表明保証保険の概要について解説する。表明保証保険は，投資ファンドが売り手の場合や，規模が大きな取引の場合に活用されることが多い。

46　カルテルなどのこと。
47　近年では，競争法の観点以外でも，ビジネス上の観点からセンシティブ情報は，できるだけ限定的にクリーンチームもしくはクリーンチームのなかでも更に限定して外部専門家のみに開示することもある。

近年は，オークションに限らず，一般のM&A取引においても表明保証保険が用いられることが増えている。2020年頃までは，In-Out[48]案件の際に表明保証保険を使うことが圧倒的に多かったが，最近は，大企業が当事者となっているIn-In[49]案件でも表明保証保険を用いることが増えている。In-Inの中小企業間のM&A取引では，まだあまり活用されていない。

■表明保証とは

表明保証は，最終契約書に記載される条項の一つであり，契約締結日や譲渡日などのある時点における財務や法務などの一定項目の内容が正確で真実であることを，売り手が表明し保証するものである。買い手は，基本的に売り手が提示した情報をもとに，買収の是非を判断するため，これらの情報に嘘や偽りがないことを契約書上保証してもらうことは買い手にとって極めて重要である。

表明保証には，「財務諸表が正確である」，「デューデリジェンスで開示した情報に虚偽がない」，「開示していない偶発債務がない」，「訴訟を抱えていない」などが盛り込まれることが多い。なお，将来の見積もりの要素を含む事業計画への表明保証はない。

買い手にとって，表明保証条項は，デューデリジェンスにおいて見抜けなかったリスクを回避する手段であるため，交渉の際，買い手は，盛り込めるだけ何でも表明保証条項に盛り込もうとする。したがって表明保証条項の交渉は，価格交渉に次いで，時間がかかることが多い。

■表明保証保険とは

表明保証は，売り手が保証するものであるが，売り手としても，対象会社の実態を全て把握しているとは限らない。悪意がなくとも虚偽の情報を提示してしまうこともある。故意・過失ではないとはいえ，契約にあたって，売り手が買い手に虚偽の内容などを表明してしまうと，買い手から損害賠償請求される可能性がある[50]。

「デューデリジェンスで開示した情報に虚偽がない」ことを表明保証していたに

48　In-Outとは，日本企業による海外企業の買収のこと。
49　In-Inとは，国内企業による国内企業の買収のこと。
50　知る限り，知り得る限りで回避することもある。

もかかわらず，情報に誤りがあって，買い手に損害が出た場合は，その損害額が表明保証保険の補償対象になる。提出を依頼された情報について，対象会社は遅滞なく正しく提示する努力を惜しまないものの，だからといって，限られたDD期間のなかで，買い手が全てのリスクを洗い出すことは現実的には不可能である。

こういった場合に，契約当事者が被る経済的損害を補償する手段が，表明保証保険[51]である。表明保証保険を手当てすると，補償期間内であれば，売り手は，当該損害を保険でカバーできるため，売却後の潜在的リスクをヘッジできる。

■投資ファンドによる活用

投資ファンドは，EXITにおいて一般にクリーンEXITを望む。クリーンEXITとは，売却に際して，売り手が買い手または第三者から将来的に賠償請求を受けるリスクを排除したうえで売却を実行し，当該会社または事業から完全に撤退することである。投資ファンドは，EXIT後，売却代金を投資家に配分することになるため，売却以降に支払いが発生しないようにしたい。そのためEXITに際して投資ファンドは，買い手が表明保証保険を購入することを売却条件とすることが多い。

その場合，投資ファンドは，デューデリジェンスが始まるタイミングで，予め準備しておいた表明保証保険を買い手に紹介する。買い手は，その保険を取り扱っている保険会社と具体的な検討に入ることになるが，買い手によっては，自分たちがこれまで使い慣れている保険会社を連れてくることもある[52]。

■表明保証保険の仕組み

表明保証保険の仕組みは，火災保険などの損害保険と同様であり，保険会社に一定の保険料を支払い，表明保証違反によって金銭的な損害が出た時は，損害額の一部が保険金として被保険者に支払われる。

損害額については全額補償されるわけではなく，補償限度額がある。表明保証保

51　表明保証保険は，Representations and Warranties Insurance（R&W保険），Warranty and Indemnity Insuranceともいわれる。買い手が購入することが一般的であるが，売り手向けの保険もある。M&A仲介会社と提携し，仲介会社が保険料を負担する表明保証保険サービスなども展開されている。
52　買い手が保険会社を連れてくる場合，売り手としては，どういった項目を保険でカバーしているかについて，把握できる範囲で把握しておきたいところである。

険の限度額は，企業価値の10%〜30%で設定されることが一般的であり，保険料水
準は地域によって異なるが，一般的には限度額の1%〜3%くらい[53]といわれ
る[54]。

補償内容は，オーダーメイドである。保険会社に見積もりをとったあと，保険会
社が引受審査を行い，その審査をもとに補償内容や補償金額が決定され，契約とい
う流れになる。

■表明保証保険に関する留意点

表明保証保険は，欧米から日本に入ってきた新しい分野の保険であるため，国内
向け商品はまだ少ない。表明保証保険を取り扱っている保険会社も，外資系の保険
会社が多いが，近年では，国内の大手損害保険会社による取り扱いも始まってい
る。

日本語対応していない表明保証保険を購入する際は，引受審査[55]や保険証券が原
則として英語になる。審査にあたっては，デューデリジェンスの報告書や株式譲渡
契約書（SPA）などを提出するが，これらを英語で作成することが求められるこ
とがある。また電話や面談でのヒアリング審査も英語で行われることもある[56]。

デューデリジェンスの対象範囲でなかった事項や環境の領域などは，補償対象か
ら除外されるなど，除外項目が多く，買い手からすると，期待ほどの使い勝手では
ない面があるともいわれている。

日本国内では，表明保証保険の実務の積み重ねがまだ少ないため，補償限度額や
保険料，カバレッジについては，今後，ニーズに合わせて変わっていく可能性があ
る。

---

53 対象会社の業種や事業内容によって変わり，損害が大きくなる可能性がある金融や製
薬などでは，保険料が高くなる傾向がある。
54 買い手が支払うが，保険料分は株式価値から差し引かれて，売り手に買収金額が提示
される。
55 審査担当者が外国人のこともある。
56 日本語サービスが充実している場合は，保険料が高くなる場合がある。

第3章

売り手のFA選定

~あらすじと登場人物~

- ミツカネ電子の寺田社長は,新たな株主には,投資ファンドのジェインになってもらいたいと考えており,ネガティブリストに「事業会社」と書いて提出しようと考えていた。
- ミツカネ電子の寺田社長は,投資ファンドが株主になったあと,IPO[1]して,日本で一番,世界でも三本の指に入るプレイヤーになりたいと考えている。そして,そのことを経営企画部長の西郷とも共有した。
- ミツカネ工業では,経営企画の大久保がオークションを取り仕切るFAを選定し,そのFAと一緒に,一次入札への参加者を募っている最中である。それを嗅ぎ付けて,いくつかの事業会社が,ミツカネ電子のインフォメーションメモランダム(IM)が欲しいと言ってきていた。

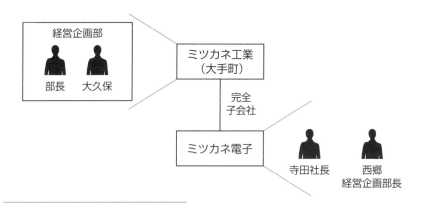

---

1 IPO（Initial Public Offering）とは,新規株式公開という意味。

1 1行だけのネガティブリスト

Good newsが7割，bad newsが3割

　ミッカネ電子の寺田社長は，今しがた大手町から帰社したところである。大手町の西園寺社長から聞かされた話の余韻が冷めやらないなか，コーヒーを飲んで頭を整理しようと，パントリーに向かった。

「あっ，社長。今日は大手町でしたか！」

　西郷だ。

　いつも通りの張りのある元気な声だ。

「西郷君もコーヒー？　じゃぁ，一緒にどお？」

　西郷は，寺田社長が大手町に行った日には，帰社時間を見計らったかのようにパントリー付近をウロウロしている。寺田社長にとって西郷は，自分の考えの答え合わせをするときの最適な壁打ち相手である。

　寺田社長の表情が明るいことを感じ取った西郷は，
「今日は，どんな話でした？」
と寺田社長に水を向ける。

「今日は，good newsが7割，bad newsが3割だ」
とソファーに腰かけ，コーヒーカップを片手にした寺田社長が答える。

「……ではまずbad newsから……bad newsは，何ですか？」

「いや，何か特定のbad newsがあるというわけではないんだ。
　ウチにとって3割くらいはネガティブな面があるかもしれないが，全体としては良い方向の話だったということだ」

「そうですか……どういう内容ですか？」
西郷は，早く話を聞きたい。

「ウチの売却は，オークションになるようだ」

　その件は想定の範囲内だったとみえ，西郷は小さく頷き，次の言葉を待っている。

「年内にウチの話をまとめたいとのことだ」

「えっ，年内？」
西郷は驚きの表情になり，
「なぜ，そんなに急ぐ必要があるのですか？」
と聞く。

「うん，背景には，アクティビストのことがあるらしい。あるアクティビストが大手町の株を買っているらしい。
　実は……ドラゴンらしいんだ。ドラゴンから面談の要請があって，何度か会っているらしい。ドラゴンからチャチャを入れられる前に，ウチの件を片付けたいとのことだ」

「えっ，ドラゴン？……あのドラゴン……ですか！
　最近，大手町の経営企画がバタバタしているので何かあると思ってはいたのですが……ドラゴンは，どんな要求を突き付けているのでしょうか……心配です。ウチの件も，その影響で急がされるのですか？」

　西郷は，何か重要な話になることを感じ取り，コーヒーを飲む手を止め，カップをテーブルの上に置く。

「ドラゴンが大手町にどういった要求をしているかについては分からない。
　でも少なくとも，今のところは，ドラゴンとの間で，具体的にウチのことが話されているという感じではなかった」
と言い，西郷を安心させる。

「それにしても……西園寺社長は，今日はなんだかピリピリとした様子だったなぁ」
と寺田社長は，西郷に先ほどの面談の感想を伝える。

「工場の事故対応もまだ落ち着いていないなかで，次から次へと課題山積です

ね。西園寺社長も大変です」

西郷も，西園寺社長のことを気遣う。

「うん，ドラゴンの件は，西園寺社長の心に，相当重くのしかかっているようだ。揚げ足をとられないようにとか，変な約束をしないようにとか，常に気を遣っているんだろうね。

　普段は周囲から気を遣ってもらう立場だからね。

　他人の……それもドラゴンのようなアクティビストのご機嫌をうかがう立場になるのは辛いだろう」

と言いながら，寺田社長は，先ほどの西園寺社長の表情を思い出していた。

「アクティビストは『企業価値をあげよう』と，正論で押してくるので，そこに反論の余地はありません。でも経営者の時間を確実に奪いますよね。

　でも……大手町には気の毒だけど，大手町も多少は株主に気を遣うことを経験したほうがよいかもしれませんよ。

　我々も，株主である大手町に，相当な時間とエネルギーを遣っています。株主に気を遣うことがいかに大変か，大手町もこれで分かるでしょう。我々子会社から面倒な株主とみられないように，子会社に無意味な報告を要求していないか，これを機に総点検してみたらよいと思いますよ」

と辛辣な皮肉を言う西郷。

大手町からのリクエスト

　そんな西郷を見ながら，

「それでね。西郷さん，西園寺社長から，一つリクエストをもらってきたんだ」

と言い，寺田社長は，今日の本題の話に入っていく。

「リクエスト？」

　西郷は身を乗り出す。

「うん……。オークションに呼んでほしくない先をネガティブリストとして出してほしい，というリクエストだ。

　大手町は，オークションありきだ。

　ドラゴンを意識しているのだと思うが，ステークホルダーに，公正な競争手

続きのなかで，ウチの売却を行った，と説明する必要がある。そのためには，『オークションが必須』というのが大手町の論理だ。

　ただオークションになると，たとえばウチが，ジェインのもとに行きたいと希望しても，それが叶う保証がない。でも西園寺社長は，ウチの希望をできる限り叶えてあげたいと考えてくれていて，『ここは絶対に嫌だ』という先があるなら，それらを排除してオークションを進めようとしてくれているんだ」

「ありがたいご配慮ですね……。当然，取引先や競合には，ウチが売却対象になっていることは知られたくないですから，そういう会社も入れるとして，それは結構な量のリストになりますね」

　西郷は困った表情を見せる。

「そういう情報管理のことも重要だが，それに加えて，将来ウチの株主になってほしくない先という観点からも考えてみたい。西園寺社長は，『ミツカネ電子の売却は，業界再編のきっかけとなるような社会的意義のあるディールにしたい』とおっしゃっている。だからその方向性に合わない先は，最初から排除されるだろう」

「となると，業界再編をリードできる会社の中で，ウチとして望まない先をリストアップするということですね」

「うん，そうだ。それでね……」
と言い，寺田社長は，身を乗り出す。

1行だけのネガティブリスト

「何か，お考えがありますか？」

「『事業会社』と書いて出すのはどうだろうか」

「……」
真意がよく飲み込めない西郷。

「事業会社じゃなかったら，投資ファンドということになる」

「あー，なるほど」

「西園寺社長が唱える『業界再編のきっかけとなるような社会的意義のあるディールを行う』という意味を，自分なりにいろいろと考えてみた。

他人のイニシアチブの下で業界再編を行うとなると，そこに自分たちの意思を反映させにくい。

自分たちの手でイニシアチブをとって業界再編をリードしてこそ，自分たちがベストと思うやり方で世の中に貢献することが可能となる。だから『業界再編は我々の手で主体的に行うべきで，それを実現させてくれる売却先を選ぶべきだ』と考えている」

寺田社長の表情が，次第に引き締まってくる。

「我々の手で業界再編……」
西郷は，自分に言い聞かせるように繰り返す。

「事業会社を排除しなかったら，事業会社も『業界再編を視野に入れて』云々と言ってオークションに参加してくるだろう。

しかし……事業会社の傘下に入ったら，彼らは，我々がやりたいようにはさせてくれない。親会社の事情が優先されるからね。そうなると，我々のイニシアチブの下での業界再編なんて，とてもじゃないができない。

だとしたら，投資ファンドのほうがましだ。

おおかたの投資ファンドは，ウチの事業領域の現場事情に詳しくない。きちんと説明すれば，事業運営においてオートノミー2を尊重してくれると思うんだ。

彼らは企業価値を上げて高く売り抜ければ，それでよいはずだ。ウチは……親会社が欲しいわけじゃない。いっときの間だけ，後ろ盾となってくれる株主という存在が必要なだけだ」

寺田社長は，射るような目で西郷を見ながら一挙に話す。

親会社ではなく株主がよい

「親会社ではなく株主……」
西郷は，寺田社長の言葉を繰り返す。

2　オートノミー（Autonomy）とは，「自分で自分に自身の法を与える者」という古代ギリシア語を語源とする概念。経営では，自主的，自律的に経営すること。

「そうだ。親会社ではなく株主だ」

　セラーズDDが入ったときに賽は投げられた。あのときに，自分が西園寺社長の真意をきちんと確かめなかったという不作為を，寺田は今でも悔んでいる。その悔しさをバネに，これからは一つひとつの仕事にこれまで以上に丁寧に取り組んでいくと心に誓った。

　ミツカネ電子のオークションは，寺田がコントロールできることではない。であれば，コントロールできる範囲のなかで，自分ができる最大限のことをしたい。

　このディールが終わって，何年か経ったとき，社員に「あの時にミツカネグループを離れたことは英断だった」と言ってもらえるようにすること。それが自分の責任だ。そう考えるようになったのも，自分に何か信じるものがないと，心が折れそうになるからだ。ここ数か月，何度も「自分は何をすべきか，何を信念にして動いたらよいのか」を自問自答してきた。その答えを必死に探し，今やっとここまで辿り着いた。

　頭の中で重要な決意を確認している寺田社長を見ながら，西郷はこう言う。

「ネガティブリストに『事業会社』と書けば，大手町は，投資ファンドを相手にオークションをかけることになって，業界関係者にウチが売却されるという噂もたちませんね」

「うん……業界関係者の目には，知らないうちにウチの株主が投資ファンドに変わったくらいにしか映らないだろう」

「確かに。でも会社名は変えなきゃいけないですよね……」

「それはそうだ。でも特定の事業会社の色はつかない。社名なんて，大事の前の小事だと思わなきゃいけない」

「……さはさりながら……」

　西郷は，ミツカネのブランド力の強さを嫌というほど分かっている。顧客をはじめ外部からどう見られるかが心配である。

「ウチの規模の会社に投資できる投資ファンドは，日系だとジェインくらいだ。

他の日系の投資ファンドはどこも規模が小さい。

　外資はいくつかあるけど，外資だと本国の意思決定に振り回されそうだ。

　だがいずれにしても，EXITまでの期間だから，どこの国の投資ファンドが株主になってもよいと思っている。

　投資ファンドは日系も外資も，利益を出すためにいろいろと小うるさいことを言ってくるだろうが，彼らはいずれEXITするから，それまでの辛抱だ。

　彼らが出て行ったら，その後は，自分たちの目標を本格的に追求する」

「自分たちの目標？」
西郷は，寺田社長の目をじっと見る。

「うん，『自分たちの目標』と言ったが，まだ『自分の目標』でしかないかもしれない。

　それは，『独立した会社になって，世界で戦う組織になる』という目標だ」

「独立した会社？……どういうことですか？」
寺田社長の発言の裏に何か深い考えがあることを，西郷は悟る。

親会社と子会社の関係

「歴史を遡ってみるとね。ウチは大手町の一部門として事業をスタートさせて，事業化に目鼻が立った時点で，独立して，ミツカネ電子という新会社になった。

　まあ，独立したと言っても，大手町の100％子会社だ。

　でもあの時は，この組織には大きな高揚感があった。電子が大手町に対して上下関係を意識することはなかった。大手町とは根っこが一緒だから，何か問題が起きても，話し合えば大抵のことは解決できると思っていた」
寺田社長は，当時のことを振り返る。

「でもね……大手町のほうは，分社させたとたんに，若い社員までもが，子会社管理という名目で，四方八方の部署が，見当はずれの指示やら依頼やらを寄こすようになった。

　そういうことが重なって……大手町は子会社との間に上下関係を作りたいのでは？　と勘繰るようになった。今や，電子の誰もが大手町の姿勢に違和感を覚えている。

もともと，電子事業は，非鉄とは事業の特性が異なるし，意思決定のスピード感が異なるから，分社したほうが効率的な事業運営ができる，という考えのもとで分社したはずだ。

それだけのことなのに，親子関係になったとたんに，上下関係で接するのは，親会社という立場を笠に着た思い上がりじゃないか，って思う」

西郷も大きく頷きながら，
「私も分社されたら，ミツカネ工業の一部門だった頃と比べて，経営の自由度が増すとばかり思っていました。でも大手町は，我々の気持ちを逆なでするかのように，箸の上げ下ろしまで介入してきます」
と言い，首をすくめる。

「この件が起きてから，グループにおける親子関係について考えることが多くなってね。

大手町は上場しているから，資本市場と向き合って，グループ全体の企業価値を向上させながら，株主と対話しなきゃいけない。大手町の役割の一つは，『グループ全体の価値を上げるという観点から，どの事業にどれだけの資本を投資していくかをマクロ的に判断する』ことだ。

他方，我々の役割は，電子事業の事業価値を上げることにある。

大手町と各子会社とは，果たすべき役割が異なるから，効率性の観点から別々の組織にしているだけで，そこに上下関係はないはずだ。

過半数の議決権を持っていれば，取締役の人事権を持てるが，それはガバナンスの問題だ。

子会社管理において，若い社員までもがグループ会社に上から目線でモノを言うなんて思い上がりも甚だしい。意図的ではないことは分かっている。でも依頼内容とか仕振りを見ていると，子会社のほうからは，どうしてもそうみえてしまう。

子会社は，個を尊重してほしいと思っている。でも親会社は，組織を大切にするあまり個をないがしろにする。

青臭いと言われるかもしれないが，グループ経営においては，ビジョン[3]と

---

3 ビジョンとは，将来に対する見通し，未来像，理想像，展望，構想，戦略目線のこと。ミッションやバリューと一緒に使われることが多い。

かパーパス[4]を共有しながら，同じ方向を向きながら目標に向かって走るべきじゃないだろうか」
熱のこもった口調で話す寺田社長。

西郷は，（大手町の人たちは，親会社風を吹かせることが快感だから，ああいう態度をとっているだけだ。そんな深いことなんか誰も考えていない）と思うが，その言葉は胸にしまっておく。

代わりに，
「大手町のああいった態度が親子関係をギクシャクさせるんですよね。
ウチに限らず，大手町と他の子会社の間にも微妙な空気感があります。
これは，ミツカネ独特のことなのか，他の会社でもそうなのか分かりませんが……」
と応える。

「うん，そこなんだ……実は，親会社って，どこも同じかもしれないと思っていてね。
だとしたら，ウチがどこか別の事業会社の傘下に入ったら，今度はそれこそ完全にアウェイだ。
『下に見られる』ことに始まり，新たな親会社とは企業文化が異なるだろう。そしたら今まで以上に振り回される。それはもう勘弁なんだ」

「確かに……だったらミツカネのほうがまだましです」

「だから，今回，ネガティブリストには『事業会社』と書きたい。
投資ファンドがEXITしたら，親会社という新たなボスはもう要らない。その後は，自立してやっていきたい。事業を成長させることに集中したいんだ」
寺田社長は強く主張する。

4　パーパス（Purpose）とは，「目的・意図」の意味。経営においては，企業の「存在意義」のこと。この企業がなぜ存在しているのか，社会にどのように貢献しているのかを表現する。

IPOを目指す

「そのお気持ちはよく分かります……それで……自立してやっていくとは，具体的にはどういうことですか？」

　少し間を置く寺田社長。

「IPOだ」
西郷の目を見ながら，寺田社長は，短く答える。

「えっ，IPO ？
　IPOって……新規株式公開のことですよね」
西郷の目には困惑の色が浮かぶ。

「ここのところずっと『自分たちの成長に親会社が必要か？』について自問自答してきた。
　繰り返しになるが，結論は『要らない』だ」

　西郷は，寺田社長の意図をもう少し確認しておきたい。

「仮にIPOを目指すのであれば，投資ファンドを経由してIPOせずに，ミツカネ工業の下にいて，そこから直接IPOしたほうがよっぽどシンプルではありませんか？」

「それも選択肢の一つだが，時間軸が合わない。大手町は，今年中にウチのディールを終わらせたい，と言っている。
　IPOするには，それなりの上場準備が必要で，相応の体制を敷く必要がある。準備には時間もかかる。今のウチの状態では，『今年中に』というタイムラインだと，到底不可能だ」

　寺田社長は自らを納得させるように頷く。

　そして，
「IPO後は，世界の舞台で戦っていく。
　世界で戦うには，今の事業規模では小さすぎる。M&Aで事業規模を拡大することが不可欠だ。これを実現させるために，現時点で，一番現実的なのは，

とりあえず投資ファンドの傘下に入り，その間にIPOの準備を行うことだ。

　投資ファンドの支援の下，オーガニックグロース[5]にも力を入れる。この方針は，企業価値をできるだけ高くしたところでEXITしたいとする投資ファンドの考え方とも合致するはずだ」

　西郷は寺田社長の『自分の目標』の壮大さにすぐには声もでない。寺田からこのあとさらに詳しい話を聞くにつれ，西郷の心は大きく動いた。

「自分たちでリーダーシップを取って業界再編を実現させ，世界の舞台で戦う。それを『自分たちの目標』にする。素晴らしいです！
　我々が一丸となってこの目標を追求していけば，ウチに漂っている閉塞感を打ち破れます。大きな変革をもたらすかもしれません。
　闘志が沸き上がるのを感じます！」

（西郷とは目標を共有できた！　心強い！）
寺田社長は，西郷の目をみながら大きく頷く。

「電子のあり方議論は，もういい。議論を早く決着させて，大手町には行動に移してもらいたい。
　ウチの業界は，時間との闘いだ。今回は，ある意味，ドラゴンが大手町の背中を押してくれたともいえる。
　ドラゴンがいる限り，大手町は，スピード感をもって，ウチの件を進めるだろう。皮肉なことだが，ドラゴンの出現はウチにとっては渡りに船かもしれない。ピリピリしながらドラゴンに対応している大手町の西園寺社長には申し訳ないが……」

「大手町がいつものように足踏みしそうになったら，そんなことをしていたらドラゴンに尻を叩かれますよ，と発破をかけてもよいかもしれませんね」
西郷は，半ば本気の冗談をいう。

　寺田社長は，西郷の冗談に微笑みながら，
「だからね，全体としては，good newsだと言ったんだ」
と言いながら，気持ちが引き締まってくるのを感じた。心地よい緊張感だ。

5　オーガニックグロースとは，自社の経営資源をもとに，その延長線上で投資を行い，会社を成長させること。

第3章 売り手のFA選定 95

2 ミツカネ工業のFA選定

ＦＡ選定はコンペで

　ミツカネ工業の経営企画部にて。

「……ということなので，早速，FA選定に動いてくれ」

　ミツカネ工業の経営企画部長は，M&Aチームのリーダーである大久保に，ミツカネ電子株式売却のオークションを担うFAを選定するように指示した。

「部長，承知しました。すぐにとりかかります。

　電子は業界でも屈指の優良企業ですから，電子売却の噂が出ると，業界で大騒ぎになります。FA選定に際しては，目星をつけた特定のFAに，極秘裏に当たったほうがよいと思いますが，いかがでしょうか？」

「うん……どうするかな……数多くに声をかける必要はないが，コンペにしたい。これというところ数社に声をかけてくれ」
という部長の言葉に，大久保は当惑した表情になる。

　大久保の困惑など意に介さず，経営企画部長は話を続ける。

「このディールはそれなりの金額になる。皆，リーグテーブル[6]に載りたいだろう。だから，どのFAもこの件に興味を持つと思う。それに……FAたちは，今後もウチの仕事をしたいだろうから，この件でウチに入っておきたいと思うはずだ。

　皆，あらゆる手段を使って，この仕事を取りにくると思うよ」

「分かりました……コンペにすると，報酬もバーゲン価格で出してくるところがあるかもしれません。FA報酬は安くないですから，それはそれで，ウチの予算も助かります」

6　リーグテーブルとは，M&A，Equity，Bonds別に，ディールの実績を集計したもので，投資銀行のランキングであり，成績表のようなもの。

大久保は，組織人としてまっとうな返答をする。

「うん。それから，選ぶFAは，電子の周辺業界の事業会社とコネを持っているところがよい。まぁ，そういうコネは，どこのFAも持っているんだろうが……」

「はい……でも……先ほどの話では，『電子は，事業会社への売却を望んでいない』のですよね。私は，『電子は投資ファンドを売却先として希望している』と理解したのですが……電子の意向を汲まなくてよいのですか？」
怪訝な表情をする大久保。

「事業会社は途中で落とす。
　最初から事業会社を外すと，のちのちドラゴンが，『最初から投資ファンドに絞ったオークションには恣意性が感じられる。事業会社はシナジー効果を創出できるから，高い価格で入札に参加できたかもしれない！』と，いちゃもんをつけてこないとも限らない」
経営企画部長の読みは深い。

「大久保君。今回は，『公正な競争環境を作った』ことを演出することが大切だ。
　事業会社，投資ファンドを問わず，電子の買い手候補となりそうなところには声をかけてオークションを行ったという形にしたい」

「なるほど……『公正な環境』ですね。しかし，事業会社にまで声をかけると，それこそ業界にミツカネ電子売却の噂が出回ってしまいませんか？」
心配のタネが尽きない大久保は，再び困惑した表情を見せる。

「まぁ，そうだが……多少，噂が出回るのは，やむなしだ。電子は，情報を出してほしくない先として，特定の企業名を出してきているわけではない。
　『公正な競争環境下でオークションを行っている』ことが滲み出るくらいで丁度よい」
経営企画部長はクールに割り切っている。

　大久保は，部長の言葉に小さく頷き，理解した姿勢を見せるものの，
「でも……これが，ドラゴンの耳に入ったら，『ミツカネグループの将来の事

業の柱を売却するなんて，何をやっているんだ！』と怒鳴り込んでくる可能性がありませんか？」
と食い下がる。

「仮に怒鳴り込んできたとしても，『そんな事実はありません』と答えるまでだ。まだ開示していない情報だからね」
経営企画部長の頭の中にはあらゆるシナリオが準備されている。

「……分かりました……すぐにFA選定にとりかかります」

「あっ，それから，FA選定の段階では，『電子の売却』とだけ伝えて，詳細については出さないようにね。オークションになることだけ伝えておいてくれ。

選定されたFAには，後日，背景を説明する。選定されなかったFAに多くの情報がいかないようにしたい。

いずれにしてもどのFAも高い関心を持って，この件に飛びついて来るはずだ」

「分かりました」
大久保は，キリリとした表情で返事をする。

インフォメーションメモランダム（IM）作成の準備開始

大久保は，今後の手続きについても確認する。

「買い手候補に渡すインフォメーションメモランダム（IM）[7]の材料集めにとりかからなくてはいけません。インフォメーションメモランダム（IM）は，FAが作ってくれると思いますが，今回は時間がないので，盛り込む内容の情報収集だけは，先に始めておこうと思います」

「そうだね。電子は非公開会社だから外に出ている情報が少ない。良いバリュエーション[8]がつくように，事業性があることをしっかりと説明する必要がある。

7　IMは，Information Memorandumの頭文字で，アイエムと呼ぶ。インフォメーションメモランダム（IM）に記述する内容については，第3章解説を参照のこと。

8　良いバリュエーションとは，算定された企業価値の数字が高いということ。

西園寺社長の話だと,『電子は将来的にIPOを目指している』ようだ。

投資ファンドにしてみると,こんなに良い話はない。アトラクティブなエクイティストーリー[9]が描けるだろう。

インフォメーションメモランダム（IM）の材料集めについては,必要に応じて,西郷さんを呼んで,打ち合わせをしてくれ」

「はい,分かりました。すぐに西郷さんに連絡をとります」

「あっ,それと……『事業性があることをしっかりと説明する必要がある』とは言ったが,インフォメーションメモランダム（IM）は,ある程度バラまかれるから,必要最低限の情報だけに留めておいてね」
経営企画部長は,細かく指示する。

大久保は,（この仕事では,あらゆるところで,微妙なさじ加減が必要なんだな。一歩間違うと,ハレーション[10]が起こらないとも限らない）と大きな緊張感のもと,仕事の段取りを頭の中で描き始めた。

9　エクイティストーリーとは,会社の投資魅力を投資家に分かりやすく整理して伝える対外説明（コーポレートストーリー）のこと。エクイティファイナンスで資金調達する場合,投資家に対して,その資金使途や事業戦略,成長シナリオなどをこのエクイティストーリーで説明する。

10　ハレーションとは,もともとは写真用語（強い光が当たった部分の周囲が白くぼやけて写る現象）。ビジネスシーンでは,ミスや失敗などによる悪影響をもたらすことをさす。

3 | したたかなFAの世界

ＦＡ選定

　大久保は，早速，普段から接点のある投資銀行に声をかけた。すると，どこのファームもこのディールに強い関心を示した。「スケジュールがタイトであることは気になるが，全力をあげて仕事をするので，是非とも自分のところを選定してほしい」と言ってくる。

　なかには，（本当にこの金額で十分なFAサービスを提供してもらえるのだろうか）と心配になるほど低価格のFA報酬を提示したファームもあり，大久保にとって選り取り見取りの状態であった。

　大きな売却案件は初めてのミツカネ工業は，今回は価格云々ではなく，痒い所にも手が届くような丁寧なアドバイスをしてくれるFAを選定したいと考えていた。特に，担当者として現場でアレコレ言われる立場の大久保としては，（社内で意思決定が多少揺れても，状況を理解して柔軟に対応してくれるFAが望ましい）と考えていた。

　そういう観点を加味しながら大久保は，複数のFAと何度か面談を重ね，結果，これまでミツカネ工業とは何度か仕事をしたことのある日系金融機関系のFAを選定し，経営企画部長と西園寺社長の了解を得た。

　FA選定後，大久保は，そのFAと一緒にティーザーを作り，インフォメーションメモランダム（IM）作りにも多くの時間を使って一つひとつの作業に丁寧に取り組んでいた。

売り案件を好むＦＡ

　ある日の大手町のミツカネ工業の経営企画部の部屋にて。

「大久保君，お疲れ様。その後，電子の件は順調？」
経営企画部長が大久保に声をかけてきた。

「はい。買収案件はこれまで何件かやりましたが，売却は，今回初めてで，と

まどうことが多々あります。でもＦＡにアドバイスをもらいながら，一つずつ前に進めています。

　しかし，売りと買いは，全然違いますね。勉強になります。今回，こうやって売り手側に立つと，売る側の事情がよく分かるので，今後，買い手の立場になるときには，これまで以上に上手くプロセスを進められると思います」

　大久保は，選定したＦＡからたくさんノウハウを学び，この業務の奥深さを日々実感していた。

「今回，声をかけたＦＡのいくつかは，西園寺社長のところにもトップセールスをかけてきたようですね。僕らへの営業活動も凄かったです。本当にビックリしました。

　選ばれなかったところには，申し訳ないと思うくらいです。部長の見立てのとおり，彼らはウチの仕事を取りたくて仕方がなかったようです」
と大久保は続けた。

「これは売り案件だからね」

「えっ？『売り案件だから』って，それはどういう意味ですか？」
買い案件しか経験したことがない大久保は，経営企画部長の言葉の意味がよく分からない。

「売り手は，よほどのことがない限り確実に売る。だから売り手に付いたＦＡには確実に成功報酬が入る」
こう言い，経営企画部長は，笑顔で大久保の肩をポンとたたく。

「確かに。買い手は，必ず買うとは限りません。オークションの場合は，なおさらです。
ということは……成功報酬が入る確率は，売り手のＦＡのほうが高いということか……

　だから他のＦＡで決まるかもと聞かされたＦＡは，必死になってそれをひっくり返そうとしたのか……。

　でも，あれほど『ウチを使ってほしい』と西園寺社長にトップセールスをかけてきたＦＡでさえ，自分たちが選ばれないと決まってしまったら，途端にスッと身を引きました。あれには驚きました。ＦＡって，仕事柄，やっぱりドラ

イなのですかね……」

大久保は，真剣な眼差しで経営企画部長の目を見る。

「まぁ確かに，FAって，かなりドライな部類の人たちだとは思うよ。

　ただ，今後のこともあるので，ウチの心証を悪くしたくないのだろうね。ここでギャーギャー騒ぎ立てることは得策じゃないとの判断だろう。

　今回の件では選ばれなくとも，次の案件を狙って，大久保君にいろいろと近づいて来ると思うよ。大久保君，よろしく頼むよ！」

経営企画部長は，再度，大久保の肩をポンと叩く。

インフォメーションメモランダム（IM）を欲しがる事業会社

「ところで作業のほうは，どんな感じ？」

「はい，FAと相談しながら，本件に興味を持ちそうな先と話をしています。

　ところが何社かの事業会社が，どこで聞きつけたのか，インフォメーションメモランダム（IM）が欲しいと言ってきているんです。声をかける先として想定していなかった先なので，ちょうど部長と相談しようと思っていたところです……」

　経営企画部長は，少し考えて口を開く。

「ウチに選ばれなかったFAが，水面下でこっそり動いているかもしれない。just guessing[11]だけどね。

　彼らは，ウチのFAのコンペに参加して，ミッカネ電子売却の情報をつかんだ。選ばれなかったところは，その情報をもとに，ミッカネ電子の買収に興味を持ちそうな会社に目星をつけて，今度は買い手候補のFAとして，本件に参加しよう，ということだろう。しかし，そんなことをされちゃ困るから，選ばれなかったFAには一言，言っておかなきゃいけないね。

　彼らには，今回，買い手候補として投資ファンドを考えている，とは言っていないよね？」

「はい。かなり，詳細について聞いてきましたが，そこは押し返して，大雑把

_____

11　just guessingとは，ちょっと推量をしているだけ，ちょっと考えているだけの意味。

に『電子の売却案件』としか伝えていません。

　それにしても，FAって二枚腰，三枚腰で，ただでは起きない人たちですね。

　本当は，売り手側のFAに就きたかったけど，それが叶わないとなると，今度は買い手候補のFAに就こうとする。

　彼らにとって売り情報を得ることは，なるほどとても重要なのですね。蛇の道は蛇か，したたかだなぁ」

大久保は合点がいったという表情である。

「我々としても，どういう事業会社がどういう観点で電子に興味を持つのかを知っておきたい。希望する先には，インフォメーションメモランダム（IM）を出してみるのも面白いかもしれない。今回は，『公正な競争環境』というのが建前であるし……

　あのインフォメーションメモランダム（IM）には必要最低限の情報しか載せていないよね？」

経営企画部長は，念のため大久保に確認する。

「はい。事業会社に渡ったとしても問題ない内容になっていることは，確認しています。

　西郷さんに『万が一，事業会社が目にしても大丈夫か？』という言い方で確認しました」

　ミツカネ電子が事業会社を望んでいないことを，大久保も承知している。どの情報を誰の耳にいれるべきか，あえて言わないでおくべきかについては，細心の注意を払って，行動しているつもりだ。

「そうか。だったら出してみよう」

「分かりました。それでは，本件に興味がある事業会社にもインフォメーションメモランダム（IM）を出すことにします。

　もちろん，どこに出したかは，しっかりと管理しておきます」

　手際良く仕事を進める大久保は，オークションにおける次の作業ステップが見えてきた。

解説 一次入札に向けて売り手の準備作業
（プロセスレター，インフォメーションメモランダム）

　本章から，オークションプロセスの各論に入る。一次入札に先立って，売り手（のFA）は，一次入札用のプロセスレターおよびインフォメーションメモランダム（IM）を作成するため，本章の解説では，これらにどういった内容を記載するか，その際に留意しておきたい点などについて解説する。

図表3-1▶オークションプロセス：プロセスレターとIM（再掲）

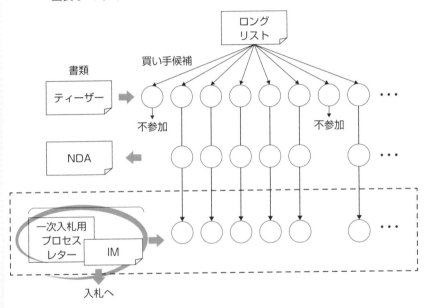

1．一次入札用プロセスレター

（1）一次入札用プロセスレターに記載する内容

■体裁

　売り手は，買い手候補からNDAを受領したら，すぐに一次入札用のプロセスレターを当該買い手候補に渡すことになるため，売り手のFAは，ロングリスト作成後すぐに，プロセスレターの作成作業にとりかかる。

プロセスレターは，オークションプロセスを取り仕切る売り手のFAの名前で出す。意向表明の提出を依頼するレターであり，体裁は，ワード形式5枚〜10枚のことが多い。

■記載する内容

図表3-2は，プロセスレターに記載する内容の項目例であり，入札のプロセス，依頼事項，留意点などを記載する。

図表3-2 ▶ プロセスレターに記載する内容（例）

1. 売却対象の特定
2. 売り手の保有状況
3. 意向表明に記載してほしい項目
4. デューデリジェンスに関する事項
5. スケジュール
6. 質問の受付
7. 売却における前提事項
8. 禁止事項
9. 連絡先
10. その他

記載項目例：
買収者とその概要，買収の目的，戦略上の位置づけ，買収価格とその前提および付帯条件，買収スキーム，買収資金の資金調達方法，役員および従業員の処遇，買い手の連絡先など

記載項目例：
実施するデューデリジェンスの種類，アドバイザーの起用，デューデリジェンスで確認したい資料リストの提出

■項目毎の説明

以下，項目毎の記載内容およびその留意点などである。

1．売却対象の特定

本オークションの対象となっている会社および事業を特定し，その基本情報（商号，住所など）を明示する。

株式譲渡を想定しているのか，事業譲渡なのか，株式譲渡であれば全株式か，対象事業は全事業か，一部の事業か，一部であれば，どの対象かを特定する。株式譲渡の場合であっても，売り手が事前に対象会社の一部の事業をカーブアウトして吸収することがあるため，譲渡対象となる事業をここで特定する。

２．売り手の保有状況

　上記の「１．売却対象の特定」とも関連するが，売却対象に対する売り手の保有状況と売却割合を記載する。たとえば株式であれば，保有株式数と売却希望株式数などである。

３．意向表明に記載してほしい項目

　買い手候補が提示する意向表明に記載してほしい項目を，売り手の希望として，プロセスレター上に列挙する。図表３−２にあげているのは，その例である。これらの項目をプロセスレターに記載しておくことが，売り手および対象会社にどういう意味合いがあるかについては，本解説（２）に後述した。

　ここに列挙していない項目についても，買い手候補は，適宜，自分たちの都合で意向表明に項目を追加してくることが多い。たとえば，買い手候補の取締役会決議のタイミングや独占禁止法への対応期間などについて記載してくることがある。スケジュールについても，買い手の事業の繁忙期などの理由でDD期間の見直しを要望してくることがある。

　売り手は，買い手候補の意向表明を横並びで評価するため，比較しやすいよう，これらの項目のいくつかについては，記載要領までプロセスレター上で細かく指示しておく。たとえば，買収価格については，企業価値（EV）ベースか，株式価値ベースかなどである。買い手候補によっては，価格をレンジで記載することがある。レンジとは，XXX円〜YYY円という幅で記載することである。その場合は，どう評価するか，たとえば「下限値を入札価格とみなす」などについても付記する。

４．デューデリジェンスに関する事項

　プロセスレターには，買い手候補が実施するデューデリジェンスの種類，その際に外部のDDアドバイザーを起用するか，起用するとしたらどこのファームかなど，売り手として知っておきたい項目を記載する。

　図表３−２に，デューデリジェンスに関する記載内容例を載せてある。デューデリジェンスに関してこれらの項目を記載しておくことが，売り手および対象会社にどういう意味があるかについては，本解説（３）に後述した。

5．スケジュール

プロセスレターには，本オークション全体のグランドスケジュールを記載する。この時点で最も重要なスケジュールは，一次入札の意向表明の提出期限である。

意向表明の提出期限は，インフォメーションメモランダム（IM）を買い手候補に提示してから，4〜6週間後を目途とすることが多い。提出にあたっては，年月日に加え日本時間での時間（たとえば4:00PM JSTなど）を明記し，その期限までに，「サイン入りのPDFで売り手のFAの誰にファイル送信」など，細かい仕様まで明記する。

インフォメーションメモランダム（IM）を一次入札用プロセスレターと同じタイミングで渡せない場合は，インフォメーションメモランダム（IM）の配布がいつになるかについても記載しておく。

他に記載しておきたいスケジュールとしては，その時点で想定しているDD期間，株式譲渡契約書（SPA）案の提示時期，最終意向表明および株式譲渡契約書（SPA）の買い手候補による修正案の提出時期，契約締結時期，クロージングの日程などである。日程が未定の場合は，「未定（日程が確定し次第別途ご案内）」，あるいは「仮日程」と記載しておく。

6．質問の受付け

プロセスレターには，買い手候補から質問を受付けるかどうかについても記載する。

オークションプロセスに関する質問であれば，プロセスレター記載の連絡先にて受付けるが，インフォメーションメモランダム（IM）の内容に関する質問については，受付けるとしても限定的になることが多い。なお，これについては，113頁の「2．インフォメーションメモランダム（IM)」において後述する。

7．売却における前提事項

売却にあたって前提事項があれば，プロセスレターに記載しておく。

対象会社との事前協議の結果，対象会社の従業員について，一定期間の雇用維持を前提としたい場合は，これを明記しておく。

クリーンEXITの場合に表明保証保険を購入することが前提であれば，その旨も記載する。なお表明保証保険については，第2章解説において詳述した。

特別配当を実施する予定がある場合は，その旨を記載する。なお，特別配当についての記載はないが，実施した場合，その分，株式価値は減額される。

8．禁止事項

買い手候補に対して禁止したい事項をプロセスレター上に明記する。

たとえば買い手候補が対象会社の経営陣や従業員に会うことを禁止するなどである。平時から何らかの接点や取引がある場合など，会うことを全面的に禁止することは，実務上難しい。とはいえ買い手候補毎に禁止条項の内容を変えることも難しいため，全ての買い手候補に対して同じ内容の禁止事項とすることが多い。

9．連絡先

売り手FAの担当者の氏名，電話番号，メールアドレスなどを明記する。担当者が複数いる場合は，主担当者が誰であるかを明記する。

情報の流れを一本化するために，買い手候補およびそのFAが，売り手および対象会社に直接連絡しないよう，ここでしっかりと釘をさしておく。

10．その他

その他，何か共有したい情報があれば，それを記載する。

ディスクレーマー（Disclaimer），免責事項もここで付記される。ディスクレーマーとは，免責や否認のことで，提供した情報に起因して何かが起きても法的責任を負わないことのリスクヘッジの文言である。免責事項には，プロセスレターやインフォメーションメモランダム（IM）記載の情報には差し替えがありうること，記載内容に間違いがあっても，プロセスレターの発信者であるFAは法的責任を負わないこと，プロセスに関しては，プロセスレター記載事項を含め，口頭書面を問わず，伝達した内容について変更などの可能性があること，売却プロセスは売り手都合で中止になる可能性があること，機密保持の義務があること，買い手候補の費用について売り手は負担しないことなどの事項が列挙される。

（2）意向表明に記載してほしい項目についての説明

■項目毎の説明

　以下は，プロセスレターに「意向表明に記載してほしい項目」として何を記載するかを判断するための参考情報である。

　これらの項目をプロセスレターに載せておけば，買い手候補は，意向表明上に彼らの方針や考え方を記載してくる。ここでは，買い手候補がどういう内容で記載してくることが多いか，それが売り手および対象会社にとってどういう意味があるかについて，項目毎にコメントする。

図表 3-3 ▶ 意向表明の記載項目（例）

1. 売却対象の特定
2. 売り手の保有状況
3. 意向表明に記載してほしい項目
4. デューデリジェンスに関する事項
5. スケジュール
6. 質問の受付
7. 売却における前提事項
8. 禁止事項
9. 連絡先
10. その他

記載項目例：
買収者とその概要，買収の目的，戦略上の位置づけ，買収価格とその前提および付帯条件，買収スキーム，買収資金の資金調達方法，役員および従業員の処遇，買い手の連絡先など

記載項目例：
実施するデューデリジェンスの種類，アドバイザーの起用，デューデリジェンスで確認したい資料リストの提出

● 買収者とその概要：

　多くの場合，「買収者」は，意向表明を提出する買い手候補自身である。しかしながらグループ子会社などと持分を分けて保有することがあるため，出資者が誰になるかの記載を意向表明に求める。

　買収者の「概要」の内容としては，商号，代表者，資本金，事業内容，沿革，グループ会社の概要，財務データ過去 3〜5 年分などの情報提供を期待している。

　対象会社にとってみると，誰が新たな親会社になるかという観点から「買収者」は重要な情報である。売り手にとっても，財務力も含め，信用力のある買い手候補

であるかは重要である。

● 買収の目的：

「買収の目的」とは，端的には事業上のシナジー効果狙いか，純投資かである。

　買い手候補が事業会社である場合，シナジー効果が期待できることが多いが，買い手候補によっては，価格交渉において，売り手がシナジー効果を価格つり上げの材料としてみるかもしれないとして，想定しているシナジー効果については，定量情報を共有しないことがある。

　対象会社にとってみると，将来の親会社がどういったシナジー効果をどれくらい共創しようとしているかは，確認しておきたい重要情報の一つである。

● 戦略上の位置づけ：

「戦略上の位置づけ」は，買い手の戦略上，本ディールがどういう位置づけにあるかを問うものであり，前述の「買収の目的」とも関連する項目である。

　売り手にとっては，買い手候補の関心の度合いや本気度合いを推し量る意図があり，レピュテーションリスクをマネージする観点からも聞いておきたい。

　対象会社にとっては，新たな親会社グループにグループインした後，戦略上，自分たちの事業がどう位置づけられるかという観点から重要情報である。

● 買収価格とその前提および付帯条件：

　買い手候補は，インフォメーションメモランダム（IM）記載の内容などに基づいてバリュエーションを実施し，「価格」を提示する。なお意向表明は，法的拘束力がないノンバインディング（Non-binding）である。

　価格については，デューデリジェンス実施後に調整が入るとはいえ，「買収価格とその前提および付帯条件」に記載してくる内容は，一次入札における最重要評価要素の一つである。

　一次入札を通過しないと二次入札に進めないため，買い手候補によっては，一次入札を通過することだけを目的として，法外に高い価格をつけて，デューデリジェンス実施後に大きく引き下げることがある。しかしながら，最終的に落札に至らない場合は，DD費用などの外部流出コストがかさむだけである。とはいえ事業会社

ではデューデリジェンスのコストが予算化されていることが多く，デューデリジェンスにかかるコストが無駄になることが，一次入札で法外に高い価格をつけることに対する抑止力となりにくい[12]。他方，投資ファンドは，ディールコストをできるだけ抑えたいため，一次入札を通すだけのために高い価格を提示することはほとんどない。

　付帯条件については，最終契約書における表明保証を先取りした内容が記載されることが多い。対象会社に異常な状態がないことを前提としている旨の内容である。具体的には，「対象会社の株式譲渡時の現預金，有利子負債，運転資本の水準が過去実績に比して大きく変化していないこと」，「対象会社の資産について，大規模設備投資や更新，修繕が必要ないこと，または予定されていないこと」，「対象会社の事業に影響を与え得る簿外債務，偶発債務，引当不足，資産の毀損や含み損等が存在しないこと」，「インフォメーションメモランダム（IM）記載の事業計画が合理的に実現可能なものであること」などが記載される。

● 買収スキーム：

　「買収スキーム」[13]では，発行済み株式の全株式を，どういう形で，どういったタイミングで譲り受け，その際の対価は何か（たとえば現金）についての記載を想定している。対価については，現金以外の場合は，具体的に何かを明示してもらう。現行，国内では，株式対価ディールはほとんどなく，株式買収取引の場合は，ほとんどが現金対価である。

　後述の「買収資金の資金調達方法」とも関連するが，買い手が投資ファンドの場合，あるいは対象会社の規模が極めて大きい場合は，LBO（Leveraged Buyout，レバレッジド・バイアウト）スキームがあり得る。LBOとは，対象会社の資産または将来のキャッシュフローを担保に，金融機関等から資金調達をして行う企業買収のことである。

　買い手またはそのグループ会社との合併など，組織再編を想定している場合，想定しているスキームを記載してもらう。

12　M&Aの世界は，狭い社会であるため，お行儀が芳しくない企業の噂は業界内で出回りやすいことにも留意しておきたい。

13　ストラクチャーということもある。

前述の「買収者」とも関連するが，買い手候補がグループ内外の別の企業とのJV（Joint Venture）を想定している場合は，想定する買収スキームを記載してもらう。JVとは，複数の企業が協力して事業を行う形態のことである。

●買収資金の資金調達方法：

「資金調達方法」とは，自己資金なのか，前述の「買収スキーム」とも関連するが，金融機関からの借入なのかのことである。

●役員および従業員の処遇：

「役員および従業員の処遇」では，役員は続投か，従業員の雇用，退職金制度，年金制度，福利厚生制度は，どう想定しているかの記載を想定している。こういった人に関することは，極めてセンシティブな内容であるため，このタイミングでは，漠とした内容になることが多い。プロセスが進むなかで，関係者間で少しずつ突っ込んだ話をしていく。

対象会社の退職金制度，年金制度などについては，デューデリジェンスを経ないと運営状況が分からないため，この段階での詳細な記載は期待しにくい。

●買い手の連絡先：

売り手（のFA）から連絡する場合に，買い手候補の誰に連絡したらよいかを明記してもらう。

（3）デューデリジェンスに関連する項目についての説明

■項目毎の説明

以下は，プロセスレターに「デューデリジェンスに関する事項」として何を記載するかを判断するための参考情報である。

これらの項目をプロセスレターに載せておけば，買い手候補は，意向表明上に彼らの方針や考え方を記載してくる。ここでは，買い手候補がどういう内容で記載してくることが多いか，それが売り手および対象会社にとってどういう意味があるかについて，項目毎にコメントする。

図表3-4 ▶デューデリジェンスの記載項目（例）

1. 売却対象の特定
2. 売り手の保有状況
3. 意向表明に記載してほしい項目
4. デューデリジェンスに関する事項
5. スケジュール
6. 質問の受付
7. 売却における前提事項
8. 禁止事項
9. 連絡先
10. その他

記載項目例：
買収者とその概要，買収の目的，戦略上の位置づけ，買収価格とその前提および付帯条件，買収スキーム，買収資金の資金調達方法，役員および従業員の処遇，買い手の連絡先など

記載項目例：
実施するデューデリジェンスの種類，アドバイザーの起用，デューデリジェンスで確認したい資料リストの提出

● 実施するデューデリジェンスの種類：

　売り手および対象会社は，デューデリジェンスの受入れ準備作業の関係上，買い手候補がどういう種類のデューデリジェンスの実施を想定しているかを予め聞いておきたい。特に一定の時間を必要とするデューデリジェンス（たとえば環境DD[14]）の有無は，デューデリジェンスのスケジュール調整のためにも確認しておきたい内容である。

● アドバイザーの起用：

　どのDDアドバイザーを起用するか[15]についての記載を求めている。意向表明の段階で，どのファームを起用するかが決まっていない場合は，決まっている範囲で記載してもらう。

● デューデリジェンスで確認したい資料リストの提出：

　デューデリジェンスは，一次入札を通過した買い手候補が実施するものであるため，本来，「デューデリジェンスで確認したい資料リストの提出」の項目は，一次

---

14 環境DDについては，現地でサンプリングなど実査を要するケースがある。
15 DDアドバイザーとして大手の事務所を起用する場合，大手事務所の数が限られているため，特に財務，税務や法務については独立性の問題が出てきやすく，起用を確定させるまでにある程度の時間がかかることがある。

第 3 章　売り手のFA選定　113

入札を通過した買い手候補に対してのみ依頼すればよい。それをこの時点で記載する理由は，一次入札通過が決まったら，早めに資料リストを出してもらうためである。そうすると対象会社は，デューデリジェンスの受入れ準備作業を早めに開始することができる。

　資料リストのみならず，どれくらいの粒度の資料をみたいかについても概略を記載してもらえると，対象会社の準備作業がスムーズになる。たとえば過去遡ること何年分のデータかとか，契約書についてはサンプルでよいか，個々の原本まで確認したいかなどである。一般的な事項に加えて，特定の領域に関心があれば，それも記載してもらう。デューデリジェンスに入ると，その領域について，特定のキーパーソンとの面談などを要請されるため，対象会社におけるデューデリジェンス受入れ準備に役立つ。

2．インフォメーションメモランダム（IM）

（1）インフォメーションメモランダム（IM）に記載する内容

■位置づけと体裁

　インフォメーションメモランダム（IM）は，対象会社の情報をまとめたものである。買い手候補に高い関心を持ってもらうために，アピール材料を（さりげなく）差し込み，プロセスレターと同じタイミングで買い手候補に提示するが，作成に時間がかかる[16]ことが多く，プロセスレターを渡したあとのタイミングで買い手候補に渡すこともある。

　インフォメーションメモランダム（IM）は，パワーポイントを使ってビジュアルな資料として，売り手のFAが作成するが，買い手候補や，そのFAなど多くのM&A業界関係者の目に触れるため，綺麗で分かりやすい資料として作成することに精力が注がれている。枚数としては50〜80ページくらい，対象会社が複数事業を有する場合は100ページを超える大部になることが少なくない。その場合は，数枚のエグゼクティブ・サマリーをつけ，対象会社の魅力を要約しておくなどの配慮をしておくと，買い手候補が社内決裁に回す際の別添資料として活用してもらえる。

16　作成にあたってはパワーポイントを駆使するスキルが必要になり，大手ファームのなかでは若手が作成にあたることが多い。作成後は，ファーム内の品質管理担当の他，対象会社にも内容を確認してもらう必要があり，作成には相応の時間を要する。

買い手候補は，インフォメーションメモランダム（IM）に記載された情報を基にバリュエーションを実施するため，バリュエーションに必要な定量情報も盛り込んでおく。

■記載内容

インフォメーションメモランダム（IM）に記載する内容は，図表3-5のとおり，売却対象についての概要や売り手との関係など，対象会社をとりまく企業情報に加え，対象会社が扱っている主な製品やサービス，さらに業界動向，市場分析，競合分析などの外部環境，主要な経営陣，組織や社員，財務情報，KPI（Key Performance Indicator）などの内部環境に関する情報である。KPIとは，企業や組織が目標の達成度を評価するために用いる定量的な重要業績評価指標のことである。

図表3-5 ▶ インフォメーションメモランダム（IM）の内容（例）

エグゼクティブサマリー
本編
- 対象会社または対象事業の概要
- 外部環境
- 内部環境
- 経営上のリスクとその対処
- 将来に向けての成長戦略
- 過去の財務実績と事業計画
- （セグメント別損益）————— 複数事業がある場合
- （スタンドアローンイッシュー）
添付資料 ————— カーブアウトの場合

■情報開示のスタンス

インフォメーションメモランダム（IM）を作成する目的は，買い手候補の関心をひき，高価格を引き出すことにある。そのため，対象会社の良い面に焦点を絞って作成し，マイナス面にはあえて触れないことがある。買い手候補からすると，フェアに情報共有してもらいたいところだろうが，ネガティブな情報を一次入札の段階でどこまでインフォメーションメモランダム（IM）に載せるかは，売り手にとって重要な判断である。

デューデリジェンスを実施せずとも，誰の目にも分かることであれば，詳細はデューデリジェンスで確認することを前提として，ネガティブな事実についても，誠実にサラッと記載しておくと，フェアであるとの印象を与える。

ディールブレイクの要因にならない程度のものについては，多くの買い手候補の目にとまるインフォメーションメモランダム（IM）上で出さなくとも，デューデリジェンスにおいて情報を開示し，価格調整で対応するという考え方もある。たとえば「退職給付債務の引当不足が多少ある」，「特定の資産に多少含み損がある」などである。

買い手候補に対象会社の競合企業がいる場合は，ガンジャンピング規制がかかるため，インフォメーションメモランダム（IM）にどの程度の情報を載せるかについては，事前に弁護士と相談しておく。競合向けと非競合向けでインフォメーションメモランダム（IM）を分けることもある。

■対象会社の協力

インフォメーションメモランダム（IM）に記載する内容は対象会社のことであるため，作成にあたっては，対象会社の協力が欠かせない。売り手のFAがインフォメーションメモランダム（IM）の作成にあたるため，対象会社の業容を正確に理解できるよう，売り手のFAと対象会社の主要メンバーの連携は極めて重要である。

対象会社においては，自分たちの会社が売却対象となっていることについて，どの範囲の社員に，どの段階で情報共有するかを事前に検討しておくことが必要である。特に，ティーザー配布直後に，簡易的なQ&Aセッションやマネジメントインタビューを実施する場合は，比較的早い段階から対象会社に参画してもらう必要がある。関与者が広がってくると，関与者間では，コードネームで話をするなど，対象会社内における情報管理を徹底することも重要になる。コードネームとは，ある事物や人物などをコード（暗号）で示し，関係者だけで共有する別名である。ディール開始直後につけられ，ディール関係者に共有される。

この時点でしっかりとインフォメーションメモランダム（IM）を作成しておけば，対象会社は，これをベースに一次入札後に実施するマネジメントプレゼンテーションの資料を作成することができる。マネジメントプレゼンテーションについて

は，第4章解説にて詳述する。

■バリュエーションに必要な情報

買い手候補がバリュエーションの基にするのは，インフォメーションメモランダム（IM）に記載してある情報のなかでも，特に事業計画の情報である。具体的には，財務三票といわれる貸借対照表（BS），損益計算書（PL），投資計画を含むキャッシュフロー計算書（CFS）である。M&Aにおいてこの事業計画をどういう考え方に基づいて作っているかについては，第6章解説にて詳述する。

売り手のFAは，作成したインフォメーションメモランダム（IM）を買い手候補に渡す前に，DCF法（Discounted Cashflow Method）や類似会社比較法を使ってバリュエーションを実施し，バリュエーションで必要となる情報，あるいは使ってほしい情報が，インフォメーションメモランダム（IM）に盛り込まれているかを確認しておく。DCF法とは，将来発生するキャッシュフローを割引率で現在価値に引き戻し，それを合計することで価値を算定するバリュエーション手法の一つであり，類似会社比較法は，マルチプルや倍率法ともよばれ，類似する上場企業の企業価値（または株式価値）とそれらの財務数値や先行指標との関係から倍率（マルチプル）を求め，その倍率を当てはめて対象企業の価値を算定する手法のことである。

この時点でバリュエーションをしておくと，売り手は，買い手候補が提示してくる金額をある程度想定できる。

■質問の受付け

インフォメーションメモランダム（IM）を配布すると，一次入札締切日前に，買い手候補から質問がくることが多い。

買い手候補からの質問の多くは，意向表明の作成を進めるにあたって確認しておきたい内容であり，対象会社の事業に関することである。こういった内容については，売り手のFAでは答えられず，売り手でさえも回答できないことが多い。そうなると必然的に対象会社に確認することになるが，対象会社の社内では，この時点で，それらの質問に回答できるような実務メンバーを巻き込んでいないことが少なくない。また一次入札の買い手候補者のなかには，買収への真剣度が低く，対象会

第3章 売り手のFA選定　117

社の情報を入手するだけのために参加している企業がいないとも限らない。そのため，この段階ではインフォメーションメモランダム（IM）に記載している情報の範囲内の回答にし，詳細は，デューデリジェンスで確認してもらうことが多い。

　もしこの時点で，対象会社の協力が得られるようであれば，対象会社の事業に関する質問については，ハイレベルの内容に限定し，質問の数も，たとえば10問までなど制限を加えたうえで，質問を受付けることがある。複数の買い手候補から出てきた共通した質問には回答する，一社に回答した内容は全社に共有する，などの運用をすることもある。

　魅力度がそれほど高くない案件の場合，インフォメーションメモランダム（IM）を展開した直後に，質問を受付け，このタイミングであっても，マネジメントプレゼンテーションを実施することもある。あの手この手を使ってオークション成立の可能性を高めようというわけである。

（2）インフォメーションメモランダム（IM）に記載する項目の説明

■項目毎の説明

　以下に，インフォメーションメモランダム（IM）に記載する項目について，記載にあたっての留意点などを項目毎にコメントした。

● 対象会社または対象事業の概要：

　対象会社の企業概要[17]，経営陣，沿革，売却対象企業（事業），対象会社のグループ企業概要や拠点，事業所，さらに売り手との関係など対象会社をとりまく企業情報に加え，対象会社が扱っている主要製品およびサービスを記載する。補強材料として，汎用的な会社案内を渡すこともある。

　売り手が対象会社を手放す背景については，買い手候補からいずれ聞かれる内容である。特段の問題がなければ，その背景についても，サラッと概要を記載することもある。微妙な内容であれば，あえて書かず，聞かれたら回答する。

17　機密性が高い案件などにおいては，一次入札の時点で対象会社の名前を開示しないこともある。

● 外部環境：

　外部環境とは，市場および競合環境と競合分析，収益獲得の仕組み，主要取引先とその動向，主な仕入れ先，自社の強みと弱み市場分析などである。対象会社のトップライン[18]に対して，外部環境のどういった要因がドライバー[19]になっているのかについても丁寧に記載する。

　どういった先と取引しているかは，強みにつながるところであり，アピール材料になるが，取引契約上，取引先の名前が出せないことがある。また業界関係者の目に触れる可能性があることを考慮し，インフォメーションメモランダム（IM）上は，A社，B社などという表記で記載することがある。海外取引が多い場合は，相手国名を記載する。

　同業他社や周辺業種の会社が入札に参加している場合は，外部環境分析のなかで仮名であったとしても，自社のことだと認識できるため，個別具体的な企業に関する記載内容が彼らの目にどう映るかという観点からもチェックを入れておく。

　どの会社が競合であるかについては，市場における競争環境やそのなかでの競争の優劣分析の面から重要であるが，バリュエーションにおいて類似会社比較法を採用する場合，比較対象企業としてどの上場企業を選定するかの際の参考情報にもなる。そういったことも含めて，外部環境についての記載は，事前に多角的視点からチェックしておくことが求められる。

● 内部環境：

　内部環境とは，コスト構造，特許・許認可，組織体制，部署別人員体制，財務情報，KPIなど，対象会社の内部情報であり，対象会社の実態を理解してもらうために重要な情報である。

　内部環境では，コスト面に焦点があたり，買い手候補も，各コスト項目について売上比率および同業他社との比較分析を行うため，買い手候補が実施しそうな分析については，事前に比率分析を実施しておく。経年比較で変曲点がある場合や，業

18　トップラインとは，売上や収入のこと。損益計算書（PL）の一番上（トップ）の行（ライン）に記載されるため，トップラインとよばれる。
19　ドライバーとは，大きな影響を及ぼす要因のこと。

界平均の売上比と乖離がある場合は，何が要因だったのかを事前に確認しておく。これらはデューデリジェンスにおいて聞かれる可能性が高い。

● 将来に向けての成長戦略：

　将来に向けての成長戦略には対象会社が現親会社グループから離れたあとに，どういう戦略で事業を成長させるかについて記載する。魅力的でありながら実現可能性があり，具体的にイメージできる戦略を記載したい。オークション用に，壮大な成長戦略の絵を描いても，デューデリジェンスにおいて絵に描いた餅だとみられるなら，ちょっとストレッチした成長戦略のほうが地に足のついた戦略だと，とらえてもらえることがある。

　買い手候補に投資資金を出せる余力があり，かつ対象会社もそれを望んでいるのであれば，どういった領域に新規投資がありうるか，それによってどれくらいのリターンが期待できるかという投資に関する説明も入れておく。

　自らが主体的に策定している事業計画がそもそもない会社がある。そういう場合に，成長戦略として，大したことを書かなければ，成長性を認識してもらえないため，成長意欲の姿勢を示すために，技術開発や，新製品，新領域開拓など，バラ色の成長戦略を，項目として列挙することがある。せっかく列挙するなら，誰にアピールしたいかを想定して書きたいところだが，この時点では，どの買い手候補を想定したらよいかまだ分からない。何が評価されるかも分からない。したがって各買い手候補が適宜彼らの戦略に合う項目を評価してくれるだろうという期待のもと，ある程度，広範囲で多くの項目を列挙することになる。さらに言うと，これらの戦略項目の実現可能性を認識してもらえるような具体的な説明まで記載したいところであるが，ここで労力を使っても，どれが当たるか分からず，無駄になる可能性があるため，多くの場合，項目の列挙に留まる。しかしながらこうした項目の列挙だけだと，実は社内で成長戦略が議論，策定されていないことが，手練れの買い手候補にはすぐに露見してしまう。とはいえ戦略ナシよりは幾分好印象である。

● 成長戦略実現のための課題：

　成長戦略を実現するにあたっての課題を記載する。記載が少なすぎると，記載してある課題にばかりフォーカスがあたるため，課題として認識するものがあるならば，ある程度の数を記載することに問題はない。

●過去の財務実績と事業計画：

　経営には慣性の法則が働くため，過去の実績と事業計画については，グラフなど
を用いて，ビジュアルに時系列で見せると分かりやすい。

　実績については，遡ること3年〜5年分の数字を出すことが多い。正常収益力が
分かるように，一時的要因除外後の数字も示しておく。過去に大きな変曲点があっ
た場合や，マージン率の変動があった場合は，その要因も明記しておく。

　将来については，前述の「将来に向けての成長戦略」を数字に落とすとこうなる
というものが事業計画であるため，成長戦略との整合性がとれた事業計画であるこ
とが求められる。バラ色の成長戦略の項目を列挙した場合，事業計画上は，直近で
実現可能なものだけ，数字として反映させることが多い。

　貸借対照表（BS）については，直近の数字がバリュエーションの発射台になる。
一次入札のあとのデューデリジェンスでは，主に財務DDにおいて，直近のBSを実
態BSに修正する作業が実施される。インフォメーションメモランダム（IM）の段
階では，最低限，株式価値を算定する際に必要とされる情報，たとえば非事業資産
が時価ベースでどれくらいあるか，退職給付債務の状況はどうなっているか，有利
子負債の情報など[20]を記載する。

　部門切り離しのカーブアウト案件の場合は，本社経費などが配賦されていること
があるため，そういった費用を調整したスタンドアロンの財務諸表を提示する。対
象会社の財務部門で，このような調整処理を実施するキャパシティーがない場合
は，セラーズDDを実施しておくとよい。

●セグメント別損益（複数の事業がある場合）：

　明確に異なる複数の事業がある場合，セグメント別の財務情報を開示する。一次
プロセスの段階で，どこまで細分化されたセグメント区分で，どの範囲の粗利，限
界利益，営業利益などのマージン率を開示するかについては，対象会社の事業実態
に応じて検討する。

20　買い手候補は，デューデリジェンスにおいて補助科目明細や税務申告書を閲覧するこ
　　となどにより，詳細を検証する。

第3章　売り手のFA選定　121

　セグメント別の損益を出すと，買い手候補がバリュエーションにおいてサムオブ
ザパーツ分析（Sum-of-the-Parts, SOTP）を実施することがあるため，売り手
および対象会社でも，予め同分析を実施し，どういうインプリケーション[21]が導か
れるかをみておく。サムオブザパーツ分析とは，複数のセグメントを有する企業の
バリュエーションにおいて，各セグメントの事業価値を算出し，それらを合算した
のち，ネットデット（キャッシュ）および少数株主持分を差し引くことで株式価値
を計算する手法のことである。

● スタンドアロンイッシュー（カーブアウトの場合）：

　スタンドアロンイッシューとは，親会社グループから切り離す際に，どのような
影響が発生するかという課題のことである。具体的には，旧親会社グループからの
業務サービスや旧親会社グループとのシナジー効果の喪失，切り離す際に発生する
コストなどである。

　対象会社のスタンドアロンの価値[22]を算定するためには，全社共通のサービス，
たとえばブランド，管理部門機能，オフィス設備，ITシステムなどがどうなってい
るか，間接費がどういう考え方でどれくらい対象会社に配賦されているかなどの情
報が必要である。部品やサービスなど親会社グループ内の取引についても，優先的
供給になっていないか，仕切り価格にアームズ・レングス[23]の価格との差がある
か，知財はどういう取扱いになっているかなどの情報が必要であるため，これらに
ついてもバリュエーションができる粒度の記載が求められる。アームズ・レングス
とは，本来利害関係がある当事者間で，一定の適正な距離を保つことを，腕の長さ
にたとえた用語である。

　会社の一部門を切り出すカーブアウト案件の場合には，スタンドアロンイッシュ
ーは重要な情報である。切り離しコストは，新たな親会社が決まった後に発生する

21　インプリケーションは，「含意」と訳される。ある事柄が別の事柄を暗に含んでいるこ
　　と，またはその関係を指す言葉のこと。コングロマリットディスカウントになっている場
　　合，一部の事業について追加でのM&A取引の提案などがあることが想定される。
22　スタンドアロンの価値については，これとは別の概念として，素のままの価値という
　　意味でも使われる。詳細は，第6章解説を参照のこと。
23　関連してアームズ・レングス・ルールという用語があるが，これは，互いに支配・従
　　属関係にない当事者間において成立するであろう取引条件や価格などを基準とする考え方
　　のこと。

コストであり，インフォメーションメモランダム（IM）上に具体的な内容を記載しにくいが，買い手候補は，バリュエーションの際に当該コストを考慮した価格設定にするため，どういうコストが発生するかがイメージできるように，この段階で決まっていることがあれば，記載する。

　TSA (Transition Service Agreement)[24]がどうなるかについても，提供できる情報があれば提供する。TSAとは，M&A取引のクロージング後の移行期間中に，ブランドやロゴの使用を一定期間認めるとか，親会社によるコーポレート機能などの業務サービスを一定期間提供するとかについて，売り手と対象会社との間で取り決める契約のことである。

24　詳細については，本書の前編にあたる『図解＆ストーリー「子会社売却」の意思決定』のエピローグを参照のこと。

第4章

大手町に対する不信感

〜あらすじと登場人物〜

- ミツカネ電子を対象とするオークションは，多くの買い手候補たちから大きな関心を集め，一次入札には26社という数の投資ファンドと事業会社が参加した。
- ミツカネ電子は，大手町と連絡を取り合いながら，一次入札を通過した買い手候補からのデューデリジェンスを受入れるための態勢作りを開始した。
- 一次入札を通過させる買い手候補の数について，ミツカネ電子は，せいぜい2社のデューデリジェンスを受入れることが精一杯であると大手町に伝えていたが，大手町は，最後の最後に3社を通過させた。しかもそのことを知らせてきたのは，キックオフミーティングの直前であった。さらにネガティブリストに「事業会社」と記載して提出していたにもかかわらず，一次入札通過者の1社は事業会社であった。
- ミツカネ電子の意向を聞くも，どれもこれも蔑ろにする大手町の姿勢に，ミツカネ電子の寺田社長と西郷は，大手町に対する不信感を募らせ始めていた。

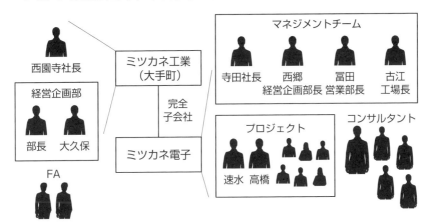

1 一次入札が始まった

一次入札の参加者

それから10日ほど経ったある日。

株主総会の準備でワサワサしている時期であったが，ミツカネ工業の経営企画部では，オークションの準備作業が粛々と進められていた。

「部長，ご相談があるのですが……」
大久保が，遠慮がちに経営企画部長に声をかける。

「おっ，どうした？」
経営企画部長は，笑顔で応じる。

普段から超多忙であり，自分の席に座っている時間は極めて少ない。だからせめて席にいる時くらいは，部下から声を掛けてもらいやすいようにと，経営企画部長は，穏やかな笑顔を絶やさないように意識している。たまに口角を上げる練習もしている。

大久保は，部長の笑顔に安心しつつも，不安そうに話を切り出す。
「例の電子のオークションの件ですが，一次入札の締め切りが来週に迫っています。

まだ流動的ですが……スゴイ数の参加者になりそうなんです。

前回の打ち合わせでは，『一次入札には10社ぐらいに参加してもらって，それを３社ぐらいに絞って二次入札を行うことを想定している』と説明しましたが，一次入札で，その数倍の参加者が出てきそうなのです……」

「数倍って？」

「30社ぐらいです……」

経営企画部長は，一瞬，驚きの表情をみせるものの，笑顔は崩さない。

「そうか……30社も……インフォメーションメモランダム（IM）をばらまき

過ぎたのか？」

「それもあるかもしれません……」

「ウチの入札に参加しそうな投資ファンドって，それほどないけどなぁ」

「先日，お伝えしましたが『電子の一次入札に参加したい』と連絡してくる事業会社が次々と現れまして……」

　大久保は，一次入札に参加予定の会社のリストを経営企画部長に渡す。

　1枚目が投資ファンドのリスト，2枚目が事業会社のリストであり，各々の入札に対する「熱意の程度」がコメントされている。

「前回からまた増えているね」
経営企画部長はリストにじっと見入る。

「事業会社は10社くらいになりそうです。その中に鼻息が荒い会社が1社ありまして……好機到来とばかりに息巻いています。以前，電子を買いたいと打診したが断られたようなことを言っていました」

　2枚目の事業会社のリストを見ながら，記憶を辿る経営企画部長。

「あー，あの会社か。何年も前の話だ。寺田社長の前任社長の時代のことだ。やんちゃな創業社長がいてね……。そうかぁ，あの会社も手を上げているのか……。
　大久保君，本命は投資ファンドなので，事業会社のことは気にしなくていい。それにしても，よくここまで積みあがったものだね」

「最終的に何社手をあげてくれるか不安だったので，情報漏洩にならない範囲でFAがより多くの会社に打診してくれて……『公正な環境作り』が建前ですし……」
と言い，頭を掻く大久保。

「そうか……」

「事業会社の参加者には，電子の競合は入っていません」

「じゃぁ，ガンジャンピング規制はそれほど気にしなくていいね」

「そう思います。電子の事業領域とは多少距離がありますが，周辺業種や専門商社は，本件に興味を示しています。

　それから海外勢も数社入っています。今回は，あまり時間がないので，ウチのFAが，太いコンタクトを持っている先にだけ声がけをしました。

　これで『公正な環境作り』の体裁はかなり整ったと思います」

　経営企画部長は，1枚目と2枚目を交互にめくりながら，
「まぁ，この中で，本気なのは，7〜8社だね」
と呟く。

「だと思います……一次入札ですのでNon-Binding[1]です。でもだからと言って，これほどたくさんの会社が参加するとは……」

「事業会社は，電子の情報が欲しいのだと思うよ。電子の内部情報を取る絶好のチャンスだから，そのあたりは気を付けて見極めたほうがいいね。ここに載っている事業会社の半分も，電子の投資アペタイト[2]を満たすことはできない。彼らもそれは分かっているだろう」

投資ファンドも勢揃い

　経営企画部長は，資料の1枚目の投資ファンドのリストに目を移す。

「投資ファンドのほうは，これまたスゴイね。勢揃いだ」

「はい，日系，外資系を問わず，投資ファンドは本件に食いつきました。

　中堅どころも，『スキームを工夫しますので是非とも参加したい』と言ってきています」

「中堅ファンドは，ウチと接点を作ることが目的だろう。今後，もっと小粒の案件の時に声をかけてほしいのだろうね。

　とりあえず，ジェインは参加しているので一安心だ。

1　Non-Bindingとは，法的拘束力を伴わないオファーのこと。
2　投資アペタイト（Appetite）とは，直訳すると「投資に対する食欲」，つまり投資を選好する度合のこと。ここでは投資に必要な資金量を出せるかという意味。

第 4 章　大手町に対する不信感　127

　このなかから二次入札に進んでもらうのは，3 〜 4 社といったイメージでどうだろうか？　うち 1 社は，事業会社を入れておこう。
　一次入札を締め切ったら，1 週間を目途に，通過者を決めよう」

「はい，分かりました。
　一次入札の選考指標は事前に作ってあります。まずはそれに当てはめてみてからの判断になりますが，ガチガチにはしていないので融通が利きます」

「そうか。それから，電子にはデューデリジェンスを受けてもらうことになるので，西郷さんに状況を共有しておいてくれ」

「承知しました。連絡をとっておきます。
　まずは来週の締め切りの状況を見守りたいと思います」

　大久保は，一次入札の参加者数が想定の数倍になったことが不安であったが，経営企画部長の了解を得て，ほっと一安心した。

2 ミツカネ電子のオークション前夜

デューデリジェンス対応の態勢

その頃，オークションの対象会社であるミツカネ電子においても，準備作業が始まっていた。

寺田社長と経営企画部長の西郷が打ち合わせをしている。

「……ということで，今年中にこのプロセスを完了させるらしいので，これからしばらく大変だ。

まずはデューデリジェンスを受けるための態勢作りだ。他にも，大手町から新たな株主に変わる際の『トランジション』と，株主が変わった後の『ポストディール』の環境整備をやっておかなければいけない」

と言いながら寺田社長は，やる気に満ちた眼差しで西郷を見る。

「分かりました！

前回は，セラーズDDでしたが，今度は，本格的なデューデリジェンスですね。

デューデリジェンスの受入体制については，先般来，事業計画策定プロジェクトが走っていますから，そのメンバーを核にして，新たに数名追加して再編成するのがよいと思います。

デューデリジェンスで聞かれるのは，事業計画の数字とその根拠が中心となるでしょうから」

「そうだね。

今，何が起こっているかについては，事業計画策定のチームメンバーには，随時，情報共有しよう。そして，後手に回らないよう，新たにチームを組成して，キックオフをやろう。

西郷さん，段取りをよろしく」

「はい，すぐに具体的な段取りとメンバー案を作成します。別途ご相談させてください」

第4章　大手町に対する不信感　129

　寺田社長は，西郷のテキパキとした対応に頼もしさを感じながら，
「ウチは，このM&A取引の対象会社だから，FAを雇う立場にない。でも専
門家がいたほうが心強いので，誰かに支援を仰ぎたいと思っているんだが
……」
と相談する。

「そうですね。大手町のFAが，ウチのことも支援してくれると思います。た
だ，彼らは，最終的には大手町の利益のために動くので，彼らに過度な期待は
できないですよね。
　とはいえウチには，デューデリジェンスを捌くノウハウがありません。大手
町のFAとは別に，ウチの利益を考えて動いてくれる専門家がいたら，確かに
便利ですね。世間では対象会社側でもデューデリジェンスを仕切るアドバイザ
ーを起用することがあると聞いています。
　デューデリジェンスが始まったら，現場の業務量も跳ね上がると思うので，
作業支援という面からウチも誰かに入ってもらえるとよいかもしれません。現
場の負担が軽減されると思います」

　寺田社長は，腕を組み，しばし考えている。そして，
「そうだね……たとえば，事業計画の策定を手伝ってくれた，あのコンサルは
どうかな？
　西郷さんは，一緒に仕事していたよね。彼らの動きはどうだった？」
と訊ねる。

「彼らは，優秀でした。ウチのメンバーともケミストリー[3]が合うようで，現
場の雰囲気も良かったです。ディールの支援もできる，と言っていたので，話
を聞いてみます」

「そうしてもらえるとありがたい。よし！　これで，とりあえず，専門家の件
は道筋がついた」

　一安心する寺田社長。西郷もつられて，にこやかな表情になる。

3　ケミストリーが合うとは，当該相手と，お互いに理解し合い，協力し合うことで，より
　良い結果を生み出すことができそうである関係のこと。

トランジションとポストディール

「次に気になるのは，『トランジション』と『ポストディール』の件だ」

　話題を次に移す寺田社長。

「ミツカネ電子という会社名のことだが，恐らく，『ミツカネ』という名前は，早晩，使えなくなる。それに大手町からの経営支援も打ち切られる。

　大手町は，今回のような子会社売却をしたことがないので，トランジションについての前例がない」
と言いながら，西郷を見る。

「昨今，親子上場解消[4]の一環で，子会社を投資ファンドに売却した事例が出てきていますので，彼らが，どのようにトランジションを行ったのかについては，すでに調査を始めさせています。

　トランジションにおいては，TSA[5]を締結して，たとえばブランド名をいつまで使えるかとか，その使用料をどうするかとか，その他たくさんの項目について一つずつ合意していくようです。その期間については，半年とか，1年とか，事例によってさまざまのようです」

「そうか。さすが西郷さんだ。頼りにしているよ。

　トランジションについては，私は，特に従業員とお客さんのことが気になっていてね……」

「従業員とお客さんにどういう順番で，どの段階で，どこまで知らせるかは，最も重要な考慮事項です。

　どこが新たな株主になるか分かりませんが，従業員とお客さんには特別に配慮しながら準備していきます」

4　親子上場とは，親会社と子会社が両方とも上場している状態のことであり，コーポレートガバナンス上の問題が指摘されている。解消の方法には，親会社が子会社を完全子会社化する方法や，子会社株を売却して親子関係を解消する方法がある。

5　TSA（Transition Service Agreement）とは，M&A取引のクロージング後の一定期間中に，ロゴの使用を一定期間認めることや，親会社によるコーポレート機能などの業務サービスを提供することについて，売り手と対象会社，あるいは買い手を含めた三者間で取り決める契約のこと。

「うん，よろしく頼む」

（西郷さんは本当に頼もしい。今後の道筋も見えてきた）と思う寺田社長の顔
は，今日一番明るかった。

3 新たな火種

ミツカネ電子を呼び出す大久保

　ミツカネ工業の経営企画部で，電子のオークションを担当している大久保は，一次入札の状況を共有するために，ミツカネ電子の西郷経営企画部長を大手町の本社に呼んだ。

　会議室にいるのは，大久保と西郷の二人だけである。二人は，形ばかりの時候の挨拶を交わし，早速，本題に入る。

「一次入札が，先週締め切られました。
　電子さんには，一次入札を通過した会社からのデューデリジェンスを受けてもらいますので，今日は，一次入札の状況を共有します」
と，大久保が本日来てもらった趣旨を西郷に伝える。

「はい」
西郷は，静かに大久保の次の言葉を待つ。

「今回のオークションには多くの会社が興味を示してくれまして，最終的には，26社が一次入札に参加しました」
と言い，大久保は，一次入札に参加した会社のリストを西郷にチラリと見せる。

「えっ？　26社も？」

　西郷は驚きながら，机の上のリストに目を落とす。マスキング[6]されているので，名前は分からないが，1枚目は投資ファンド，2枚目は事業会社であることは分かる。

　西郷は，大きく息を吸いながら，当惑した表情でこう訊ねる。
「事業会社が入っているようですが……」

（あっ！）

6　マスキング（masking）とは，遮蔽（物），覆い隠すこと，包み込むことであり，ビジネスでは読めないように加工することを指す。

第4章　大手町に対する不信感　133

　大久保は，失態を犯したことに気が付いた。ジワリと脇汗が出てくる。

「売却先として事業会社を避けたい」というミツカネ電子の意見を尊重し，内々に「最終的には事業会社を売却先としない」という方針であったものの，オークションを恣意的に回しているわけではないとみせるために，入り口では，事業会社に門戸を開いていた。しかしながら大久保は，その旨を電子に伝えていなかった。

　伝えるのを失念していたというよりも，（伝えると抵抗されるだろう）と直感した。そうなったら部長と西郷との間に挟まって，面倒なことになる。

　すでにオークションプロセスは始まっている。最終的に事業会社に決めるわけではない。だったら今は余計なことは言わないでおこう。こちらは，親会社なのだから，と高を括っていたというのが，本当のところである。

「ウチの売却先として事業会社を避けて頂きたいということで，ネガティブリストを提出しました。それなのにこれは一体どういうことですか？　これらは事業会社ですよね」
と言いながら，西郷は，大久保の顔の前に2枚目の紙を突き出す。

「電子さんのご意向は，この後のプロセスで考慮します。ご安心ください」

　これが今の大久保が考えられる精一杯の返事だった。

「そういう話じゃないですよね。業界関係者に変な噂を立てられることを避けるという意味もあって，あのネガティブリストを出したのですよ。

　ここのところ，親しい業界関係者から『お宅は，今，どうなってるの？』と聞かれることが何度かあったんだけど……こういう事だったんですね……」

　西郷は大きな目で大久保をじろりと見る。

「公正な競争環境を作る必要があったので，一次入札の時点で参加者は制限できません。それに電子さんのネガティブリストには特定の会社名は載っていませんでした」
　後ろめたさを感じながらも，しっかりと答える大久保。

「年内にディールを終わらせるから急いでネガティブリストを出せと経営企画部からのお達しがあったので，最低限の要望ということで，『事業会社』と書

いて提出しました。

　我々の意向は完全無視ですか……急いで出す必要もなかったわけですね」

　西郷は，大久保がどう返事するか，じっと待っている。

　西郷は，本社のミツカネ工業から出向し，入社年次は，大久保よりも数年古い。ミツカネ電子の寺田社長が，電子の社長就任のときに，大手町に頼みこんで来てもらったのが西郷だった。インテリ然とした寺田社長とは異なり，寺田社長より5つ下の西郷は，体つきもガッシリとしており，性格は豪放ながらも部下思いであるため，若手から兄貴分として慕われている。

　電子にいると，大手町が改善すべき点がよく見える。西郷は，もはや大手町に戻る気はない。だからという訳ではないが，大手町が気づかない問題点を指摘することも大手町に対する恩返しと考え，最近は，あえて苦言を呈することにしている。

公正な競争環境と恣意性

　西郷の厳しい言葉に，ぐうの音も出ない大久保だが，そこは大久保とて修羅場をくぐってきた強者である。

「大丈夫です。ここにある事業会社は，一次入札で落としますから」

　西郷を安心させるための配慮のつもりだった。しかしながら，その配慮は裏目に出た。

「奇妙なことを言いますね。公正な競争環境を作る必要があるんじゃないのですか？　一次入札では，通す先を恣意的に決めるのですか？」
と言い，大きな目をギョロリとさせた。

「……」

「それに，そもそも，いつも二言目には『公正な』って言いますが，『ウチの自主性を重んじて成長を後押ししてくれる』みたいな定性要件も判断基準になりえますよね。事業会社がそのあたりを十分に汲み取った提案をしてこなかったら，その会社は候補から落としても不公正とは言い切れませんよね。公正な体裁を整えることだけでなく，中味もちゃんとみてもらえるんでしょうね」

「……」

　あまり言い過ぎると，大久保が意固地になって，今後のプロセスで事業会社をはずしてくれなくなる恐れもある。（嫌味はこれくらいにしておこう）と思い，
「ジェインは？」
と話題を変える。

「大丈夫です。参加してくれています」
これで西郷の機嫌も直るのではないかと，大久保の声が少し明るくなる。

　頷く西郷。
「そうですか。それで？」

「あっ，はい。先ほども言いましたが，電子さんのご意向は，この後のプロセスで考慮します。それで……一次入札を通過した先が，電子さんにデューデリジェンスを入れることになります。一次入札の通過者は４社くらいになりそうです。いかがでしょうか？」

　ようやく今日の本題に入れてホッとする大久保。

「４社ぁ！　４社もぉ？」

　どうやら新たな火種が生まれたようだ。

「あっ，はい，一次入札では３〜４社残そうかと思っていまして……」

「無理ですよ。そんなに大勢からデューデリジェンスを受け入れるキャパシティがないことは，分かりますよね。ウチの体力では無理です。……せいぜい２社です」

「……」

「そうやって今回もウチの意向を聞くけど，また聞き置くだけなんじゃないの？」

「……」
　西郷の嫌味に，大久保は返す言葉がない。

4 ミツカネ電子に帰社した西郷

ジェインは入っている

西郷は，大手町から戻る道すがら，大久保に皮肉めいた言い方をしたことを，少し反省していた。大久保は，大手町の次世代を担う人材である。そういう人材に，あえてあのような物言いをしたのは，大手町のグループ経営の問題点をきちんと認識してもらいたいためだが，その西郷の気持ちを大久保は理解してくれただろうか。心もとない。

ミツカネ電子では，寺田社長が西郷の帰りを今か今かと待っていた。

「どうだった？」

西郷が帰社するなり，寺田社長は西郷に問いかけた。西郷は，1時間にわたった大久保とのやり取りを詳細に報告した。

「そんなに多くの会社が！　それじゃ，情報が拡散してしまう……全く！
　それで……ジェインは？」

「ジェインが入っていることは確認しました」

「そうか。……一次入札では，どこが残りそうなの？」

「どこを残すかは，まだ決まっていないようです。
　大久保さんは4社残すと言っていましたが，こちらとしては，デューデリジェンスの負担が大きいので，2社が限度だと伝えておきました」

「そうか……」

気になっていたことを一通り聞いたあと，寺田社長は，頭の中を整理しながら何度も小さく頷く。

バーチャルデータルーム（VDR）の開設

「そのデューデリジェンスのことですが，大手町は，バーチャルデータルーム

（VDR）[7]を開設します」

「ということは，情報のやり取りは，ネット環境で可能なんだね？」

「はい，どのシステムを使うかは，すでに選定作業を開始しているようですので，間もなく決まると思います。VDRを使うので，ウチは，全ての買い手候補者からのデューデリジェンスを同時に受けることになります」

「そうか，それは大変だなぁ……こちらも態勢を整えないといけない」

「はい，その態勢ですが，一次入札を通過した買い手候補は，財務，法務，ビジネス，人事，それから環境など，それぞれに外部のDDアドバイザーを起用します。

バリュエーションもFAの別部隊がやるか，どこか他に依頼するかもしれません。

買い手候補自身も，デューデリジェンスの時には，こちらにアクセスしてくるでしょう。

そうなると，通過先1社あたり5から8のファームが，我々に同時にアクセスしてくることになります」

「うん……」

「ということは，買い手候補が2社になると15以上のファームがアクセスしてきます……」

「いやぁ，それは大変だ」

「はい。一次入札の通過先からは，こちらが準備すべき情報のリストを予めもらえるとのことですから，そのリストに基づいて資料を準備します。資料は，テーマ毎に仕分けして，VDRにあげます」

「うん……」

「デューデリジェンスが始まると，追加の質問がたくさんくるようです。こちらは，回答を作成して，せっせと返すという作業が発生します」

───────────────

7　バーチャルデータルーム（VDR）の詳細については，本章解説にて詳述する。

「なるほど……」

「それから我々にはマネジメントプレゼンテーション[8]に対応する必要もあります」

　西郷の話を聞いていた寺田社長は，あまりの情報量の多さに，途中からメモを取り始めた。

「分かった。情報提供や質問への回答については，誠実に対応するが，買い手候補から依頼された情報を全てつまびらかに出すつもりはない。

　多くは文字や数字で回答するだろうが，そういった情報は，一旦出してしまうと，どこかに残る。あとで消そうと思っても，人間の脳に刻まれた情報を消し去ることはできない。

　機密保持契約を交わしているとはいえ，文字であろうと，音声であろうと，情報については，慎重に選んで提供しなきゃいけない」

　寺田社長は，こういうところには，きちっとしている。

「そうですね。秘匿情報が流出しないよう気を付けます。そういうこともあって，デューデリジェンスの体制については，段取りを考えてみました。

　2社からデューデリジェンスを受けることになると，10か所以上から質問を受けることになるので，今回は，その回答を作成する作業に専念するDD対応チームと，それとは別に，コントロールタワーチームを作ろうと考えています」

と西郷は，態勢について説明した。

「コントロールタワーチームは，何をするの？」

「大手町のFAとの接点の役割です。大手町のFAが各買い手候補のFAからいろんな依頼を受けますので，それを大手町のFAから受け取る役割です。受け取った依頼は，コントロールタワーチームで仕分けして，担当のDD対応チームに振ります」

8　マネジメントプレゼンテーションは，対象会社の経営チームによるプレゼンテーションのことで，マネプレともいう。これは，DD開始後，早い時期に実施されることが多い。詳細については，第5章解説を参照のこと。

「コントロールタワーチームには誰が入るの？」

「判断が必要な業務なので，私の経営企画と，現場に通じている営業の速水と生産の高橋に入ってもらおうと考えています」

「なるほど……分かった。コントロールタワーチームとDD対応チームについては，すぐに組成しよう。プロジェクトチームのキックオフだ！」

　大手町の対応に落胆した寺田社長であったが，これから忙しくなるデューデリジェンスを前に，チャレンジ心が高まってくるのを感じていた。

5 大手町の西園寺社長にアポを入れたミツカネ電子の寺田社長

西園寺社長に挨拶する寺田

一次入札の状況を西郷から聞いたミツカネ電子の寺田社長は，すぐさま西園寺社長にアポを入れた。最近，西園寺社長は，寺田のアポを優先するように秘書に指示してくれており，以前よりもアポが取りやすくなっていた。とはいえ，今回取れたアポは次の週のスロットであった。

アポ当日。

まだ梅雨も終わっていない7月の暑い日だった。寺田は，秘書に先導され，大手町の西園寺社長の部屋に入った。エコを意識しているためか，エアコンの温度設定が少し高い。

「株主総会は，お疲れ様でした。議決権行使助言会社のせいで多少ゴタゴタがあったようですが，無事に終わりましたね」
西園寺社長を労う寺田。

ある議決権行使助言会社が，ミツカネ工業の政策保有株式が多いことを理由として，西園寺社長の取締役選任に反対を推奨した。そのため，海外投資家や国内の機関投資家がこれに同調し，結果的に，西園寺社長の取締役選任についての賛成率は70%に満たなかった。

この件は，メディアでも「資本効率の改善を求める動きが，株主の投票行動に影響を与えた」事例として実名で報道された。

「うむ，総会はいつも緊張する。今年はドラゴンもいるから，神経が張りつめていた。寺田君だから正直に言うが……総会の議長って，あんまりやりたくないものだ。実は毎年そう思っていたが，今年は特にそうだった」

西園寺社長の表情には疲れが見える。

IPOを目指す寺田も，将来，株主を前に株主総会の議長になることが想定される。その時に備えてという思いもあり，最近，西園寺社長は自分の正直な気

持ちを寺田に話すようになっていた。

　寺田は，西園寺社長の親心を感じ取りながら，こう言う。
「上場企業の社長というのは，……やはり大変ですね。そういえば，総会では，ドラゴンは静かにしていたようですね」

　寺田は，総会には東京事務所代表の山本氏が来たが，質問はしなかったという情報を事前に仕入れていた。

「うん，山本さんがどの席に座ったか，総会開始前に，総務が知らせてくれたので，そちらをチラチラ見ていたが，質問する気がなかったのか，手をあげなかった」
と言い，西園寺社長は笑顔を見せる。

一次入札通過者に事業会社が入っている理由

　ここで，寺田は今日の本題に入る。

「一次入札のことですが……先日，経営企画の大久保さんが，ウチの西郷に，状況を共有してくれました」

「うむ。さすが電子だ。人気があるね。多くの企業が電子に興味を示したとFAが言っていたよ。どこを通すかについては，今，経営企画とFAが評価している。さっき確認したところによると，投資ファンドを２社，事業会社を１社残すという話だった」

（えっ！　３社？　しかも事業会社が残るの？　どういうこと？？？）

　事業会社は勘弁してくれ，デューデリジェンスは２社が限度と大手町には伝えてあったが，両方とも考慮されていないということだ。

（大手町というのは，本当に，一体どういう会社なのだ！　ウチの言い分は，一応，聞き置いただけで，すべては大手町で決めるということなのか！）

　事前に大手町の姿勢について西郷から聞いていたものの，何の臆面もなく西園寺社長からこう伝えられると，やはり憤りがふつふつと湧きあがってくる。
　でもそこは如才ない寺田である。遠慮がちに口を開く。

「そうですか。ネガティブリストに『事業会社』と書かせて頂きました。そこは考慮して頂けると期待していたのですが……」

「ああ，分かっているよ。経営企画も『着地は投資ファンド』と考えている。残す投資ファンド２社のうちの１社はジェインだ……とはいうものの，一次入札でジェインは控えめな価格を出してきた。だからもう少し上げてほしい。

　そういう趣旨で，当て馬として，投資ファンドをもう１社残す。外資だ。

　事業会社のほうは，まあ何とでもなる。一次入札を通過させるだけだ。この段階で投資ファンドだけを残すわけにはいかないからね」

（公正な入札を実施したとドラゴンに言えるように，オークション方式を採用したとはいえ，これでは出来レースだな）
と寺田は思う。でもそれは口に出さない。

「経営企画の大久保さんには，デューデリジェンスへの対応能力を考えると，２社が限度だと伝えてあります。

　昨年末から，現場から優秀な社員を引き抜いて，セラーズDDと事業計画策定に投入しています。そのため，現場の戦力は明らかにダウンしています。今年の後半くらいから，その影響が数字に出てくるものと思われます。

　デューデリジェンスも，ほぼ同じメンバーで対応することになりますので，現場的には２社が限界です。

　それに……事業会社に社内情報を見せることについては，強い抵抗感があります」
と寺田は，冷静な口調で西園寺社長に理解を求める。

「そうか……経営企画は，『デューデリジェンス対応の労力は２社も３社も同じ』と言っていたが……」

　西郷がデューデリジェンスは２社でお願いしたい，と言ったことは，西園寺社長にも伝わっているようだ。

「仮に２社となったら，投資ファンド２社か，ジェインと事業会社との一騎打ちか……」
と西園寺社長が呟く。

2 社を優先，事業会社は排除しない

（事業会社は，一次入札の時点で落としてほしい……）
と寺田は，一瞬思ったが，
（待てよ）
と脳がフル回転する。

（最終的に事業会社を落とすのだったら，ジェインと事業会社が残った時点で，事実上，ジェインに決まりだ。だったらジェインと事業会社との一騎打ちも悪くない。

　仮に，投資ファンド 2 社の一騎打ちだったら，真剣勝負になるかもしれない。だったらジェインと事業会社との一騎打ちのほうが安心だ）

　西園寺社長も，何かじっと考えている。その西園寺社長を見ながら，寺田は，
（ここは運を天に任すか……）と思い，
「ウチの事務的な能力を考えると，デューデリジェンスは，是非とも 2 社にして頂きたいです。どの 2 社を残すかにつきましては，いろんなお考えがあると思いますので，社長にお任せします」

　そう西園寺社長に伝えて，寺田は西園寺社長の部屋を後にした。

6 ミツカネ電子におけるＤＤ受入れのキックオフ

２つのプロジェクトチームのキックオフ

　ミツカネ電子では，一次入札を通過した買い手候補によるデューデリジェンスを受け入れるためのプロジェクトチームが立ち上がっていた。今般立ち上げるミツカネ電子のプロジェクトチームは，「コントロールタワーチーム」と「ＤＤ対応チーム」の２つである。

　今日は，14時から「コントロールタワーチーム」のキックオフ，15時から「ＤＤ対応チーム」のキックオフが開催されることになっており，経営企画部長の西郷は朝からその準備に追われていた。

　大手町からは，どの会社が一次入札を通過したか，まだ正式な連絡は来ていない。しかしながら，これまでの会話のなかで，ミツカネ電子が本命としている投資ファンドのジェインは通過していること，他に通過した会社が１社あり，それら２社からのデューデリジェンスを受けてもらうとの連絡がきていた。

２社ではなく３社に！

　キックオフの直前。

　西郷が部下と近くの店でランチを取っていると，携帯が鳴る。寺田社長からだ。横にいる部下に「すぐに戻る」と言い残し，席を立つ。

「もしもし……」
と言いながら，店の外に出る西郷。

　数分で戻ってきた西郷が強張った口調で，部下にこう伝える。

「一次入札の通過者が３社になった。大手町の西園寺社長から寺田社長に今しがた電話連絡があったようだ」

　コントロールタワーチームに入る予定の部下の顔に，明らかに困惑の表情が浮かぶ。

「大手町は，『デューデリジェンスは2社前提で』と言っていたのでは……」

「うん……何があったかは分からない。詳細は後でとのことだ」

「3社であれば，こちらの体制を増強しなければいけません。それに……14時からのキックオフの資料は2社前提で作っています……」

「うん……仕方ない。メンバーには，ありのままを話すしかない。しかし……」

（一体，何が起こっているのだ！　前提がどんどん崩れていく……こんなことでは仕事にならない。こっちの身にもなってくれよ）
と西郷は言いたかった。でも部下の手前，その言葉を飲み込んだ。

コントロールタワーチームのキックオフ

14時。
コントロールタワーチームのキックオフが開始された。

出席者は，ミツカネ電子からマネジメントチームの寺田社長，西郷経営企画部長，富田営業部長，古江工場長の四人。それにコントロールタワーの現場作業を担う営業の速水と生産の高橋。ミツカネ電子が起用しているコンサルから五人。

大手町からは，経営企画部長とM&Aチームのリーダーの大久保が参加した。大久保は本件のキーパーソンだ。大手町が起用したFAからも二人同席した。

総勢十五人。

司会は，西郷。

冒頭は寺田社長の挨拶だ。寺田社長は，本日のキックオフの主旨とこれから1〜2か月にわたって重要な任務を果たしていくコントロールタワーチームに対する期待を述べた。

次に，大手町の経営企画部長が淡々と説明を行った。

「今回の一次入札を通過したのは，3社です。皆さんには，以前，2社と伝え

てあったようですが，最終的に3社になりました」

　ミツカネ電子の速水と高橋は驚いて，一瞬，何か言いたそうな表情になったが，周りを見渡し，今はそれを言い出す時ではないと悟り，発言を控えた。

　大手町の経営企画部長は，淡々と話を続ける。
「デューデリジェンスが始まると，これら3社から追加の情報提供の依頼や質問が出てくると思います。各社とも，それぞれの目的や課題認識でデューデリジェンスを実施しますので，各社から出てくる質問内容はそれぞれ異なると思います。お手数をかけますが，個別に対応をしてください。

　それから遅れて一次入札の通過が決まった会社が，現在，DDアドバイザーを選定中です。そのため，DD期間が少し後ろ倒しになる可能性があります」

　寺田社長は，膝の上の両こぶしを硬く握りしめ，渋い表情でこの話を聞いている。

　ミツカネ電子としては，現場の負担を避けるために，DD期間をできる限り短くしたかった。しかしながら蓋を開けたら，1社増えたあげく，DD期間も延びるという。踏んだり蹴ったりだ。電子の意向がどれもこれもないがしろにされている。忸怩たる思いだ。

3社になった理由

　実は，14時のキックオフに先立ち，寺田社長と西郷は，大手町の経営企画部長とその部下の大久保から，一次入札の通過者が3社に増えた経緯について説明を受けていた。

　当初の通過者は，ジェインともう1社，外資の投資ファンドだったという説明であった。

　その背景として，「ここまで伝えてよいか迷うところですが……」と躊躇しながら，大手町の経営企画部長は，「ジェインが提示した価格レンジの下限が，かなり低かったため，もう1社，比較的高い価格を提示した投資ファンドを通過させた」と二人に説明した。

　そこへ，ある事業会社が「どうしても参加させてくれ」と西園寺社長に泣き

ついてきたという。大手町の大久保が「鼻息が荒い会社」と言っていたあの会社だ。最後の最後に，滑り込んできたその会社は，「やっと電子を買収するチャンスが回ってきた。オークションでかまわないので参加させてくれ」と取引銀行のトップを巻き込んで西園寺社長に圧力をかけてきた。価格も外資の投資ファンド並みに出ていたということだった。

もう何年も前の話になるが，この「鼻息が荒い」会社から「ミツカネ電子を買収したい」という話が，投資銀行経由でミツカネ工業に持ち込まれたことがあった。寺田社長の前任社長の頃の話だ。前任社長は，「そんな新興企業の軍門に下ることは，ミツカネのプライドが許さない。アイツらとウチとは社格が違う！」と強硬に反対してその話はなくなった。

3社になった経緯を聞き終わった西郷は，
（大手町は，ドラゴンに屈してオークションにした。次には取引銀行の圧力に屈して，事業会社のごり押しを通した。公正な競争環境を作るというが，内実はこれか……）
と苦々しく思い，寺田社長のほうを見る。

寺田社長は，昔のことを思い出していた。あの時は，自分も，前任社長と同様に，電子があの「鼻息が荒い」新興企業に売却されることには反対だった。歴史は，繰り返されるのか……。

DD対応チームのキックオフ

15時。
今度は，DD対応チームのキックオフだ。

会議室には，総勢20人あまりがひしめき合っている。
寺田社長をはじめマネジメントチームの四人，コントロールタワーチームの速水と高橋とコンサルたち，そしてDD対応チームの作業を担うメンバーたちである。

DD対応チームの作業は，ミツカネ電子社内の作業であるため，大手町の人間は出席していない。かわりに入ってきたのは，ミツカネ電子の各部署からの精鋭たちである。その多くは事業計画策定プロジェクトにも参画していた。寺

田社長は，メンバーの顔ぶれが，どの会議でも同じであることに気がつく。今後，彼らがこの会社の中枢で活躍することになるが，その面々がいつも同じ顔触れであることは，人材の層が薄いことを示している。寺田社長は，次世代の人材育成の重要性を痛感しながら，各メンバーに目で挨拶をした。

　司会の西郷が開会を宣言し，最初に寺田社長が本日のキックオフの趣旨を説明する。

「お疲れ様です。ここにいる皆さんの多くには，昨年末から，通常業務に加えて，事業計画の策定作業にも入ってもらいました。
　以前，ウチが大手町グループから離れる旨について話しましたが，現在，そのプロセスが着々と進んでいます。
　今般，その一環で，ウチは買い手候補からのデューデリジェンスを受けることになります。
　本日は，デューデリジェンスを受け入れるにあたってのキックオフということで，皆さん方に集まってもらいました。しばらくの期間，大変な作業が続きますが，よろしくお願いします。
　詳細については，このあと西郷さんから話をしてもらいます」

　DD対応チームメンバーの表情に驚きはない。昨年末に組成した事業計画策定プロジェクトのメンバーに加えて，新たにこのDD対応チームのメンバーに加わった者がいたが，彼らには，事前に西郷がこれまでの経緯を丁寧に説明し，機密保持の誓約書[9]に署名してもらっていた。

デューデリジェンスのフロー

　西郷は説明を続ける。

「デューデリジェンスの開始時期は，大手町から連絡があり次第ですが，恐らく8月中には始まると思います。
　その後，1～2か月続きます。

9　M&A取引を実施する際，プロセスに関与する社員から誓約書をとることがある。当該M&A取引について知る立場になったが，情報は一切漏らさないこと，漏らした場合には相応のペナルティを受けることについて約束するもの。

買い手候補3社は，各社が，FAをはじめ，財務DDのアドバイザー，法務DDのアドバイザー，ビジネスDDのアドバイザーなど，少なく見積もっても，買い手候補1社あたり，5社は起用することになります。

ウチに追加の質問や情報提供依頼をしてくるのは，3社の買い手候補と，彼らが起用するFAやその各種DDアドバイザーたちですから，ウチは，15社以上，ことによっては20社に上る先からの質問や依頼に対応することになります」

メンバーに，どよめきが起こる。そして，お互いに顔を見合わせる。

「皆さんの想像どおり，大変な作業です。

そのため，コントロールタワーチームには，サポート役としてコンサルさんを入れることにしました。こちらにいる方々です。昨年末から事業計画策定の支援で入って頂きましたので，すでに顔見知りだと思いますが，改めて紹介します」
と言い，西郷は，コンサルタントたちをメンバーに紹介する。

「コンサルさんと，速水さん，高橋さんとでコントロールタワーチームを組成します。

先方から寄せられる質問や資料提供依頼は，このコントロールタワーチームで一旦受け付けます。

皆さんは，回答を作成して，コントロールタワーチームに戻してください。

作成してくれた回答は，コントロールタワーチームから大手町のFAを介して，各買い手候補のFAに伝えます。

相手によって配慮が必要なこともあるため，回答ぶりの調整は，コントロールタワーチームで行います。コントロールタワーチームのメンバーとは，先ほど14時からキックオフを行い，作業内容や手順を確認したところです」

出席者は，（コントロールタワーチームの作業は大変だなぁ）という表情をしている。

コントロールタワーチームの速水と高橋は，買い手候補の窓口になるため，買い手候補企業がどこかは知らされていた。他方，DD対応チームのメンバーは，コントロールタワーチームから渡される質問や依頼に対する回答を作成し，

それをコントロールタワーチームに投げ返すという作業にあたるため，買い手候補の名前は知らされていない。

「DD対応チームの皆さんには，経営管理や知財，製造などのテーマ毎にサブチームに分かれてもらいます。

先方から寄せられる質問や依頼事項は，コントロールチームでテーマ毎に分類しますので，皆さんには自分のテーマの質問や依頼事項に対応してもらうことになります。

毎日のように新たな質問や依頼がくると思いますが，ミツカネ電子の業務能力は低い，とみられないように，できるだけ迅速に作業を行って，コントロールタワーチームに戻してください」

（なるほど……要するにコントロールタワーチームの指示に従って作業すればよいということだな）とメンバーは納得顔を見せる。

そのとき速水が手を挙げる。速水は営業出身のリーダー格のメンバーである。

「そうすると，買い手候補から，DD対応チームに直接依頼がくることはないという理解でよろしいですね？」

「はい，そうです。外部とのやり取りは，全てコントロールタワーチームが担います。

買い手候補やそのアドバイザーたちは，早く資料を出してくれ，などのプレッシャーをかけてくると思いますが，そこはコントロールタワーチームが盾となって，DD対応チームを守ります。

質問や資料提供依頼の他にも，インタビューを設定してほしいというリクエストがくる可能性がありますが，これもコントロールタワーチームで一旦受けて，状況をみながら対応します。

実際のインタビューは，我々のほうで受けますので，皆さんに対応してもらうケースはほぼないと思います」

西郷の説明に頷く速水。

西郷は説明を続ける。

「デューデリジェンスの機会を利用して，ウチの極秘情報を手に入れようとす

る買い手候補がいるかもしれません。

　不適切な情報流出を防ぐために，コントロールタワーチームには経営企画からも人を出して，質問と回答内容の全てに目を通します。弁護士からもアドバイスを受けながら，作業を進めます。

　DD対応チームの皆さんも，なぜこんなことを聞くのか？，答えても大丈夫なのか？　と疑問に思うような質問があったら，躊躇なく，速やかにコントロールタワーチームに注意喚起してください」

　メンバーは，このような重要な任務を任されることに高揚感を覚え，西郷の話に大きく頷く。

　最後は，寺田社長による締めだ。

「ウチは，デューデリジェンスを受けるのは初めてなので，この態勢でうまく進むかどうか，確信はありません。でも今回は歩きながら考える姿勢でいこうと考えています。

　もし不都合なことが起きたら，その都度，臨機応変にやり方を修正していきます。困ったことが起きたら，すぐに私に知らせてください」

　メンバーたちにやるべきことが具体的に見えてきた。あとは力作業だ。皆の目にやる気がみなぎり始めていた。

> **解説** 二次入札に向けて売り手の準備作業（DD実施要領）

　二次入札における最大のイベントはデューデリジェンスである。デューデリジェンスは，一次入札を通過した買い手候補が，対象会社に対して実施する精査のことである。

　デューデリジェンスに先立って，売り手は，一次入札を通過した買い手候補に，デューデリジェンスに関するスケジュールや留意点が記載されているDD実施要領を提示する。加えて二次入札用プロセスレター，株式譲渡契約書（SPA）（案）も提示する。

　そこで本章の解説では，DD実施要領の内容を中心に，二次入札に向けて，売り手の準備作業について解説する。

図表 4 - 1 ▶ オークションプロセス：一次入札通過（再掲）

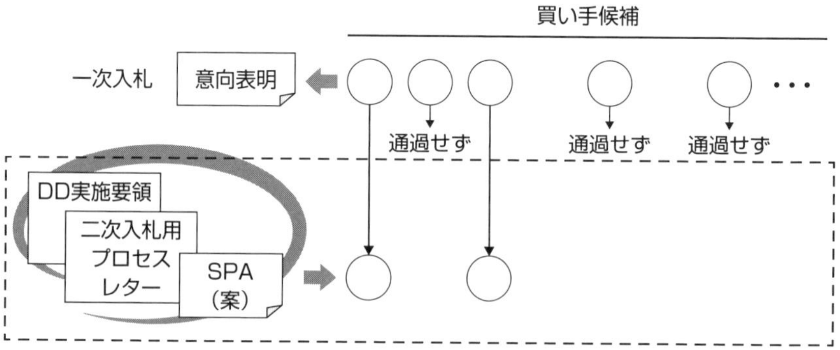

1．各当事者にとってデューデリジェンスの意味合い

■実施が浸透してきたデューデリジェンス

　デューデリジェンスは，法令で実施が義務づけられているものではないが，近年，デューデリジェンスを実施しない買い手はほぼ皆無である。コーポレートガバナンスの観点からも，Due（当然行うべき）Diligence（努力，勤勉）とされるデューデリジェンスを実施することが，善管注意義務や株主に対する説明責任を果たすことになるという認識が浸透している。

第4章　大手町に対する不信感　153

　表明保証保険をつける場合，原則としてデューデリジェンスを行うことが求めら
れ，デューデリジェンスのスコープ外，または調査が不十分だった事項による損害
は，保険の対象外になるため，デューデリジェンスにおけるスコープ設定やその質
は，買い手候補にとって極めて重要である。

　ここでは，先に，買い手候補，売り手，対象会社それぞれにとってのデューデリ
ジェンスの意味合いについて整理する。

■買い手候補にとってのデューデリジェンスの意味合い

　買い手候補にとってデューデリジェンスの意味合いは極めて大きい。最大の目的
は，対象会社の経営状況を確認し，二次入札において提案書を提出するかどうかを
決めることである。提出する場合は，その提案内容を検討するための重要な情報収
集の機会[10]でもある。

　デューデリジェンスを実施する際，買い手候補は，複数の外部DDアドバイザー
を起用することが多い。たとえば，会計事務所，弁護士，コンサルタントなどであ
る。DDアドバイザーを起用すると，相応の外部流出コストが発生するため，デュ
ーデリジェンスを実施するのは，当該M&A取引への本気度が高いか，あるいはデ
ィールコストの予算がある程度確保されており，コストをかけてでも対象会社の情
報が欲しい買い手候補である。

　買い手候補がデューデリジェンスの期間に実施する作業は，これまでに売り手や
対象会社から提供された資料の内容を買い手目線で確認し，必要に応じて追加で情
報を入手し，バリュエーションや株式譲渡契約書（SPA）（案）にマークアップす
る材料を集めること[11]である。

　クロージング後には，対象会社がグループ入りするため，PMI[12]のあり方や事業
運営についての具体的な構想もこの頃からたて始める。PMIとは，当初想定してい
たM&A後の統合効果を最大化させるために，新たに子会社となった会社を，クロ

10　デューデリジェンスでは，買い手候補に注意喚起するため，また買収後のPMIに大き
　な影響を与える論点を共有するという観点から，Red Flag報告およびYellow Flag報告が
　なされることが多い。
11　買い手候補の目線からのデューデリジェンスの具体的な作業や留意点についての解説
　は，他書に譲る。
12　PMI（Post Merger Integration）とは，M&A取引成立後の経営統合プロセスのこと。

ージング後，グループ経営に組み入れることである。

■売り手にとってのデューデリジェンスの意味合い

　売り手にとってのデューデリジェンスの意味合いであるが，売り手自身が認識していなかったディールブレイク[13]につながる重要事実が出てくると，オークションが成立しなくなるため，売り手にとっては，そういった事態にならず，デューデリジェンスを，つつがなく進捗させ，終了させることが重要である。ディールブレイクのリスクを回避したい場合は，オークション実施前にセラーズDDを実施し，ディールブレイクになるリスクがないかを確認しておくとよい。

　売り手は，デューデリジェンスが始まるまでの間に，バーチャルデータルーム（VDR：Virtual Data Room）を開設するか，従来型のデータルームの運営にするかを決める。バーチャルデータルーム（VDR）とは，仮想空間のデータルームのことであり，セキュリティが確保されたウェブ上に文書やデータをアップロードし，パスワードを使って閲覧者がアクセスする仕組みである。この2つのデューデリジェンスの方法については後述する。

　デューデリジェンスの期間における売り手の主な作業は，買い手候補から出された質問に対する回答をチェックする監視コントロール作業である。

■対象会社にとってのデューデリジェンスの意味合い

　次に対象会社にとってのデューデリジェンスの意味合いであるが，これは自分が対象となっているM&A取引が成立するか否か，さらに誰が新たな親会社になるかを決定づけるイベントであり，極めて重要である。

　デューデリジェンスは，対象会社にとってみると，将来の親会社候補とオフィシャルにコミュニケーションする最初の接点である。その候補との直接のコミュニケーションの場としてマネジメントプレゼンテーション[14]があるが，こういった重要イベントに参加する役員やキーパーソンたちの立ち振舞いや質問内容を見聞きすると，彼らがどういう考え方をする人たちなのか，何を大切にする人たちなのかを，自分の目で確認することができる。デューデリジェンスの作業の前線には，買い手

13　ディールブレイクとは，M&Aの検討を中止すること。
14　マネジメントプレゼンテーションの詳細については，第5章解説を参照のこと。

候補が起用しているFAやDDアドバイザーが出てくるが，彼らの言動から依頼主である買い手候補の組織風土を垣間見ることもできる。

　対象会社にとって，デューデリジェンスを受け入れる負荷は極めて大きい。デューデリジェンスは一次入札を通過した全ての買い手候補が実施するため，買い手候補の数の分だけ，対象会社には負荷がかかる。

　その作業内容は，買い手候補から依頼された資料の準備と，それらの資料に対する追加質問への対応である。第2章解説でも記載したように，買い手候補からの質問は，対象会社の事業に関する内容が多く，売り手が答えられるような内容ではない。売り手のFAが回答案を作成しても，その内容の確認や修正作業が二度手間になる場合，売り手のFAによる支援は，デューデリジェンスの受け方のアドバイスや，質問を流すフローを整流化するなどのロジスティクス面の支援や確認作業が中心になる。

　デューデリジェンスは，限られた期間での実施になるため，負荷がかかるのは，一定期間であるが，期間が限られているがゆえに，その期間にかかってくる負荷は大きい。いかに効率的かつ効果的に対象会社がデューデリジェンスを受け入れるかは，オークションプロセスを進めるうえで極めて重要なイッシューである。対象会社におけるデューデリジェンスへの対応については，第5章解説において詳述する。

図表4-2 ▶各当事者にとってのデューデリジェンスの位置づけ

	買い手	売り手	対象会社
デューデリジェンスの位置づけ	• Stop or Goを決める • 対象会社の実態を確認する機会	• オークションの成否に係る	• 将来の親会社に初めて接する機会
作業負担	大	中〜大	特大

２．DD実施要領の作成

（１）バーチャルデータルーム（VDR）と従来型のデータルーム

売り手は，デューデリジェンスの実施方法を決める必要がある。具体的には，バーチャルデータルーム（VDR）と，従来型のデータルーム運営のどちらを採用するかである。

海外の買い手候補がいる場合は，リモートで作業ができるバーチャルデータルーム（VDR）になる。

バーチャルデータルーム（VDR）のメリットは，データルーム運営の負荷が圧倒的に低いことである。ディールのプロセス管理がしやすく，開示した情報をデータ管理できるため，最終契約の表明保証交渉，あるいはその後の補償請求事案が発生したときにも「開示済みの情報」を正確に把握できるというメリットがある。バーチャルデータルーム（VDR）を使う場合，DDアドバイザーが，直接，対象会社と接する機会も減る。バーチャルデータルーム（VDR）の活用は，2010年代半ば頃から一気に進み，昨今では中小企業案件を除き，ほぼ100％バーチャルデータルーム（VDR）に移行している。

図表４-３は，この二つの特徴を比較したものである。

図表４-３ ▶VDRと従来型のデータルームの比較

	VDR	従来型のデータルーム
売り手の負荷	監視コントロール	監視コントロール
コスト負担	VDRベンダーへの 外部流出コスト発生	レンタル費用など
売り手の FAの負荷	主にリモートで支援	常駐(ゲートキーパー)
対象会社の 準備作業	PDF化の労力	データルームに運び込む労力
買い手候補の 利便性	オンラインでいつでも 閲覧可能	訪問の時間と手間が かかる

第4章　大手町に対する不信感　157

　デューデリジェンスにかかる費用は売り手負担であり，従来型のデータルームについては，コストが低廉であるというメリットがある。

　売り手は，どちらの方法で実施するかを，対象会社とも相談したうえで決定する。売り手のFAは，この決定を受けてDD実施要領を作成する。

（2）VDRを使った場合のデューデリジェンス

■VDRを使った運営

　バーチャルデータルーム（VDR）は，Web上の仮想空間に対象会社の社内資料をアップロードし，買い手候補およびそのDDアドバイザーたちが，VDR開設期間，好きなときにこのサイトにアクセスし，データを見にいくという形のデータルーム運営である。

　買い手候補からDDメンバーリスト提供を受け，各メンバーのメールアドレスを登録すると，当該バーチャルデータルーム（VDR）のリンクが各メンバーにメールで送付される。

　バーチャルデータルーム（VDR）のメリットとして，誰がどの情報をよくみているかなど，買い手候補毎の情報へのアクセス状況をモニタリングできるといわれるが，実際には，買い手候補のFAが資料をダウンロードしてフォルダに格納し，そこに買い手候補のDDメンバーがアクセスするという運用ができることがあるため，モニタリング機能のメリットは限定的となるケースもある。

　資料をバーチャルデータルーム（VDR）にアップロードするにあたって，どういう形でデータをアップロードすればよいか，どういうフォルダ構成にするとよいかは，売り手のFAが対象会社にアドバイスしてくれる。買い手候補の視点から分かりやすいフォルダ構成になっていると，資料のやり取りがスムーズになされ，デューデリジェンスの期間短縮や質問のやり取り時の混乱防止につながる。

　対象会社が資料を準備するにあたっては，フォーマットが分かればよいのか，数字がみたいのかなどの細かいニーズを確認したうえでPDF化すると効率的である。数字の場合は，遡ること何年分がみたいのかも指示が必要であるし，機密情報が含まれている資料については，どこまで黒塗りしていいかなど，多くの確認事項が出てくる。こういった事項に対しては，売り手のFAが，ウェブ上で各資料を確認し

ながらアドバイスしてくれるほか，FA契約の条件にもよるが，バーチャルデータルーム（VDR）へのアップロードが始まった当初においては，売り手のFAが対象会社に実際に赴いてアドバイスするなど，ハイブリッド運用をしてくれることもある。デューデリジェンスを受けることが初めての対象会社にとってみると，これらはありがたい配慮である。

　アップロードした資料は，買い手に開示する前に，売り手およびそのFAが，その内容や仕様を確認する。

■VDR開設の場合のDD実施要領
　図表 4 – 4 は，VDRを使う場合のDD実施要領の記載内容例である。

図表 4 – 4 ▶DD実施要領（VDRの例）

- VDR関連
  - VDR情報
  - VDR開設期間
  - 資料のコピー可否設定の基本方針
  - 追加質問の受け付け手順
- イベントの案内
  - マネジメントプレゼンテーション
  - サイトビジット

　以下に，VDRを使う場合のDD実施要領への記載内容について，各項目の記載内容と売り手および対象会社にとっての留意点などをコメントする。

● VDR情報：

　使用するVDRの情報を記載する。

● VDR開設期間：

　VDRを開設している期間や，使用にあたっての留意点を記載する。

● 資料のコピー可否設定の基本方針：

　対象会社には，依頼があった社内資料を全てPDF化する手間がかかるが，VDRのベンダーが有償で代行してくれることがある。

当該PDFデータをアップロードする際は，資料毎に個別に印刷の可否を設定するため，どういう種類の資料が印刷不可であるか，おおまかな考え方を明示しておく。

買い手候補からは，PDFフォーマットではなく，エクセルなどのデータでもらいたいという依頼がくることがある。売り手のFAは，どういう資料についてはエクセルで渡せるかについて，対象会社と事前に目線を合わせておく。

たとえば事業計画であるが，買い手候補は，事業計画を基に，バリュエーションやシミュレーションを実施する。したがって事業計画をPDFでもらっても，それをエクエルに打ち込むことになる。この作業が非効率的だということで，近年では，事業計画をエクセルデータで渡すケースが増えている。

● 質問がある場合の要請手順：

オークションの場合は，回答の負荷を軽減するために，質問数に上限を設定することがある。Q&Aシート[15]を提示し，一質問一行で質問数をカウントする。

Q&Aもバーチャルデータルーム（VDR）内で授受することが多いが，必要に応じて，質問を受付けるアドレスを記載しておく。

■イベントの案内

DD期間中に，対象会社によるマネジメントプレゼンテーションおよびサイトビジットを実施する場合は，その実施要領について記載する。マネジメントプレゼンテーションおよびサイトビジットは，買い手候補から要望があれば実施する。これらの実施にあたっての留意点は，第5章解説において詳述する。

（3）従来型のデータルームを使った場合のデューデリジェンス

■従来型のデータルームを使った運営

従来型のデータルームとは，会議室などを使って物理的にデータルームを設置する方法である。対象会社の資料を準備するため，対象会社内の会議室を使う。バーチャルデータルーム（VDR）が出てくる前の時代のデューデリジェンスは，全て

15　主にExcelフォーマットである。分野別にシートを分けて管理する。

この形のデータルーム運営であった。近年では，バーチャルデータルーム（VDR）を補完するために，経営会議などの会議体でデータ化しにくい議事録があれば，そういった資料に限定して部分的に活用するほか，非上場会社同士の中小M&A取引などでは，今でも従来型のデータルームが引き続き使われている。

買い手候補およびDDアドバイザーたちは，データルームを実際に訪問し，書類を閲覧し，必要に応じてコピーをとる。一定期間だとしても対象会社に，弁護士や会計士，コンサルタントなどが何十人も立ち寄ると，社内で噂がたつため，対象会社が使用している分室（本社とは別の建物）の会議室をデータルームとして使うことがあるが，機密情報を取り扱うため，セキュリティを確保できる環境であることが必要である。

対象会社は，事前に買い手候補から閲覧要求があった社内資料をデータルームに運び込む。日常業務で使用する資料についてはコピーをとってそれをみてもらうが，契約書などは原本の閲覧を要求される。そういった資料準備作業時，コピー作成作業時，さらに資料を運び込む作業時には，資料の紛失が起こらないよう十分な留意が必要である。

このような判断や作業を支援するために，売り手のFAは，デューデリジェンスが始まる前の時期からデータルームに常駐してゲートキーパー（gatekeeper）[16]の役割を担うことが多い。

■従来型データルームの場合のDD実施要領
図表4-5は，買い手候補に渡すDD実施要領の記載内容例である。データルームを開設するにあたっての留意点がその大半を占める。

16　ゲートキーパーとは，直訳すれば門番であり，経営学では組織や企業の境界を越えて，その内部と外部を情報面からつなぎ合わせる人のことを指す。

第4章　大手町に対する不信感　161

図表4-5 ▶DD実施要領（従来型のデータルームの例）

- データルーム開設にあたって
  - 開設場所(住所)，会議室名など
  - 開設期間とオープン時間帯
  - 入退室管理表への記載要領
  - 設置設備の紹介(コピー機，Wi-Fi環境，電源と延長コードなど)
  - 資料のコピーについての留意点
  - 追加質問の受付手順
  - その他の留意点(喫煙場所，ルームでの飲食，昼食，私語自粛など)

- イベントの案内
  - マネジメントプレゼンテーション実施要領
  - サイトビジット実施要領

以下に，各項目について，記載内容と売り手および対象会社にとっての留意点などをコメントする。

● 開設場所（住所），会議室名など：

　データルームの開設場所の住所や，階数，開設場所の会議室名を明確に記載する。買い手候補のDDアドバイザーたちが多く訪問してくるため，初めての来訪者でも迷うことがないように，データルームの開設場所については，対象会社の敷地内に入ったところからの導線を丁寧に記載する。敷地内について，立入を制限したい場所があれば，それも留意点として記載しておく。

　デューデリジェンスの期間には，買い手候補やそのDDアドバイザーたちが，大勢，彼ら彼女らの都合のよい時間帯にバラバラと訪問してくるため，データルームが設置されている建物の入り口では，常設の受付を通すかどうかについても記載する。受付を通すと，対象会社の社内で噂が立ちやすい。それを避けるために，常設の受付を通さないとすると，誰かがDDアドバイザーたちを迎え入れることになるため，その分の人手が必要になる。その場合は，誰にどういう手段で連絡を入れるかについても記載する。

● 開設期間とオープン時間帯：

　一次入札を通過した買い手候補が複数いることを共有しても，それが誰なのかをどの買い手候補にも知らせない場合は，データルームで買い手候補同士がかち合わないように，データルームの使用期間を分け，１社ずつデューデリジェンスを実施

することになる。その場合，DD期間は，バーチャルデータルーム（VDR）を使う場合と比較して，長くなりやすい。

　一般的には，本命の買い手候補のプロセスを先行させるが，対象会社によっては，デューデリジェンスに幾分慣れてきた頃に，本命からのデューデリジェンスを受けたいかもしれないため，そこは売り手と対象会社が相談のうえで決める。

　データルームのオープン時間については，セキュリティ面を考慮して，対象会社の社員の出入りが多い時間帯や業務に支障のある時間帯を外すなどの配慮をする。

● 入退室管理表への記載要領：

　データルームへの訪問者を管理するために，買い手候補およびそのDDアドバイザーには，データルーム入退室の都度，入退室管理表への記載を義務付ける。

　売り手のFAは，ゲートキーパーをデータルームに常時駐在させ，データルーム運営上の便宜を図る。便宜といっても，ペンを忘れたから貸してくれとか，コピー用紙を補充してくれといった便宜のことである。

　買い手候補のFAもDD期間，データルームに張り付き，起用したDDアドバイザーの便宜を図ることが多い。

● 設置設備の紹介（コピー機，Wi-Fi環境，電源と延長コードなど）：

　データルームに設置してある設備を記載する。データルームには，机や椅子（大きさと数），卓上電気スタンドの有無，コピー機（台数）などのオフィス機器，電源と延長コード（長さ），Wi-Fi環境などを準備することが多い。オフィス機器については，一定期間，レンタルにすることもある。

● 資料のコピーについての留意点：

　各資料については，コピー不可閲覧のみ，コピー可の別があることを記載しておく。コピー可の場合は，コピー機を設置してあるため自分でとること。コピー不可書類については，手で書き写すことも不可であれば，その旨も記載しておく。

　スマホなどでの撮影は，全面的に不可かどうかを記載する。コピーについては，コピー機のメモリー機能で記録がとれ，ある程度管理できる。しかしながら，スマホ撮影を許すと，歯止めがきかなくなるため，セキュリティ管理上，スマホ撮影は遠慮してもらうことが多い。

● 追加質問の受付手順：

　その場で質問を受付けるかどうかについて記載する。資料の読み方など，すぐに答えられるような簡単な内容であれば受付けることもある。

　後日回答する質問や追加の開示資料については，どういう形で依頼し，どういう形で回答するかについて記載しておく。

● その他の留意点（喫煙場所，ルームでの飲食，昼食，私語自粛など）：

　対象会社の敷地内のトイレ，喫煙場所，休憩所，昼食などの食事場所の案内，データルームにおける飲食可否について記載する。

　データルームに限らず，対象会社の社員が周りにいる場合は，電話での会話や私語を自粛すること，特に，同行者と案件に関する話は控えてもらうことを明記しておく。

　地震など天変地異が起きた際は，データルームにいるゲートキーパーの指示に従って避難するなどの留意点を記載する。

3．二次入札用プロセスレターと株式譲渡契約（SPA）（案）

　一次入札を通過した買い手候補には，デューデリジェンス開始前にプロセスレターを送付する。株式譲渡契約（SPA）（案）のドラフト送付は，それから数週間ほど遅れることがある。以下，二次入札用プロセスレターおよび株式譲渡契約（SPA）（案）について，解説する。

図表 4-6 ▶ オークションプロセス：一次入札通過（再掲）

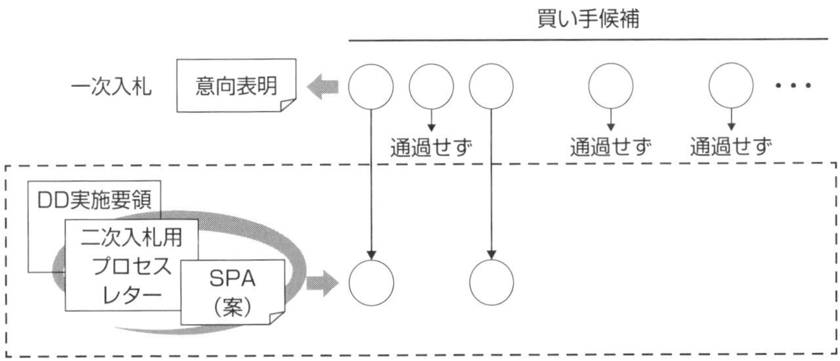

■二次入札用プロセスレター

売り手のFAは，二次入札に向けての準備作業として，二次入札用のプロセスレターを作成する。プロセスレターの項目は，一次入札用とほぼ同じである。一次入札用のプロセスレターに記載する内容については，第3章解説において詳述した。

二次入札では，価格が最大の判断要素になるため，バリュエーションについては，企業価値および株式価値の計算根拠など詳細の記載を求める。提示する価格は，レンジではない。対象会社がグループ入りした後の事業戦略についても一次入札のときよりも詳細に記載することを求める。

スケジュールについては，オークションの進捗に合わせて情報を更新する。デューデリジェンスにおいて従来型のデータルームを開設する場合は，スケジュール上，本命の買い手候補のデューデリジェンスを優先させることが多いため，本命でない買い手候補のスケジュールが間延びしがちになる。そのため事業の繁忙期であるなどの理由をつけながら，本命でない買い手候補のモチベーションを下げないように配慮する。バーチャルデータルーム（VDR）を使う場合であっても，デューデリジェンスの段階で，本命とそれ以外で差異をつけることはある。

■株式譲渡契約（SPA）（案）

売り手は，最終契約のたたき台となる株式譲渡契約（SPA）（案）を準備し，一次入札を通過した買い手候補に渡す。渡す時期は，デューデリジェンスが始まってからでも遅くない。

買い手候補は，このドラフトにマークアップを入れたものを最終提案書とともに二次入札時に売り手に提出する。二次入札は，一次入札とは異なり，法的拘束力があるバインディング（Binding）である。たとえば買い手候補がマークアップした株式譲渡契約（SPA）を売り手が承諾すると，極端な話，買い手候補は，その文言のままサインすることになるが，実際には，買い手候補からはハイボール[17]で返されることが多いため，実際にはそのまま契約締結ということにはならず，双方で，何度かマークアップを入れ合いながら，最終的な契約書の形にもっていく。

---

17 ハイボールとは，交渉相手が提案のレベルを下げても望む条件に近づけることができるように，意図的に，初期の要求を極めて高いレベルで出すこと。

第5章

デューデリジェンスが
始まらない，終わらない

~あらすじと登場人物~

- 一次入札を通過した3社の買い手候補によるデューデリジェンスが始まった。しかしながらそのなかの1社は，M&Aの経験が乏しく，DDアドバイザーもなかなか決まらずスロースタートだった。外資系の投資ファンドのほうも，金融機関とトラブルを起こし当初想定していたスキームがとれなくなっていた。比較的順調に進んでいたのは，本命のジェインだけだった。
- そんな事が起こりながらも，デューデリジェンスは後半に入り，バインディングオファー[1]を出す時期がきていた。そしてある日，大手町の西園寺社長が，ミツカネ電子の寺田社長に，「事業会社を受入れる余地は全くないのか？」と聞いてきた。
- 「事業会社は避けてほしい」と言い続けているのに，この期に及んでそういう事を聞いてくる大手町に，寺田社長と西郷は，不安と不信感をますます募らせていた。

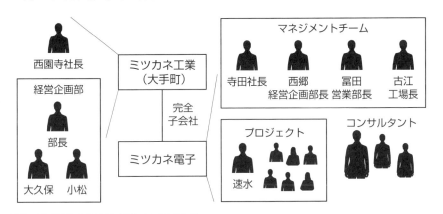

1 バインディングオファーとは，法的拘束力がある提案のこと。

1 デューデリジェンスが始まらない

平穏なスタート

厳しい暑さが続く8月のこと。

デューデリジェンスが始まって1週間余りが過ぎた頃，ミツカネ電子の経営企画部長の西郷は，コントロールタワーチームが使っている会議室に入り，速水に声をかける。

「作業は順調？」

「はい。とても平穏です。今，DDアドバイザーたちは，資料と格闘している真っ最中のようです。

追加の質問や資料提供依頼は，投資ファンド2社からパラパラ出てきていますが，まだそんなに難しいことは聞いてきていません。

とはいえ，慣れない作業ですから，一つひとつ丁寧に対応しています……ただ……どんなに丁寧に対応しても……暇を持て余していまして……待機している時間がもったいないです」

と言い，笑いながら頭を掻く速水。

「そうか。これからが本番だろう。嵐の前の静けさだね」

DDアドバイザーが決まっていない！

「はい，その時のために力を蓄えておきます。

ただ……平穏である理由は，事業会社の動きが鈍いこともあります。だからちょっと心配です」

「どうした？」

「事業会社のDDメンバーリストがきていないんです」

と言いながら，速水は困った表情を見せる。

「昨日時点の情報だが，あの事業会社のDDアドバイザーは，まだ選定中のよ

第5章　デューデリジェンスが始まらない、終わらない　　167

うだ」

と西郷は，速水に伝える。

「やっぱり……」

「今，いろんなところに声をかけて，選定手続きを進めているようだ。そのうち決まるんじゃないかな。

　最後の最後に通過が決まったとはいえ，一次入札に参加するからには，DDアドバイザーの当たりくらいは，つけておいてほしいよな」

　速水が遠慮がちに口を開く。
「小松さんから聞いたのですが……あの事業会社は，一次入札を通過することに全力を集中させ過ぎて，通過した後のことについては，あまり考えていなかったようですよ。

　DDアドバイザーも，一次入札を通過したと分かってから，FAに頼んで慌てて探し始めたらしいです」

　『小松さん』とは，親会社ミツカネ工業の経営企画部のM&Aチームのリーダー大久保の部下の小松のことである。一次入札の最中に大久保の業務量が溢れてきたため，大久保のサポートとして，本件に携わることになった。

　小松は，ミツカネ工業に入社した後，非鉄の営業企画を数年経験し，その後に経営企画部に異動してきた十年選手であり，大久保より7歳年下であった。経営企画では，次期中計策定に向けて，グループ会社を"遠ざける会社"と"近づける会社"に仕分けする業務に携わっていた[2]。

　『小松さん』情報を聞きながら，西郷は，こう付け加える。

「そうか……それはオーナー企業らしい組織行動だ。オーナー社長から指示が出たら，全員が全力でそれに向かって走る組織風土なんだろうね。

　大手町のFAによると，あの事業会社は，これまで大きなM&Aの経験がないらしい。オークションに参加するのも初めてらしい。今回は，時間的な余裕がないなかでプロセスを進めているから，先を読んで動いてほしいね」

2　詳細については，『図解&ストーリー「子会社売却」の意思決定』を参照のこと。

「小松さんによると，あの事業会社は，起用しているFAの動きも鈍いようです。一次入札のとき，オーナー社長が何度か切れかかったってこぼしていました」

　速水は，この件に関与し始めてから，M&A取引ではどういう人たちがどういう役割を果たすのかについてだいぶ詳しくなっていた。

「オークションの場合は，売り手のFAが仕切る[3]から，買い手のFAは，比較的受け身的な対応になる。でも買い手のFAも，周囲の状況を迅速に把握して，クライアントに適切にアドバイスしてくれないと，こちらのスケジュールに影響が出てくる。あの事業会社は，要注意だ」

「はい，私としては，誰に対してであっても，全力で誠実に対応したいと思っています」
やる気満々の気合いを見せる速水。

「頼もしい心構えだ」
西郷は，速水の肩をポンと叩く。

3　本ストーリーでは，売り手・買い手候補ともFAが登場人物として出てきていないため，FAの存在感が薄いが，実務では，売り手のFAがオークションの前面に出てプロセスを仕切り，対象会社にも手厚い支援を提供する。

2 デューデリジェンスが佳境に入った

寝る間もないコントロールタワーチーム

9月に入っても厳しい暑さが続いている。

この頃，ミツカネ電子に対するデューデリジェンスは，佳境に入りつつあった。

経営企画部長の西郷は，コントロールタワーチームが使っている会議室に入り，いつものように速水に声をかける。

「今は寝る間もない状況になっているようだが……皆，体調は大丈夫？」

「ありがとうございます。ギリギリなんとか回っています……とりあえず誰も風邪をひかないことを願うばかりです。皆，体力が弱ってきていますので，風邪が蔓延したら総倒れになります。

FAは，『デューデリジェンスの後半に質問依頼が殺到する』と言っていましたが，やっぱり本当でした……ちょっと前までは，あんなに平穏だったのに……」

デューデリジェンス開始当初は，1社がスロースタートであったため，それなりに回っていた。ところが，そのスロースタートだった事業会社が，遅れて参戦するやいなや，彼らはロケットスタートの立ち上がりをみせたため，コントロールタワーチームは，追加の資料依頼や新たな質問の受付け，回答の確認作業などにてんてこ舞いの状況になっていた。

「キックオフのときは，確かに，身を粉にして働く覚悟でしたが，デューデリジェンスを受けることがこんなに大変だとは思いませんでした。

ここのところコントロールが甘くなって，ヒヤリとすることがあるので，胃が痛くなります。あっちのFAたちは，勝手にルールを解釈するし……」
と言い，速水は，ゲッソリとした表情で，ため息をつく。

「どうした？」

「当初，一次入札の通過者は2社と聞いていましたので，追加の質問や依頼事項について，1社は月曜と木曜，もう1社は火曜と金曜を締切り曜日にしました。

そこに遅れて事業会社が入ってきたので，その事業会社の締切り日は，空いている水曜と，もう1つは月曜にしました。水曜と金曜にする選択肢もあったのですが，金曜を締切り日にすると，こちらが週末出勤する羽目になりかねないので，月曜日にしました」

「うん……週末は休んでもらわないと，体力，気力が持たないからね」

その経過については相談されたことがあった西郷は頷く。

「その結果，月曜は，2社分を受付けますので，月曜の作業量が激増しました。週明け早々に2倍量の質問がくると，スタックした作業が週後半にもずれ込んでいくのです。

こんなことになるんだったらお尻が決まっているスケジュールなので，いっときの期間だけだと割り切って，週末を使ってもいいから金曜日に2倍分を受けたほうが良かったかもしれません。いずれにしても週末は出勤していますから。でも，もうこのサイクルで回り始めていますので，今さら変えられません」

「そうか……」

「それと，やってみて分かったのですが，相手によって曜日を分ける必要はなかったかもと思います。それよりも問題は，締切り時間です」

「ああ，FAからアドバイスがあった件だね」

「はい，大手町のFAは，『締切り時間は決めるべき』とアドバイスしてくれたのですが，そんなに何でもかんでも四角四面にルールを決めなくてもいいだろうとそのあたりを曖昧にしていたら，この有様です。買い手のFAが『24時までその日ですから』と言っていると聞いたときには目が点になりました。今，実質的な締切りは，翌日の朝です。あの人たちは，何かと理由をつけて，締切りを後ろ倒しにしてきます。こういう細かいところも曖昧にしちゃいけないんですね。大きな反省です。でもこれも，途中からルールを変えると先方から抵

抗にあうので……」

「そうか……」

「まだあります。聞いてくださいよ。金曜に至っては,『週末をはさむので,月曜の朝に提出すればよいですよね』と言われて,実質的な締切りは月曜の朝です。

　DDアドバイザーたちは,週末にすごい量の作業をするんですよね。

　こうなると締切り日はあってない状況で,現場はもうてんてこ舞いです。

　コンサルさんがある程度捌いてくれますし,週末も作業をしてくれます。でも社内の人間でないとできない作業もあります。どうしたら効率的かつ正確に作業ができるか,日々試行錯誤しています。ホントに寝る間もない状況です」と泣きそうな表情で訴える速水の話を聞いて,西郷は,チームの窮状に早く手を打たなきゃいけないと思う。

「そうか……他に困っていることは?」

「大手町からは,『A社からの質問は,A社のみに回答するように』と言われているのですが,実は,各社の質問内容に,大した差はないんです。実際にDD作業を担っているのは各社ともデューデリジェンスに慣れたプロたちなので,似たような質問がきます。違うのは,いつ質問がくるかの時期だけです」

(そうかもしれないなぁ)と思いつつ,
「それで?」
と速水の言葉を待つ。

「こちらの判断でA社の質問の回答を,他のB,C社にも提示するのは,ダメなのですかね……聞かれていないのに,情報提供する必要はないということでしょうが,かなりの確率でいずれ聞かれることなんですよね。同じような質問に対して,ウチのDD対応チームは,コピペで済むとはいえ,その回答を2回も3回も作らなくてはいけません。

　コントロールタワーチームは,いちいち回答をチェックしますので,その負担は大きいです」

「FAは,何と言っている?」

「彼らは，コピペで済む作業だったら，大手町の指示に従っておいたほうが無難だと思っているようです。ただ，特定の買い手候補からの質問をきっかけに，ディール上，極めて重大な情報や全ての候補者に認識してもらうべき情報が出てきたら，質問が出てなくても，大手町に判断を仰いだうえで例外的対応として全ての買い手候補に共有したらよいと言っています。

FAも大手町のスタッフも，各買い手候補に回答する前に，一つひとつその内容を確認していますので，彼らにとっても大変ですが，今は細かいことで余計な摩擦を起こしたくないのかもしれません」

「そうか……」

西郷はどうしたものかと思案する。

「問題は大手町だ。この件，ちょっと預からせてくれないか」
そう言い残して，西郷部長は部屋を出て行った。

質問数の制限

その日の夕方。

西郷部長は，再度，コントロールタワーチームが使っている会議室に入り，速水を呼び止めた。

「大手町と話をした。一勝一敗だ。

明日以降の質問について，デューデリジェンスが終わるまでの期間，買い手候補1社あたりの質問数を400個までに限定することにした。

財務，法務，ビジネス，人事，それから会社によっては環境など，1社当たり最低5社のDDアドバイザーが入っているので，DDアドバイザー当たりだと，マックス80個だ」

これを聞いた途端に速水の顔がパッと明るくなり，
「ありがとうございます！　とても助かります」
と，嬉しそうに西郷に礼を言う。

「ただ……回答の仕方については頑なだった。ウチが判断してはならない。『A社からの質問はA社に返す。B社，C社には渡さない』と，これまでどお

りの対応だ。判断が必要な場合は，FAと大手町を交えて都度調整だ。誰か知らんが，ウチには判断させるなと言った役員がいるんだろう。宮仕えの身では仕方ない。これが『一敗』というわけだ」
と，西郷は大手町との協議の結果を速水に伝える。

「そうですか。でも質問の数を制限してもらえただけでも助かります。
　終わりがみえると元気が湧いてきます。ありがとうございます！」

西郷と大久保の会話

　西郷は，気合を入れ直している速水の顔を頼もしく見ながら，先ほどまで会っていた大久保の苦虫を嚙み潰したような顔を思い出していた。

　今朝，速水の話を聞いた直後に，西郷は，30分でよいので時間をとってもらえないかと大手町の大久保にアポを入れ，デューデリジェンスの進め方について話し合いを行った。

　大久保は，
「デューデリジェンスはもうすぐ終わるのだから，これまでのやり方でやってほしい。これまでできたことが，あと少しなのに，なぜできないのか」
と取り付く島もなかった。

「対応している社員の体力が限界になっている」
と言うと，
「であれば，コンサルをもっと増やせばよい」
と答える。

「コンサルはそんなにすぐに調達できない」
と言うと，
「他部署のプロジェクトで使っているコンサルを抜いてくればよい」
と乱暴なことを言う。

　質問に対する回答については，
「聞かれるタイミングがずれるだけで，どうせ同じ内容を聞かれる。そういった質問については，現場の判断で3社ともに同時に回答を渡せるようにしてもいいのでは？」

と訴えると,

「現場でそんな判断をしなくていい。聞かれていないことに,回答する必要はない」
と言う。

「でも,どうせ聞かれる内容だったら?」

「聞かれないかもしれない。勝手に判断されて,何か起きたら大変だ」

　ああ言えばこう言うで埒が明かない。

「こちらは言われたことだけやっていればいいということですか?　現場を信用していないんですね。情けないことです」

「……」

（おそらく,部長あたりが全て大手町で判断するようにという指示を出したのだろう）
と直感する西郷。

　DDアドバイザーからの質問が多すぎる件についても,
「今さら質問の数を制限できない。スタートが遅れた事業会社の質問の数が少なくなると不公平になる」
と大久保は言う。

「デューデリジェンスの開始が遅れたのは事業会社の事情だ。それをこちらが背負うのは筋違いだ」
と反論するが,
「公平性を期すためだ。仕方がない」
と大久保。

「これまでの質問数も含めてトータルの質問数でカウントすれば,不公平にならない。FAはすでにカウントしてくれている」
と公平性を保てる方法があることを説明するが,大久保は聞く耳を持たない。

「……」

第5章　デューデリジェンスが始まらない、終わらない　175

　黙りこくった大久保を前にして
（そろそろ妥協の頃合か）と感じとった西郷は，取引に入る。

「分かりました。それではその分，マネジメントチームが，財務・法務・ビジネスなどの分野別インタビューセッションとは別に，フォローアップインタビューを受けますので，質問の数だけは制限してもらえないでしょうか」

　少し顔色が明るくなった大久保は，
「それでは質問数を１候補当たり500個に制限する。
　その代わりにインタビューは制限しないということでどうでしょうか？」
と妥協案を示す。

（なんと傲慢な！）と思いつつ，
「えっ？　500個も？　その半分しか，体力はもちません」
と返す西郷。

　今度は，数を巡って議論の応酬となり，結局，400個で決着したが，このやり合いのために，西郷と大手町の大久保の間は，さらに険悪になってしまった。

3 ミツカネ電子のマネジメントチームの様子

入札参加者の品定め

残暑が厳しい9月下旬。

デューデリジェンスが佳境に入っているなか，ミツカネ電子の寺田社長，西郷経営企画部長，富田営業部長，古江工場長のマネジメントチームの面々は，経営会議の終了後，社長室に集合していた。ここのところ，この四人は，情報交換を兼ねて，事あるごとに集まっている。

まず，経営企画部長の西郷が口火を切る。

「3社へのマネプレが一巡してホッとしていたのに，今度は，フォローアップインタビューで皆さんを忙しくさせてしまい，すみません。

デューデリジェンスの現場作業の負担を軽減させるために，買い手候補からの追加質問数を制限してもらいました。

ところがデューデリジェンスの結果は，契約条件，特に表明保証の項目や内容に直結するので，『開示が不十分だと契約条件が厳しくなる』と大久保さんに言われまして……それで質問数を制限する代わりに，フォローアップインタビューを受けることにしました。

しかし……想像以上に多くのインタビューの依頼がきていますね。ご対応，本当にお疲れ様です」

「西郷さんは，我々の倍以上のインタビューを受けています。大手町とのことも大変そうですし……」

と，古江工場長が西郷を労う。

富田営業部長も西郷の働きに謝意を示す。

「マネプレでは，寺田社長が最初に『会社の全体像と個別分野の現状』について簡潔にポイントをついた説明をしてくださったので，我々は，それに沿った形で，社長の言葉を引用しつつ，担当分野の説明をしました。

それが分かりやすかったのか，買い手候補の方々からは，体系立った説明だ

ったと言われました。

これも，資料作成の際に，西郷さんが細かく見てくれたおかげです」

寺田社長も，頷きながら，こう言う。
「今日みたいにこうやって情報交換をしながら，連携して対応をしていることが良かったのでしょう。

工場のサイトビジットも大きな問題もなく終わって一安心です。

フォローアップインタビューに対応していると，経営を数字で説明することの重要性を改めて感じます。ウチの強みと弱みもよく分かります。

各社がウチのどこに魅力を感じているのかは，三者三様で，なかなか面白いですね」

古江工場長も寺田社長の言葉に大きく頷く。
「同感ですね。各社ともカラーがあります。工場のサイトビジットに同行して，説明させてもらいましたが，皆さん，とても熱心に質問していました。

特にあの事業会社は，彼ら自身も日々事業運営にあたっているので，質問してくる内容にシンパシー [4] を感じました。事業を遂行していくうえでの大変さとか，泥臭さとか，何が肝になるのかが分かっているので話が早いです。ただ……あの会社の社長は，ウチと一緒に事業をやりたいという熱意がスゴ過ぎて……ちょっと怖いくらいです。

仮にあの会社の傘下に入ったら，将来，IPOができなくとも，それなりに広がりのある夢が描けそうな気もしました」

古江工場長は，寺田社長の前任社長の時代に，この事業会社が，ミツカネ電子の買収を画策したものの，当時の電子の社長から激しい抵抗にあい断念したことがあるという件を知らない。

富田営業部長は，投資ファンド2社のことを話題にする。
「投資ファンドは，2社とも想像していたよりも感じが良かったです。

外資系のほうは，ギラギラしているのかと思っていましたが，意外とそうでもなく，人の話をよく聞く人たちでした。先入観を持ってはいけませんね。

4　シンパシーとは，「同情，共感」という意味。マーケティング用語で，似た言葉としてエンパシーという言葉があるが，エンパシーは「共感，感情移入」という意味。

ただ……両者とも，当然のことながら，数字面についてはやはり細かいですね。

どの買い手候補が好ましいかと聞かれると，現時点では，やはり日系のジェインですかね。以前から話をしていて，お互いに気心も知れていますから……」

「目立たないようにやってくれよ」と言う大手町の西園寺社長の暗黙の了解の下，富田営業部長もジェインとは会っている。

デューデリジェンスを受けて反省する買い手だったときの傲慢さ

「実は……」
西郷が神妙な表情で話し出す。

「私は今回，３社からのデューデリジェンスを受ける立場になって，勉強になったことがあるんです」

西郷の言葉に興味を惹かれた三人の目が西郷に注がれる。

「大手町にいたときに買収のディールに関わったことがありました。そのときは，買い手でしたので，デューデリジェンスを実施する側でした。

正直，あの頃の自分を反省するばかりです。

若かったせいか，事業内容の詳細はデューデリジェンスのなかでみればよいと部下に言ったり，回答してくれた内容の細かい矛盾点を指摘したり，素人目線での素朴な質問を投げかけたり，傲慢な姿勢でした。

でも今回の買い手候補は，３社ともウチの事業のことを事前によく勉強していて，質問の内容も的確です。インタビューにおいても謙虚かつ熱意ある態度でした。『これから是非一緒にやっていきたい』という彼らの思いが伝わってきます」

三人とも頷きながら，西郷の話に聞き入っている。

西郷は続ける。
「考えてみると，デューデリジェンスというのは，買い手と対象会社が，事業について，初めて議論する場です。だから買い手は，対象会社の事業環境や経営課題について，できる限りの情報収集をして，理解を深めてから会うべきで

す。

　デューデリジェンスでは，対象会社が買い手候補を比較できるので，少なくとも対象会社に悪い印象を与えてはいけません。『対象会社に選んで頂く』くらいの姿勢が，買い手候補には必要ですね。当時の自分には，そういう意識が希薄だったと大いに反省しています。

　今後，買い手になることがあれば，この反省を生かさなきゃいけないと思います」

　西郷らしい実直な感想に（なるほど……）と思う三人。この四人は，今のところ，総じてどの買い手候補にも良い印象を持っている。

新たな株主に気持ちが移る

　三人を前にして，寺田社長がこう呟く。
「我々の気持ちは，すでに新しい株主のほうを向き始めていますね」

　三人は，お互いに顔を見合わせながら，大きく頷く。

　西郷も今の正直な気持ちを，こう吐露する。
「もはやここまでくると，将来に目が向きます。

　今後，大手町と新しい株主が，売り手と買い手という立場で，交渉を始めるでしょうし，議論する機会も増えるでしょう。

　議論が紛糾して，我々に何か意見を求められる場面があるとしたら，我々は新しい株主の肩を持ちたくなりませんか？

　とはいえ現時点の親会社は依然として大手町なのですが……。

　売却価格も，『まな板の鯉』状態の我々には，将来のことを考えると安いほうがよいくらいです。そういう観点から，大手町と我々とはすでに利害が一致しなくなっています」

　古江工場長も同意する。
「こんなことを言っちゃいけませんが，買い手候補の３社は，大手町よりも，我々のことを理解してくれているような気がします。少なくとも，そういう姿勢をみせてくれています」

　三人とも，再度，大きく頷く。

「それにしても時間が経つのは早いものです。もう9月も終わりますよ。あと3か月しかない。こんな調子で，この件は本当に年内に終わるのでしょうか……」

古江工場長は，心配そうに三人の顔を見る。

4 デューデリジェンスが終わらない

10月に入ってもデューデリジェンスが続いている

10月に入っても，東京には，時折，暑い日がやってくる。

寺田社長がパントリーで経営企画部長の西郷を呼び止める。

「フォローアップインタビューの予定がまだ入ってくるけど，当初スケジュールによると，すでにDD期間は終わっているよね」

「はい……当初スケジュールでは，その通りです。

社長には，お忙しい中，フォローアップインタビューを受けて頂いて，ありがとうございます。

私のところにも，まだ依然としてインタビュー依頼がきています。

古江工場長と富田営業部長のところへは，もうきていないようですが……」

「そうか……追加質問や資料依頼への対応は，どんな状況なの？」

「今，現場が総力をあげて，その回答を作っているところです。

数を制限したとたん，これまでなら3つに分けて質問してきていたものを，1つの質問としてまとめて出してくるようになって，一つひとつの質問の内容がエラく濃くなりました。FAも忙しすぎて，そこまで捌ききれないようです。

質問数を制限したことによって，結局，スケジュールのほうは有名無実化して，400個に達するまで質問できるという解釈になっています」

西郷は申し訳なさそうな表情で現状を説明する。

「そうか……いたちごっこだね」

「でもジェインだけは，デューデリジェンスの期限は設定されているんだから，質問数が上限に達していなくてもそこで打ち切りと認識してくれているのか，スケジュールを守ってくれました」

「そうか……外資の投資ファンドのほうは？」

「それが……少し前から，どうも様子が変なのです」

「というと？」

「はい……デューデリが始まった当初は，良いスタートを切っていましたが，途中で，あまり質問をしてこなくなりました。

400個の質問枠もあまり使っていなくて……もうこれで終わるのかなと思っていたら，数日前から『今頃，そんな質問をしていて大丈夫なの？』といった素朴なというか初心者的な質問をしてくるのです。なんだかスタートラインに戻ってしまったような感じです。

担当者が相当ピリピリとしていて……何か起きているんでしょうか。大手町から何か聞いていませんか？」

「いや，特段，何も聞いていないが……」

「最近，担当者が直接コントロールタワーチームに連絡してきます。

ジェインもそうですが，投資ファンドは，もともと自分たちでデューデリジェンスを実施する力があります。ですから，担当者が直接こちらとやり取りをしたいと思っても不思議ではないのですが……」

「そうか……そろそろバインディングオファーを出す時期だと思うが，どうなっているのかな」
といぶかる寺田社長。

デューデリジェンスからみえてくる事業会社の企業風土

「事業会社のほうは？」
と寺田社長は，西郷に訊ねる。

「事業会社のほうは，当初，DDアドバイザーがなかなか決まらなくて，スロースタートでしたが，その後すぐにキャッチアップしてきて，彼らも今，バインディングオファーを作成している最中だと思います。

でも……あのやんちゃな社長が細かいところまで部下に質問をしているようで，調べていない内容のことだと，『すみません，ちょっと教えてください』と，部下がちょくちょく細かい質問をしてきます。

FAも『すみません，期間を過ぎていることは分かっていますが，バインデ

ィングオファーを仕上げる段になって，社長からいろいろと聞かれるので……』と平身低頭謝ってくるので，邪険にできなくて……」

「そうか……」

「しかし……あの事業会社は，やはり大変ですね。
　社長の鶴の一声で，周りが大きく振り回される組織のようで，それが日常化しているようです。
　マネジメントインタビューでは感じが良い人たちにみえましたが，こうやって土壇場になると，隠れていた本性が見えてきますね。極めて興味深いです」と言い，西郷は苦笑する。

「うん……あの事業会社は……確かにちょっと避けたいね。大手町が一次入札で残してしまったからなぁ」

　寺田社長が渋い表情をする。

「ところで西郷さん。コントロールタワーチームとDD対応チームのことだけど，質問への回答作業の目途がついたタイミングで，数人だけ残して，そろそろチームを解散できないかな。
　通常業務のほうに影響が出始めている。
　ここのところ，あがってきている年度見通しの数字が芳しくない。徐々にメンバーを通常業務に戻したい」

「そうですね……。
　デューデリジェンスについては，大手町のFAには，スケジュール上，DD期間は終了しているので，質問を出すのを止めてほしいと，伝えてはあるのですが……」

「買い手候補のどこかは，ウチの将来の株主になるわけだから，ウチとしては，丁寧に対応したい。だからこちらの回答が不十分であるならば，その回答に関連する追加質問だけ期限を延ばすのはヤムナシだが……でもね……」

「分かりました。私から大久保さんに連絡を取ってみます」

　大久保とは，デューデリジェンスの進め方について意見の離齬が生じ，ここ

のところ，関係が冷え切っていた。だから大久保と顔を合わせるのは気が重い。でも仕方がない。これも仕事だ。西郷は大久保に連絡をとることにした。

ミツカネ電子から終わらせることはできない

大手町の来客用会議室。
大久保は，部下の小松を連れて，会議室に現れた。

「お忙しいところ，突然，時間を頂戴しましてすみません」
西郷は短く挨拶する。

「いえ，どうしましたか？」

大久保の対応は，素っ気ない。
（余計な挨拶はいいから，すぐに本題を聞かせてくれ）と言わんばかりの態度である。

「スケジュール上，DD期間は終了していますが，10月に入っても，フォローアップインタビューや資料提出依頼がきます。そろそろ『これにて終了』と仕切ってもらえませんか」

西郷が状況を説明する。大久保と小松はしばし顔を見合わせる。そして大久保がやおら口を開く。
「電子さんのほうで，『受けられない』と言っていただいて結構ですが……」

（デューデリジェンスを運営しているのは，大手町なのだから，ウチが受けられませんと言えるわけがない。信じられないことを言うヤツだ）と思いながら，西郷は，
「ウチはデューデリジェンスを受ける立場ですから……できる限り協力したいと思っています。今も，DD期間を過ぎていますが，キチンと対応をしています。
しかし，こちらも本来業務があるので，早く終了してもらえませんか。
デューデリジェンスには，親会社であるミツカネ工業からの依頼に基づいて，こちらが協力しているわけですから，期限の件は，大久保さんに仕切っていただくのが筋かと……」

大久保は，しばらく考えて，こうつぶやく。
「それはそうですね……」

いくぶんホッとする西郷。ミツカネ電子にとっては，この3社のうち，どこかが新たな株主になる。そういう先に礼を失するようなことはできない。

「ジェインは終わっていますよね」
と確認する大久保に，
「はい。ジェインは大丈夫です。外資の投資ファンドは，終わっているんだか，いないんだか……。事業会社は終わっていません」

大久保と小松は，『なるほど』といった表情で顔を見合わせる。

「スケジュールが全体的に後ろ倒しになっているのですか？」
西郷は，こう尋ねてみる。

「いえ，そういう訳ではありません。
バインディングオファーの締切りは，来週です。こちらとしてはその期限を動かすつもりはありません。
質問については，今後も，いくつか出てくるかもしれません。まあ，そこはよろしく」
と軽く答える大久保。

（そこを何とかしてほしいと言っているのに，何だ！　このモノの言い方は！）
DD対応業務の大変さを理解していない大久保にカチンとくる西郷。

大久保は，西郷の表情が硬くなったことを見て取り，
（あっ，しまった！）
と思いながら，
「西郷さん，分かりました。期限は期限ですので，まだ終わっていない事業会社と外資の投資ファンドのFAには，こちらからきっちりと伝えておきます」
と言い直す。

その大久保に，小松が，
「でも……あの外資は……」

と小さい声でささやく。

　大久保は小松のささやきに反応し，困ったような表情を西郷に見せる。

「う〜ん。西郷さん，外資の投資ファンドだけ，もうちょっと質問依頼を受けられませんか？」

「えっ？　１社だけですか？」
　想定していなかった展開だ。少し考えながら，
「でも，特定の候補だけデューデリジェンスを長引かせると，それこそ『公正な環境』にならないのではないですか？」
と筋論をぶつけてみる西郷。

（困ったなぁ）という表情になりながら，大久保は，こう打ち明ける。
「実は……ここだけの話にしておいてほしいのですが……外資の投資ファンドには，ちょっと事情がありましてね」
と言い，間を空ける。

　どこまで状況を伝えるべきか逡巡しながら，
「彼らは，当初予定していた金融機関ではなく，急遽，別の金融機関からのローンに切り替えることになりまして……それで担当者も，ここのところ相当バタバタしているんです。あっ，原因は電子さんではないです。彼らの事情です」
と続けた。

（なるほど！）
　西郷の謎は解けた。
（そういうことだったのか……あの素朴な質問は，新たな金融機関からの質問かもしれない。
　いつもだったら，投資ファンドの担当者が中身を見て，こちらに回すべきかを確認するが，担当者が忙しすぎて，中身の吟味もせずに，そのままこちらに回してきたということか）

　事情がなんとなく分かったとはいえ，電子とて通常業務が圧迫されつつある。とにかくデューデリジェンスを早く終わらせてもらいたい。

第 5 章　デューデリジェンスが始まらない、終わらない　187

「でも……彼らのスケジュールに合わせていると，年内というスケジュールは
厳しくなるのではないですか？」
と言いながら，西郷は，大久保を見る。

　大久保は，困った表情をしながらも，冷静な口調で西郷にこう伝えた。
「この件，少し預からせてください」

5 外資系投資ファンドが降りた

外資系投資ファンドがバインディングオファーを出さない

数日後，西郷は，寺田社長の部屋に呼ばれた。

「外資の投資ファンドがいたでしょう。あの投資ファンドは，大手町にバインディングオファーを出せる状況にないらしいよ」
と寺田社長が西郷に伝える。

「そうですか……先日，大手町の大久保さんは，ローンの件でバタバタしていると言っていました」

「西園寺社長情報によると，別のディールで大きなトラブルを起こしたらしい。それで，いろんな金融機関から出入り禁止になったみたいだ。
　ウチの件については，トラブルになっていない別の金融機関に入ってもらおうとしたが，それだと当初想定していたLBOの形ができないらしい」

「そうですか……でも……それは，ウチにとってみると朗報なんじゃないですか？　彼らが自滅してくれて，ジェインと事業会社の一騎打ちになったら，ジェインで決まりです。最初から事業会社はNGと言ってありますから」

西郷は安堵するが，寺田社長の表情が冴えない。

「ところがね……大手町は，バインディングオファーの提出期日を延ばすらしい」

「ええっ？　大久保さんは，そうは言っていませんでした。それって，期日を延長して，外資にもバインディングオファーを提出させるということですか？」

「う～ん，そこがよく分からないんだ。
　外資の件と，バインディングオファーの期日延長とは関係ないと，西園寺社長は言っている。
　真意を訊ねたが，明確な返事はなかった。

それから……別ルートから聞いたんだが，大手町の取締役会事務局が『取締役会できちんと説明できるようにしてくれ』と大久保さんのところに言ってきたという情報も入っている。どれもこれも断片情報だ」
と言い，寺田社長は西郷を見る。

「大手町のプロセスは，いつも肝心なところが緩いですからね。
　また何か説明できないような状況が発生したのでしょうか……。これらの断片情報をどうつなぎ合わせたらよいでしょうか……見当がつきませんね……バインディングオファーもどれくらいの延期になるのでしょうか……」

「分からない」
ボソッと呟き，寺田社長は大きなため息をつく。

事業会社を受入れる余地はないのか？

　寺田社長は，渋い声で，
「これも断片情報だが，もう一つある。こっちのほうが重要なんだけど，実はね。西園寺社長が『事業会社を受け入れる余地は全くないのか？』と私に聞いてきた」
これまたビックリするようなことを言う。

　寺田社長は，こういった不確定情報を誰かに伝えるような人間ではない。
　しかし，寺田社長の気持ちは，すでに大手町から離れつつある。次の株主が誰になるのかに関連する話については，西郷と共有しておきたかった。

「ええっ？　そんな！　当然，『事業会社は無理だ』と言ってもらったんですよね？」
　西郷は寺田社長に詰め寄る。

「もちろんだ。あの西園寺社長に『特にあの事業会社だけは，ご免こうむりたい。そもそも最初から事業会社を外してくれという意図でネガティブリストを提出したはずですが……』と，かなり強気のことを言った。『大手町とはあと少しの付き合いだ』という潜在的な気持ちがそう言わせたのかもしれない」
と言いながら，憂える表情になる寺田社長。

　西郷は，黙りこくっている。

「西郷さん，これまでも何度もどんでん返しがあって，大手町には，煮え湯を飲まされてきた。それを考えると，この西園寺社長の発言は危険サインのような気がするんだ……」

深く大きなため息をつく寺田社長。

「それは，何としてでも阻止ですよ。あんなやんちゃな創業社長のところは，考えられないです！

創業社長の鶴の一声ですべてが決まるような会社の傘下に入るなんて悲劇です。

デューデリジェンスでも，あの会社で決まることはないと思っていたので，後半に入ってからはあと少しの辛抱と思って向こうのわがままに付き合ってきました。でもあの会社だけは嫌です」

西郷は，情けないやら，悔しいやら，怒りやらで，胸が押しつぶされそうになる。

「そもそも大手町は，何をやっているんでしょうか！　事業会社は，早々に排除しといてくれればよかったのに！」

西郷の怒りが次第に大きくなっていく。

「うん，私も同じ気持ちだ。しかし，過去のことをあれこれ言っても仕方ない。

とりあえず今の我々ができることは待つことだけだ。西園寺社長には，言うべきことは言った……経営企画部長と今協議中のようだ。様子をみるしかない」

奈落の底に突き落とされた心持ちの二人だった。

解説 入札における対象会社の作業（DD受入れ）[5]

第3章と第4章の解説は，売り手目線であったが，第5章は，対象会社目線で解説を進める。

対象会社には，一次入札を通過した買い手候補の顔がみえてきた頃から，徐々に負荷がかかってくる。デューデリジェンスを受入れる少し前の時期である。デューデリジェンスが中盤以降になると，対象会社のDD受入れの負荷は，ピークに達する。

そこで本章の解説では，対象会社における作業について，DD受入れを中心に，その準備段階から，DD受入れ態勢作り，マネジメントプレゼンテーション（マネプレ），サイトビジット，さらにQ&A対応において，留意すべき点について解説する。

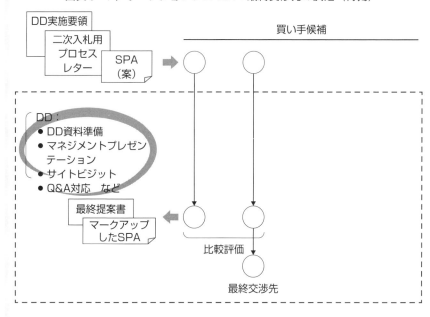

図表5-1▶オークションプロセス：最終交渉先の決定（再掲）

---

5 本章の解説は，オークションに限らず，相対取引において対象会社となった際のデューデリジェンスにも当てはまる内容である。

1. 対象会社のDD受入れ作業の全体図

■対象会社の作業がひっ迫する構造的要因

　対象会社のDD受入れ作業を大雑把に説明すると，買い手候補から閲覧要望があった資料を準備すること，それらの資料を閲覧した買い手候補たちから，追加で資料提供依頼や質問が出てきたらそれに対応することである。

　このように表現すると，それほど大変な作業ではないようにみえるが，親会社が自社を売却しようとしているなか，その親会社からの依頼に協力する作業[6]である。快く受けたい作業ではない。何よりも手間がかかる。

　デューデリジェンスを実施する際，買い手候補は，財務DDには会計事務所を，税務DDには税理士事務所を，人事DDにはコンサルティング会社を，法務DDには法律事務所を，ビジネスDDにはコンサルティング会社などを，買い手候補1社につき，5〜10社のDDアドバイザーを起用する。仮に買い手候補が2社になるとその2倍の，3社だと3倍の数にのぼるDDアドバイザーたちが追加質問や依頼事項を出してくるという構造にあり，これが対象会社の作業を大変にさせる背景である。

6　少しおかしなたとえ方かもしれないが，住んでいる自分の家をみたいという人が大勢おり，地元の名士に「見せてあげなさい」といわれたので，手間はかかるが入場料はとらず，彼らを客間に案内して，間取りを説明したところ，「押し入れはどうなっている？」，「台所は？」など，いろんな質問が出てきた。これらに一つひとつ丁寧に対応していたら，そのうち台所に興味のある人が勝手に台所に入り込んできて「醤油はどこに保管しているの？」，「包丁はどれくらいの頻度で研いでいるの？」と細かいことを聞き始める。これに対応していたら，今度は別の人が押し入れを開けて「なぜこの高さで上下を仕切ったの？」と聞く。トイレにも，ベッドルームにも質問したい人が自分を待ちかまえている。（これは，一体いつまで続くのだろうか。こっちも忙しいのに。しかもこんな中にまで入り込んできて，プライバシーもなにもあったものじゃない！）という気持ちになる。これが対象会社の正直な気持ちである。

第5章　デューデリジェンスが始まらない、終わらない　193

図表5-2 ▶DDにおける各プレーヤー

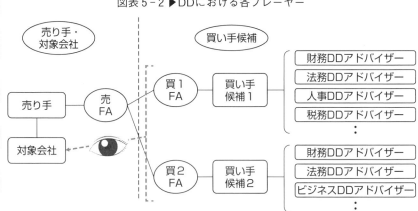

　DDアドバイザーたちは，必ずしも対象会社の事業実態に詳しいわけではない。そのため，DD開始当初は，対象会社の事業を理解するための素朴な質問が多く，途中から専門的な細かい内容の質問に移っていくなど，広範かつ多岐にわたる質問が投げかけられる。そういった質問に対して，対象会社は，迅速に回答することが求められる。これができないと，将来の親会社になる可能性のある買い手候補から，対象会社の事務処理能力が低いと評価されかねない。それ以上に問題になるのは，対象会社の経営の実態がよく理解できないという理由で，買い手候補が二次入札の最終提案書の提出を辞退する恐れがあることである。

　そのため対象会社は，現有の経営資源をフルに活用し，売り手のFAの協力を得て，必要に応じて対象会社においてもコンサルタントなどの外部リソースを起用しながら，できるだけ効率的に買い手候補からの依頼や追加質問に回答することになる。

■対象会社における作業の流れ
　図表5-3は，対象会社におけるDD受入れ作業の流れを示している。

図表5-3 ▶対象会社のDD受入れ作業

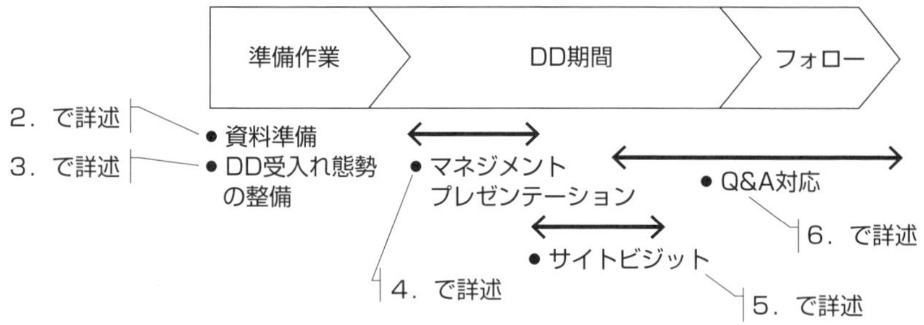

```
┌──────────┐┌──────────┐┌────────┐
│  準備作業    ╲│  DD期間     ╲│ フォロー  ╲
└──────────┘└──────────┘└────────┘
```

2.で詳述 ┐
3.で詳述 ┤
　　　　● 資料準備
　　　　● DD受入れ態勢　● マネジメント　　　　● Q&A対応
　　　　　の整備　　　　　プレゼンテーション
　　　　　　　　　　　　　　● サイトビジット
　　　　　　　　　　　　4.で詳述　　　　5.で詳述　　　6.で詳述

デューデリジェンスの前半では，ディールキラーになる要因はないかを意識したとみられるような質問がくる。ディールキラーとは，M&A取引成立の妨げになる致命的な要因のことである。

後半になると，バリュエーションへの影響因子がみえてくるため，オペレーション面やそれに付随する数字面について細かい質問がくることが多い。

終盤になると，PMIを見据えた仮説の検証という視点からの質問が増えてくる。

Q&A対応は書面とインタビューの組み合わせになる。DD期間が中盤を過ぎると，対象会社には，買い手候補のDDアドバイザーたちから，毎日，山のように追加依頼や質問がくる。いくら大変であっても，対象会社は自分たちの会社のことを聞かれているため，自力で回答を作るしかない。

2．資料準備

■閲覧要望がある資料の準備

対象会社が最初に実施する作業は，買い手候補から閲覧要望があった資料を準備することである。

準備した資料は，バーチャルデータルーム（VDR）であればPDF化したデータをアップロードするし，従来型のデータルーム方式であればデータルームに運び込む。

提供する資料は，テーマ毎に体系的に，仮想空間または物理的なフォルダにファイリングする。対象会社は，デューデリジェンスが始まる前の段階で，資料のフォ

ルダ構成を売り手のFAから共有してもらっておく。と言っても，この段階では，一次入札通過者の顔ぶれがまだ分からず，どういった情報を閲覧したいと言ってくるかが分からない。しかしながらFAは，他のディールにおいてどんな資料を買い手候補が求めてきたかについてノウハウがあるため，一般的にどういった情報を準備しておくべきかについては，売り手のFAが指示してくれる。対象会社では，一次入札者が決まる前は，会社の基礎情報や財務データなど，ほぼ必ず求められる資料の準備から開始し，一次入札を通過した買い手候補の顔ぶれが分かったところで，彼らの要望をみながら過不足分を調整していく。

買い手候補に同業がいる場合は，ガンジャンピング規制がかかることがあるため，資料の準備にあたっては，弁護士のアドバイスを参考にする。買い手候補に提供した情報については，誰がどういう形で，どの程度の粒度で提供したかについて，しっかりと管理しておく。ガンジャンピング規制については，第2章解説において詳述した。

■提供する資料の粒度

資料を準備する際に対象会社が戸惑うのは，提供する情報の粒度である。

たとえば買い手候補から「過去3年分の取引先上位10社のリスト」を提供してくれと言われたとする。取引先上位10社という依頼だけでは，全社ベースの上位10社なのか，事業毎なのか，国内外別なのか，分からない。

デューデリジェンス開始直後のタイミングでは，買い手候補およびそのDDアドバイザーたちも，対象会社の事業のことをまだよく分かっておらず，何を確認したいかが明確でないことが多く，こうした粗い粒度の依頼になりがちである。何度かやり取りをするなかで，解像度が高い質問がくるようになり，対象会社も徐々に細かい粒度で回答できるようになる。

一般的には，デューデリジェンスが始まった直後にデータルームに格納する情報は，ある程度，粗い粒度にしておいたほうが，不必要な情報流出を防ぐことができる。デューデリジェンスが進んでいき，より細かい粒度の資料提供依頼がきたら，そのときに細かい粒度で回答するという形である。ただし，このやり方だと，これまでに提示した資料との整合性を確認する作業が増えるため，対象会社にとっては二度手間になる。これは情報流出のリスク低減と，手間の削減と，どちらを優先さ

せるかの判断である。

開示する情報の範囲と粒度については，予め，現親会社である売り手との間で目線を合わせ，必要に応じて，開示の方針を買い手候補に伝えておく。

３．DD受入れ態勢の整備

■対象会社のDD受入れチーム態勢

対象会社には，デューデリジェンスの期間[7]，特に中盤以降になると，大量の追加資料依頼や質問がくるため，社内では，DD受入れ態勢を整えておく。

図表５−４は，対象会社におけるDD受入れ態勢の例であり，これが本書のストーリー編において紹介している態勢である。

図表５−４ ▶対象会社のチーム態勢

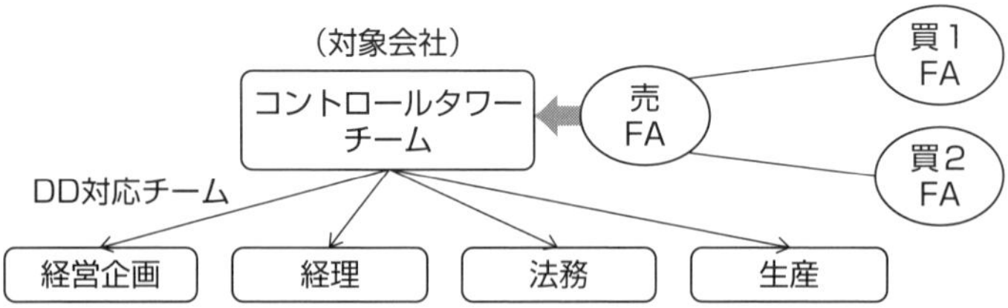

対象会社内に二種類のチームを作る。一つはコントロールタワーチーム，もう一つはDD対応チームである。DD対応チームは，テーマ毎にサブチームを編成する。売り手のFAも各チームに担当者を置き，対象会社の回答作成作業を支援する。

■チーム間の情報フロー

各買い手候補からの質問は，買い手候補毎に全てQ&Aシートに累積していく。売り手のFAがこれを受け取り，一旦，整理したうえでコントロールタワーチームに渡す。

質問については，最近，最初から上限の数を設定するケース[8]が増えている。イ

7　１〜２か月の期間になることが多い。対象会社の負荷が大きいため，それを軽減すべく，近年，短縮化の方向にある。

8　カーブアウト案件の場合は，株式譲渡の場合よりも質問の数は多い。

ンタビューセッションにおけるQ&Aの数をどこまでカウントするかは，都度の交渉になる。インフォメーションメモランダム（IM）などにおける記載が十分でなく，Q&A対応時の回答が不十分な場合，ディールの途中で，買い手候補からクレームが出ることがあるが，その場合は，上限を後から引き上げることもある。

コントロールタワーチームは，受領したQ&Aシートの質問を，生産や経理など領域毎に分けた各DD対応チームに振る。したがってコントロールタワーチームのメンバーには，会社全体のことが分かる経営企画などのスタッフが適任である。

デューデリジェンスの中盤以降に大量の追加質問がきても対応できるように，デューデリジェンス開始当初から，コントロールタワーチームには，コンサルタントを投入するなどして態勢を整えておく。

DD対応チームは，回答作成に集中する。手が足りなくなったら，通常業務担当者から応援をもらうことがあるが，社内で情報が拡散することを防ぐために，応援部隊が入ったとしても，何のための資料作成かについては伏せることがある。答えてよいかどうかの判断や，微妙な質問に対する回答については，コントロールタワーチームに申し送りし，必要に応じて内容を修正する。

コントロールタワーチームが，全ての回答について確認したあと，今度は売り手の責任者にも内容を確認してもらい，売り手のFAを介して買い手候補のFAに回答する。

4．マネジメントプレゼンテーション（マネプレ）

対象会社は，以上のようなDD受入れ準備作業と同時に，マネジメントプレゼンテーション（マネプレ）の準備も始める。

■実施時期と目的
マネジメントプレゼンテーションは，デューデリジェンスが始まってから1～2週間後の時期に実施することが多い。

マネジメントプレゼンテーションや後述のサイトビジットは，かつてはアドホック的[9]に実施されており，今でも実施が必須というわけではないが，実務的にはほ

---

9 アドホック的とは，場当たり的に，その場その場での判断で，という意味。

とんどのケースで実施されている。

　対象会社の事業内容をよく理解していない買い手候補やそのDDアドバイザーたちの理解を促進させるためには，マネジメントプレゼンテーションを実施することが結果として効率的であることが，実務の積み重ねのなかで分かってきた。買い手候補に好印象を残すと，入札への関心度を高めることができるため，売り手（のFA）も積極的に，マネジメントプレゼンテーション実施のための支援やアドバイスをしてくれることが多い。

　買い手候補にとってみても，マネジメントプレゼンテーションは，対象会社の全体像を把握でき，対象会社の誰がキーパーソンかが分かり，マネジメントの空気感を直接知ることができる機会であるため，実施してほしいイベントである。

■プレゼンテーションの内容

　図表 5 – 5 は，マネジメントプレゼンテーションの内容例を記載したものである。会社の概要説明に始まり，フェアなスタンスでありながらもその事業内容を魅力的に伝え，最後は，事業計画の数字で締める。

図表 5 – 5 ▶マネプレのプレゼン内容（例）

エグゼクティブサマリー

本編

- 会社概要，主要製品およびサービス，経営体制，組織体制
- 外部環境：市場および競合環境，収益獲得の仕組み，主要取引先とその動向，自社の強みと弱み
- 内部環境：コスト構造
- 経営上のリスクとその対処
- 将来に向けての成長戦略
- 事業計画と直近の実績

添付資料

　プレゼンテーション（プレゼン）で使用する資料の作成には早めに取り掛かり，買い手候補にすでに渡してあるインフォメーションメモランダム（IM）の記載内容との整合性も確認しておく。インフォメーションメモランダム（IM）については，第 3 章解説において詳述した。

　マネジメントプレゼンテーション用資料への記載内容は，買い手候補に開示する

第 5 章　デューデリジェンスが始まらない、終わらない　199

前に，コントロールタワーチームおよびDD対応チームのメンバーにも目を通しても
らっておく。数字については，経営がみている数字と，各部署が押さえている現
場での管理数字との間にギャップがあることが多いため，数字の定義を含めて，入
念な確認が必要である。

　誰がこの資料にアクセスする可能性があるかを明確に伝えたうえで，弁護士に
も，事前にドラフトを確認してもらう。ガンジャンピング規制がかかる同業他社が
買い手候補にいる場合や，同業の海外企業がいる場合は，国によって競争法が異な
るため，特に注意を要する。

　確認後，プレゼンのリハーサルも実施しておく。

■プレゼンの実施要領

　マネジメントプレゼンテーションのプレゼンターは，一般的には社長である。社
長に続いて各組織長がリレー方式でプレゼンすることもある。プレゼンの場で，強
固なチームワークを示せると，クロージング後，新たな親会社はオートノミー
（Autonomy[10]）を尊重してくれる可能性が高くなる。オートノミーとは，自主
的，自律的に経営することである。

　プレゼンで使うパワーポイントの枚数は，添付資料を除き，50～100枚くらい。
枚数が多い場合は，最初にエグゼクティブサマリーを入れ，詳細なデータは添付資
料にする。

　買い手候補企業が興味をもつ領域については，事前に情報を入手しておき，プレ
ゼン時に触れるとよいが，買い手候補によって興味の在りかが異なるため，資料に
は基本情報の記載にとどめ，プレゼンで若干の濃淡をつける。

■資料作成にあたっての留意点

　買い手候補は，これらの資料をもとにバリュエーションを行うため，バリュエー
ションに必要な情報は，細かい情報であれば，プレゼンで触れないまでも，添付資
料に入れておく。

10　オートノミーは，「自分で自分に自身の法を与える者」という古代ギリシア語を語源と
　している。

バリュエーションにおける最重要情報は，事業計画とそのバックアップデータであるが，一般に企業で策定する事業計画は，3年程度の期間の計画であることが多い。しかしながらバリュエーションでは，5年くらいの計画期間をとるため，トップラインと営業利益，減価償却計画と投資計画については，手元の事業計画に2〜3年分くらい先の数字を足して，5年分くらいの数字を出す。この事業計画期間以降の数字の置き方については，議論になることが多いため，第6章解説において詳述する。なお成果が数字となって表れるまでに時間がかかるような大きな投資を行う場合や，インフラ産業の場合は，当該戦略や投資の効果が実現するタイミングまで事業計画期間を延ばす。

　研究開発など，将来の数値への定量的反映がしにくい場合は，説明した成長戦略のどの部分が数字に反映されているのかを明確にしておく。事業計画の数字に盛り込んでいない部分については，今後どういった投資を打つと，どういうリターンが見込めるかについて触れておくと，オークションで価格が拮抗したときに，買い手候補に価値創出分の材料として思い出してもらえる。

　類似会社比較法において，どの企業を比較対象としてもらいたいかという何らかの意向があれば，外部環境の競合環境のところで，その企業がどこかが，ほのかに染み出す記載にしておく。ここでもインフォメーションメモランダム（IM）に記載した内容とのアラインをとっておく。

　対象会社と事業領域が重なっている買い手候補がいる場合は，シナジー効果が見込める可能性がある。買い手候補は，プライシングの際に，シナジー効果の価値を価格アップの材料にできるため，プレゼンでは，買い手候補の事業領域を頭の中に置いたうえで，自社の位置づけをダブらせながら説明すると効果的である。業界をどう捉えているか，そのなかで自社をどう位置づけるか，どこに成長の伸びしろがあるかについては，多少詳しめに説明しておくと，クロージング後の絵姿を描いてもらいやすい。

■資料の格納
　プレゼンの場では，出席している買い手候補とそのDDアドバイザーたちに，手元資料としてハードコピーを配布する。

　同じ内容のものをバーチャルデータルーム（VDR）やデータルームにも格納す

第5章　デューデリジェンスが始まらない、終わらない　201

るが，機微情報を再チェックしたい場合などは，マネジメントプレゼンテーション終了後，一旦，回収し，伏せたい内容をマスキングしたのちにバーチャルデータルーム（VDR）やデータルームに格納する。口頭でも書面でも機微情報の取り扱いは同じという原則である。なお一旦回収する場合は，その旨をプレゼンの前に出席者に伝えておく。

■スケジュール調整

　買い手候補がマネジメントプレゼンテーションおよびサイトビジットの実施を望むか否かについては，早い段階でFAに確認してもらう。

　マネジメントプレゼンテーションは，買い手候補毎に実施するため，二次入札に参加している企業の数だけ，おおむね同じ内容で実施する。対象会社は，デューデリジェンスの実施時期がみえてきたら，予備日を含めて，プレゼンの候補日をいくつか押さえ，売り手のFAに伝えておく。マネジメントプレゼンテーションは想定よりも多くのエネルギーを使う作業である。買い手候補が複数いる場合，一日にまとめて実施するより，分けて実施したほうが対象会社のプレゼンターの体力消耗は少ない。

■プレゼンの時間枠

　プレゼンは，2時間くらいの枠で実施することが多い。1〜1.5時間で対象会社のマネジメントチームがプレゼンし，残りの時間で質疑応答という形式である。

　質疑応答の時間が押しがちになるため，買い手候補には2時間と伝えるものの，対象会社は，3時間くらいの時間枠を確保しておいたほうがよい。時間切れになって質問を途中で打ち切ると，買い手候補がフォローアップのためのセッションの設定を求めてくる。近年，ウェブ会議が活用できるため，こういったセッションの要求は増えているが，スケジュールが合わないことがあるため，時間を延長してでも1回で済ませたほうが効率的である。

　プレゼンの場には，売り手も同席するが，特定の買い手候補と対象会社のセッションであるため，当該買い手候補にも自己紹介代わりにショートプレゼンをしてもらうと，対象会社にはクロージング後のことがイメージできやすい。買い手候補からオファーがなくとも，対象会社のほうから要請してみることも一策である。

■マネジメントプレゼンテーションへの出席者

　マネジメントプレゼンテーションには，買い手候補に加え，そのDDアドバイザーも出席するため，それなりの人数に膨れ上がりやすい。少人数で実施したい場合は，会議室の関係でという理由などで，出席者数に上限をつける。その場合，各DDアドバイザーからは一人ずつなど，買い手候補のFAが出席人数を調整してくれる。

　ウェブ会議を使って，ハイブリッドでの開催もあるが，買い手候補の画面の向こうで誰が見ているか分からない環境を望まない場合は，リアル開催のプレゼンテーションにする。

5．サイトビジット

　次に，サイトビジットについて，その概要と実施にあたっての留意点を解説する。

■サイトビジットの準備

　サイトビジットは，マネジメントプレゼンテーションが終了したあとのタイミングで実施することが多い。ビジットするサイトは，対象会社の主力工場や物流センターなど，主要な事業所である。地方に立地していることが多く，一日がかり，あるいは泊りがけでの視察になることもある。

　既述のとおり，マネジメントプレゼンテーションは，買い手候補のみならず，対象会社にとっても有益である。しかしながらサイトビジットは，「百聞は一見に如かず」であることから重要拠点を自分の目で確認したいという買い手候補には有益であるものの対象会社にとってみると事業のことをよく知ってもらえるメリットよりも，かかってくる負担のほうが大きいことが少なくない。

　とはいえ対象会社としては，買い手候補から強い要望がある場合に備えて，準備だけは進めておく。準備とは，デューデリジェンスが始まる前に，買い手候補が要望してくるとみられるサイトに実際に足を運び，買い手候補およびそのDDアドバイザーたちが現場を訪問すると，どういった問題が生じるかを確認することである。

第5章　デューデリジェンスが始まらない、終わらない　　203

■スケジュール調整

　サイトビジットも買い手候補毎に実施するため，対象会社は，買い手候補の数だけ実施することになる。サイトにおける業務上の都合もあるし，同行するDD受入れ責任者のスケジュールの都合もあるため，直前に実施を求められてもスケジュールが合わない。対象会社側では，買い手候補から要望がなければキャンセルするという前提で，マネジメントプレゼンテーションの日程調整とともに，サイトビジットのスケジュール調整も，早めに開始し，売り手のFAに候補日を伝えておく。

■サイトビジット実施時の留意点

　サイトビジットにおける対象会社のリスクの一つは，会社が売却プロセスに入っていることを，社員に察知されやすいことである。

　普段から来客が多いサイトだとそれほど心配ないが，そうでない場合は，普段見慣れない眼光鋭い顔つきのスーツ姿の集団がやってきて，工場のなかを歩き回る。工場の社員は，その光景を見るだけで，何らかの異変を感じる。しかも本社のしかるべき地位の人もその集団に同行している。これが買い手候補の数だけ実施されることになる。

　現場に不要な不安を生じさせないために，買い手候補には，サイトビジット時の注意事項として，

- ・訪問者の数を絞ること（たとえば5名以内など。FA，会計士，弁護士は遠慮してもらうなど。新型コロナ禍感染拡大の時期のあと，人数を絞る傾向にある）
- ・私語を慎み，デューデリジェンスだと察知されるような言動をしない[11]こと，
- ・受付などで社名を名乗らない[12]こと，
- ・会社名やロゴが入ったピンバッチや紙袋，文房具などを持たないこと，
- ・近隣の駅やホテル，飲食店などでデューデリジェンスに関する話題をしない[13]

11　特にトイレやたばこ部屋，休憩や昼食時にお茶を出してくれる際は要注意である。対象会社側でも，サイトビジット中に，社員と買い手候補との接触がないよう，社員に対して，一定の時間帯において，特定の場所への立ち入りを制限することもある。しかしながら，これもやりすぎると変に勘繰られることになる。

12　その代わり，DD受入れ責任者が受付に待機して，全員の到着を待つ。当日の緊急連絡先は，サイトの電話ではなく，DD受入れ責任者の携帯にするなどの配慮が必要になる。

13　企業城下町だと，地元社会における情報の伝播は極めて早い。

こと

などの注意事項をDD実施要領に記載しておくよう，対象会社から売り手のFAに事前に伝えておく。

とはいえ社員の目に全く触れずに，サイトビジットを実施することは難しい。サイトビジット当日の朝礼では「今日は取引銀行の視察がある」とか，「監査法人が現場視察をする」など，何らかの名目を作って，社外の人たちが来社し，見学があることについて事前にサラッと伝えておく。

■サイトビジットの代替手段

デューデリジェンスの期間が短く，遠隔地である場合や，スケジュールが合わない場合，また機密上の理由で社外の人たちの立ち入りを厳しく制限しているサイトの場合などは，対象会社がiPadなどで動画を撮影しながら説明するという手段もある。動画を活用するようになったのは，新型コロナ禍感染拡大の時期に外出規制がかかったため，サイトビジットを動画撮影で代用したことがきっかけであった。サイト全体を見たい場合は，ドローンを使う場合もある。

これらの方法であれば，対象会社にとっては，DD関係者を受入れるサイトの負担やリスクが軽減される。しかしながら，NDAを遵守することを信じる前提であっても，カメラの向こうで買い手候補の誰が見ているかが確認できないことが不安である場合は，買い手候補とそのDDアドバイザーには，売り手または対象会社の会議室に来てもらって視聴してもらうこと，機密性が高い設備は撮影しないこと，など情報漏洩に対する配慮を手厚くする。

6．Q&A対応

■書面とインタビューによるQ&A対応

対象会社にとってみると，DD期間が中盤に入ってからが，デューデリジェンスの本番である。買い手候補のDDアドバイザーたちから，対象会社には細かい追加質問がひっきりなしに大量に持ち込まれる。これへの対応が，Q&A対応であり，マネジメントインタビュー（マネイン）は，買い手候補が，デューデリジェンスにおいて発見した重要項目について経営陣に確認を行うためのインタビュー[14]である。対象会社の社長のほか，マネジメントや各事業部門長が対応することが多い。

第 5 章　デューデリジェンスが始まらない、終わらない　205

　Q&A対応では，財務・法務・ビジネスなどの分野別インタビューセッションも実施される。近年では，ウェブ会議も便利に使われている。

　マネジメントプレゼンテーションおよびサイトビジットは，対象会社側で能動的に準備できるが，Q&A対応は，聞かれたことに答えるという受け身にならざるを得ず，対象会社のほうで作業をコントロールできない。答え方やどこまでの深さで答えるべきかについて，細心の注意が必要であり，物理的にも精神的にも対象会社の負荷は，Q&A対応の頃，ピークに達する。

■情報拡散のリスクに留意

　デューデリジェンスが中盤に入ると，たとえば対象会社のコアとなる技術や重要顧客との取引状況など，核心に触れた情報やデータの提供依頼や，ネガティブ情報に関する質問がくる。これらは，対象会社にとっては，あまり社外に出したくない情報である。

　デューデリジェンスを実施する買い手候補の全てが将来の親会社になるわけではない。したがって基本的には，必要な情報を提供しながらも，いたずらに社内情報が拡散することを抑制するようリスクコントロールすることになる。「聞かれたことにはサラッと回答する」が，聞かれていないことには答えないという姿勢である。

■対象会社のスタンスの変化

　こういった口頭による情報提供の際に留意しておきたいことは，対象会社のスタンスである。対象会社にとって本命の買い手候補がいる場合は，その本命に決まってほしいと対象会社は考えがちである。ディールプロセスが進んでいくにつれ，先のことを考えると，今の親会社（売り手）に忠実であることよりも，次の親会社（買い手候補）に忠実であるほうが得策なのではという考えが対象会社に芽生えてくる。

　またインタビューを受ける対象会社の経営層には，インタビューセッションなどにおいて自分が優秀であることを買い手候補にみせたいというモチベーションが湧きがちである。特に投資ファンドが買い手の場合，投資ファンドはプロの経営者を

14　それとは別に従業員の処遇など重要な懸念事項がある場合など，売り手が，買い手候補に対して，意向確認を兼ねたマネジメントインタビューを実施することもある。

連れてくることがあり，経営陣の入れ替えは珍しくない。対象会社の経営陣にとってみるとインタビューセッションなど買い手候補と直接，接する機会は，自分の能力をアピールできる場になるため，ここで買い手候補に覚えをめでたくしておきたいという気持ちが出てくることは，自然である。しかしながら，対象会社としては，この時点の親会社はまだ売り手であることを意識しておくことが必要である。

　売り手としても，子会社のスタンスは，この頃から，もはやかつての子会社とは異なることを認識し始めたほうがよい。

■追加質問のロジスティクス

　追加質問では，これまで提示された書類だけでは分からなかったことを聞きたいとか，対象会社の経営陣の考え方を確認したいとか，専門的な内容や整合性を問う内容まで，買い手候補には確認しておきたいことがたくさん出てくる。

　こうした追加質問については，買い手候補のFAがQ&Aシートにとりまとめて，売り手のFAに渡し，さらに売り手のFAが対象会社のコントロールタワーチームに渡すという，いくつかの関所を経たロジスティクスになることが多く，このアナログ的なロジ自体が非効率にみえる。

　デジタル化の時代では，何らかのQ&Aサイトを設定し，各DDアドバイザーがこのQ&Aサイトに追加質問をアップし，対象会社がそれを見にいって回答する形にすれば効率的だが，デューデリジェンスが後半に入ると，回答待ちの追加質問が日々溜まっていき，対象会社としてはプッシュされたら回答するが，プッシュがなければ置いておく，という追われる作業状況になる。

　そんな状況であるから，Q&Aサイトを開設しても，対象会社が，自ら，日々追加質問が累積されるサイトを見に行く余裕はない。回答作業に追われるなか，「もうこれ以上，質問しないでほしい」と思っているため，見にいきたくもない。したがって結局はアナログ的な対応になってしまう。

　とはいえ対象会社もこの状況をなんとか改善したい。売り手のFAは，対象会社に若手FAを常駐させることもあり，対象会社と苦労を共にしている。対応策として，売り手のFAから各買い手候補のFAに対して，追加質問を厳選し，数を絞る[15]ことなどを要請することがあるが，このあたりは，いつもお互いにクレームが出や

第5章　デューデリジェンスが始まらない、終わらない　207

すいところである。

■追加質問が多くなる背景

　追加質問が多くなる背景の一つは，対象会社が提出する資料について，資料間で数字に不一致や矛盾が生じることである。数字は，バリュエーションに影響を与えるため，資料間の数字の整合性については，買い手候補やそのDDアドバイザーたちから納得が得られるまで質問がくる。数字の不整合があまりに多いと，対象会社の経営管理能力が疑われ，業務への信頼性が問われかねない。

　この数字の不一致は，追加質問の回答としてDD対応チームで数字を作ると，その数字がインフォメーションメモランダム（IM）やマネジメントプレゼンテーションで提示された数字と整合性がとれていないなどによって発生する。

　どんな会社でも，財務上と管理上の数字には，ギャップがある。たとえば「事業部毎の営業利益」の数字が，経営企画が作成した資料と各事業部から出てきた資料とで異なるなどである。経営企画は間接費配賦後の数字を提示したが，各部門は配賦前の数字を提示したなどもよくある原因の一つである。対象会社の社員であれば，普段見慣れている数字であるため，一目でどういう背景の数字かが分かるが，社外の人たちに説明なしにそれを理解してもらうことは無理である。こういった数字の不整合をなくすだけでも，追加質問の多くを減らすことができる。

　数字の整合性を問う質問に忙殺されないために，対象会社は，追加質問に回答する前に，すでに提出した資料の数字との整合性を一つひとつ確認することが必要である。用語の定義についても脚注を入れておくなど，ひと手間をかけることも有効である。

　社内の人には，日々見る数字であり，違和感を覚えないことが多いため，コントロールタワーチームに外部のコンサルタントを入れ，彼らの目で確認してもらってから買い手候補に回答することも有効である。

15　買い手候補によるデューデリジェンスが始まる前にセラーズDDを実施し，そのレポートを買い手候補に配布することが質問の数を絞ることにつながる。

第6章

事業戦略ワークショップ

~あらすじと登場人物~

- 大手町のミツカネ工業では，事業戦略ワークショップが開催された。その前日に，四人の社外取締役には，ミツカネ電子のオークションプロセスが順調に進んでいることについて説明がなされた。
- 事業戦略ワークショップの当日。ミツカネ電子の寺田社長は，西園寺社長と話をしようとタイミングを窺っていたが，西園寺社長から避けられているのか，会話の機会を得ることができなかった。

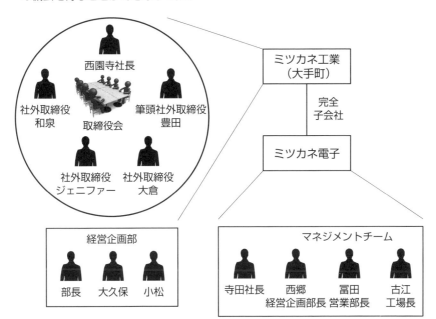

社外取締役に対する経過状況の説明

ワークショップ前日

　大手町のミツカネ工業では，毎年11月に，2日間にわたる事業戦略ワークショップを開催している。

　このワークショップは，ミツカネ工業グループの事業概況を全社で共有するために開催される年1回の一大イベントである。各事業部や子会社にとっては，お互いにプレゼンを競い合い，本社や他の事業部の幹部に，自分たちのビジネスを少しでも強く印象付ける場である。

　このワークショップには社外取締役も参加するため，ジェニファーもこの日程に合わせて来日していた。そこで，この機会を捉え，取締役会事務局は，Project Elephantの進捗状況を社外取締役に説明することにした。Project Elephantとは，ミツカネ電子売却の件のコードネーム[1]である。

　ワークショップ前日。

　会議室には，ミツカネ工業の四人の社外取締役が顔を揃えた。
　会社からは，西園寺社長，経営企画部長，それからM&Aチームのリーダーである大久保とその部下である小松が出席している。

　報告会の冒頭，経営企画部長が口火を切る。
「Project Elephantが順調に進捗していますので，今日は，その状況を社外取締役の皆さんに説明します。
　今回のディールは，社外取締役の皆さんからのアドバイスを受けまして，オークション形式にしました。
　公平なオークション環境を保つために，ミツカネ電子にはオークション参加企業との接触をしないように，さらにデューデリジェンスにおいてはどの候補企業にも公平に対応するようにしました。

---

1 M&A取引においては，機密保持の観点から，プロジェクト名や，当事者にコードネームをつける。

本日の時点では，まだバインディングオファーは出ていませんが，現段階でのディールの進捗について，大久保さんから説明をしてもらいます。

こういった内容ですので，手元資料はなしでお願いしております」

と言い，経営企画部長は，大久保に目配せし，スクリーンと社外取締役の手元にあるiPadに資料を映した。

一次入札参加者の数に驚く社外取締役

「一次入札には，26社からノンバインディングオファーをもらいました」

大久保が一次入札の結果を伝えた途端，社外取締役の四人は，お互いに顔を見合わせた。

そして筆頭格で，四人のなかでは一番の古手の豊田が，思わず声をあげる。

「26社も！　そんなに多くの企業が！　たとえば，どのような企業がオファーを出してきたんですか？」

「多くは，投資ファンドでしたが，他にも事業会社や海外企業もいました」

大久保は，26社の概要について手短かに説明する。

「私どもは，事前に定めておいた評価基準に照らして，その26社を公正に評価しました。ミツカネ電子におけるデューデリジェンスの受入れキャパシティを考えると，３社を二次入札に進めることが適正であると考え，26社の中から３社を選定しました。

投資ファンドが２社，事業会社が１社です」

と説明し，大久保は，その３社の社名と概要を社外取締役に伝えた。

ミツカネ電子が『当社のデューデリの受入れ能力を考えると，二次入札に残すのはせめて２社にしてほしい』と主張したことや，事業会社がゴリ押しをしてきたので結局３社残すことになったことなど，細かい経緯については省略した。

ジェインの提案

和泉教授がこう訊ねる。

「ジェインが残ったことは，ミツカネ電子の希望が叶う可能性があると理解し

ますが，ジェインの提案は，ウチにとって十分な内容ですか？」

「ジェインの提案は，『業界再編のきっかけとなるような社会的意義のあるディールにしたい』という当方の意図を汲み取り，戦略的なロールアップ策についても，具体的な記載がありました。それから電子が望んでいるIPOもEXIT戦略の柱になっています。ただ……」

　間があく。

「どうしましたか？　何か気になることがありますか？」
和泉教授が突っ込む。

　大久保は，唇を硬く締めて，
「価格です。実は，ジェインの価格は，この３社のなかで最も低いです。一度，出し直してもらったのですが，それでも低いです」
と正直に答える。

「そうですか。二次入札に進めなかったところと比較すると，どうですか？」

「一次入札では，価格については一本で出してくるところがあったり，レンジ²で出してくるところがあったりとバラバラでしたので，なかなか比較が難しくて……それにノンバインディングですから……」
明確な回答を避ける大久保。

「レンジだったら下限で比較しますよね。その場合は，どうですか？」
和泉教授は，追及の手を緩めない。

　大久保は，手元資料をめくりながら，こう短く回答する。
「まあまあという感じかと。
　総合的な評価において，ジェインのポイントは高いです」

　ここでジェニファーが発言する。

「この件は気になっていたので，事前に取締役会事務局には伝えておきましたが，最も高い価格を提示した候補に売却しないと，株主に合理的な説明ができ

2　レンジとは，距離，範囲，幅などを指す意味の言葉。

ません。アメリカではレブロン基準[3]というものがありますし，我々は，due care[4]をしたことを示すことが必要です」

「この件は日本での子会社の売却だけど，でも確かに価格は極めて重要な要素です。しかし，定性的な面や，電子が企業価値をあげやすい環境であるかなど，売却後のことも考慮して総合的な判断が必要です」
元官僚の大倉が発言する。

「うむ。論点は，価格と，ウチを離れた後に，電子がモチベーションを高く保って，想定した事業価値をきちんと出せるかという定性面だね。キーパーソンが退職してしまって，買い手が期待した企業価値が実現できないと困ったことになる。

定性面については，ウチには良くとも，電子には良くないとか，立場によって捉え方が変わるし，見る観点によっても異なるから評価が難しい。

他方，価格は，数字だから，売却時点で明確だ。いろんな面からよくみてください」
と豊田がまとめる。

大久保は，深く頷く。大久保にとって，これらの社外取締役たちのコメントは，想定の範囲内である。

「皆さん，貴重なご意見，ありがとうございます。

この3社からは，そろそろバインディングオファーをもらうことになっていましたが，事前に確認したところ，オファーの内容に不明瞭な点や不備が散見するため，期日を1週間程度延ばすことにしました。

それから外資の投資ファンドですが，ここはバインディングオファーを出せない状況にあります」
と伝え，大久保は，外資の投資ファンドが金融機関とトラブルを起こしている

---

3 レブロン基準とは，会社が売却状態になった場合には，取締役会の義務は，株主の利益のために会社の売却価値を最大化することにあるとする判断基準のこと。「高く売ってもよい（権利）」ではなく「高く売らねばならない（義務）」というルール。1986年に米国デラウェア州で示された判例法理で，1985年に大手化粧品会社であるレブロン社への敵対的買収をめぐる裁判の中で示された。

4 due care（デューケア）とは，正しい行動を正しいタイミングで行うこと。

事情を説明する。

「そうか。そうなると，ジェインと事業会社の一騎打ちということだね？」
と豊田が確認する。

　豊田の質問に，大久保が頷く。
「そうなります。
　しかし，外資の投資ファンドがバインディングオファーを出さないことは，
他の2社には伝えていません。価格交渉の材料が減るのは得策ではありません
ので」
大久保は，売却価格を高くするために，あらゆる手段を尽くしていることを丁
寧に説明する。

　その大久保の説明を受け，ジェニファーが，
「分かりました。大久保さんが価格を引き上げるために努力していることは，
よく理解できました。価格は，最大の要素ですから，その点をよく踏まえて，
株主にうまく説明できるようにしてください」
と価格の重要性について，再度，念を押す。

「でもそうなると，ジェインが一騎打ちに敗れることもありうるのですよね？
　先ほどの話だと，一次入札の価格は，ジェインよりも事業会社のほうが高い
のですよね。バインディングオファー次第かもしれませんが……」
大倉が心配そうに質問する。

「最終的にどうなるか分かりませんが，ジェインと事業会社の2社とは，バリ
ュエーションの目線を合わせながら，ここ数日，丁寧にコミュニケーションを
とっています。
　今の状況だと，ジェインには価格面でもう少し頑張ってもらうことが必要で
す。
　事業会社のほうは，当方が指定した体裁を満たしていないので，こちらとも
もう少し話をする必要があります」
と大久保は，淡々と説明する。

　社外取締役の四人は，大久保の説明を聞き，プロセスが公正に進められてい
ること，最終候補2社のなかに電子が本命とするジェインが含まれていること，

ミツカネ工業は売り手として価格を重視していること，このプロセスはスケジュールが少し後ろ倒しになってはいるが，おおむね順調に進んでいることを確認し，その日の夜は，久しぶりに四人で食事に行くことにした。

2 事業戦略ワークショップでの出来事

ワークショップ当日

ワークショップ一日目。

大会議室には200人を超える参加者が集まっており，熱気でムンムンとしていた。

本社幹部陣とプレゼンターは前の席に，その他の参加者はその後ろの一般席に座っている。なかには海外からの参加者もいる。

新型コロナの感染拡大がほぼ収束し，4年ぶりのリアルでの開催となったため，久しぶりの再会を喜び合い，参加者同士は，以前よりも活発に交流している。

初日は，ミツカネ工業の主力事業である非鉄事業のプレゼンとディスカッションが繰り広げられた。非鉄事業ではないミツカネ電子の出番は二日目である。

その二日目。

いよいよミツカネ電子の出番の時間である。寺田社長のプレゼンは，他のプレゼンターと同様に，事業の現状や中長期計画の進捗状況を報告し，次年度の重点項目を発表する段取りであった。

寺田社長の説明が始まるとまもなく，後ろの方で聴いていた参加者たちが，隣の参加者と小声で何かを囁き始めた。その囁きが重なりあって，ちょっとしたざわめきになっていた。それは，寺田社長のプレゼンが，非鉄事業の泥臭いプレゼンとは異なる洗練されたスタイルだったからである。従来のミツカネ電子のスタイルとも異なっていた。寺田社長の視線の送り方や身振りは，いかにもトップ企業のCEOという風格さえ漂うものだった。

寺田社長は，後ろの席で起きているざわめきを全く意に介さず，プレゼンを続けた。プレゼン終了後には，経営企画部長や電子事業と関係する別の事業部からいくつか質問が出たが，寺田社長は，よどみなく，これらに完璧に回答した。

そのためであろうか，寺田社長のスマートなプレゼンが終了すると，その出来栄えに感銘を受けた参加者たちから，自然と寺田社長に大きな拍手が送られた。

それもそのはず。

寺田社長のプレゼン力は，買い手候補との真剣勝負の厳しい質疑応答を何度も繰り返し経験したことで，格段に洗練されたものに進化していたのである。

プレゼン資料は，デューデリジェンスの際のマネジメントプレゼンテーションで使用したものを主体として構成されていた。ミツカネ電子の経営企画部は，買い手候補からデューデリジェンスを受けるにあたり，『いかに表現したら投資家に理解してもらえるか』について，コンサルのアドバイスを受け続けながら，プレゼン資料に何度も修正を加えてきた。そのなかで，ミツカネ電子のプレゼン資料作成能力は，目を見張るほどに進化していた。

寺田社長も，デューデリジェンスにおけるマネジメントプレゼンテーションでは，何度もリハーサルを行った。プレゼンのプロから特訓を受けた寺田社長は，『自信をもってプレゼンすること。そのためには念には念を入れた準備を行うこと』というアドバイスを実直に実践していた。その結果，投資ファンドや事業会社に対して実施したプレゼンは大好評で，これでさらに自信がついていた。

西園寺社長を探すミツカネ電子の寺田社長

休憩時間。

何人もの参加者が，寺田のもとに駆け寄ってくる。

「素晴らしいプレゼンでしたね。感銘を受けました。ああいうストーリー運びや質疑応答を我々も是非見習いたいものです」
と口々に称賛する。

寺田は，デューデリジェンスのお陰とも言えず，
「ありがとうございます。ここのところ，プレゼンの機会が多かったので，鍛えられたのでしょうか」

と朗らかに受け答えする。

　多くの参加者が行き交う会場のなかで，寺田は，西園寺社長を探した。

　先日，西園寺社長が『事業会社を受け入れる余地は全くないのか？』と打診してきた際，寺田は『ウチは，あの事業会社だけはご免こうむりたい。そもそも最初から事業会社を外してくれという趣旨でネガティブリストを提出したはずです』と，かなり強い言い方をしてしまった。
寺田は，西園寺社長に，それを直接謝ろうと思っていた。

　実は，あのとき以来，西園寺社長からの連絡が途絶えていた。
　西郷のところにも，大手町の経営企画からの連絡が途絶えていた。

　バインディングオファーの提出期日が延期になったことまでは聞いたが，いつまで延期になるのかなど，あれ以来，何も聞かされていない。西郷には，『待つしかない』と言ったものの，気になって仕方がない。

　休憩時間の時，西園寺社長の姿が目に入った。
　寺田は，そちらに向かおうとしたが，西園寺社長は，寺田を避けるかのように姿を消してしまう。

　他方，寺田のところには，海外からの参加者が旧交を温めようと寄ってくる。彼らと会話を続けながらも，寺田の目は，常に西園寺社長を探す。
　ベルが鳴る。
　ああ，休憩時間が終わってしまった……。

　その後も数回，休憩時間があったが，同じような状況だった。

　夕方になり，事業戦略ワークショップは終了した。
　寺田は，西園寺社長と話せないまま，一般席にいた西郷，富田営業部長，古江工場長と一緒に，会社に戻ることにした。

　帰る道中，西郷に，

「西園寺社長と話ができるチャンスがなかった」
と伝えると，
「やはりそうですか。私もそうです。大久保さんと目が合うと，彼はすぐに目

線をはずすんです。だから強引に寄っていったんですが，なんだかよそよそしい感じでした。避けられているような気配を感じました」

　西郷も同じ状況だったようだ。

（これは，一体何を意味するのだろうか。自分たちは，また宙ぶらりんの状況に置かれてしまうのだろうか……）

　寺田社長の心がざわつき始めた。

220

解説 強すぎるマネジメントケース

昨今，特に事業会社が買い手となるM&A取引において，高値づかみが問題になっている。高値づかみすると，買い手[5]は，数年後に減損の手続きを強いられかねない。減損はのれんの減損に留まらず，無形資産や固定資産の減損，繰延税金資産の取り崩しまで迫られることもある。

こういったことが起こるのは，強いどころか，とてつもなく強すぎる事業計画が買い手候補に提示されることが一因である。強い事業計画とは，将来成長する数字になっている事業計画[6]のことである。これは事業を成長させる経営者の意気込みを示すため，その姿勢は尊重すべきである。しかしながら度を超えて強すぎる事業計画を提示すると，減損のみならず，PMIにおいて新たな親会社との間に深刻なハレーションを起こしかねない。そこで本章の解説では，強いを超えて，強すぎる事業計画について考察する。

1．対象会社のマネジメントケース

■マネジメントケースとバリュエーションとデューデリジェンス

オークションに限らずM&A取引では，機密保持契約締結後に，売り手が買い手候補に，対象会社[7]の事業計画を提示する。これがいわゆるマネジメントケース[8]である。

買い手候補は，このマネジメントケースを基にバリュエーションを実施するが，強いマネジメントケースだと，高い価値が算定されやすい。そこで買い手候補は，デューデリジェンスにおいて市場動向をリサーチし，その数字が実現可能であるかの蓋然性を確認するとともに，「このマネジメントケースは，どういった背景や経緯で作成されたか」を対象会社に確認する。端的には，自然体の事業計画であるかどうかである。自然体の事業計画とは，このM&A取引が始まる前に策定された事

5　オークションプロセスで落札した買い手候補は，クロージング後，親会社となる。本章以降では，場面に合わせて，買い手または親会社という表現を使う。
6　逆に成長しないシナリオの計画を弱い事業計画という。
7　対象会社は，クロージング後，買い手の子会社となる。本章以降では，場面に合わせて，対象会社または子会社という表現を使う。
8　対象会社のマネジメントが作成したという意味で，マネジメントケースとよぶ。

業計画のことであり，「高くで売却したい」という売り手の意向は入っていない。

　非上場会社などでは事業計画を策定していないことがあるが，その場合は，M&A取引が始まるまでに事業計画を新たに策定するため，そこには売り手の意向が入ってくることが多い。

　ここで問題になるのは，「自然体である」と説明されたにもかかわらず，提示されたマネジメントケースが「強すぎる」臭いがすることである。その場合，買い手候補は，念には念を入れ，デューデリジェンスの時期から遡ること数年分の経営会議や取締役会の議事録を閲覧し，そのなかに事業計画策定のアジェンダがあるかどうかを確認している。事業計画は，対象会社の機関決定を通すことが多いためである。アジェンダに入っていた場合，その事業計画と今回出てきているマネジメントケースがどういう関係になっているかについて確認する。

■実は自然体ではない事業計画

　そこまでやって「自然体である」ことを確認したにもかかわらず，現実には「自然体」のマネジメントケースが「強すぎる」ことが少なくない。これは，マネジメントケースの前半は自然体であるが，後半はM&A取引の対象会社になることが分かってから，計画期間を延長しており，それをもって「自然体」と買い手候補に説明するためである。

　どうしてこういうことが起こるかであるが，第5章解説でも記載したように，中期経営計画における事業計画の策定期間は，近年，3〜4年が多い。ディールのプロセスが始まったタイミングが中期経営計画の期間に入ってからである場合，事業計画の残期間はあとわずかしか残されていない。他方，DCF法のバリュエーションには，基準日から5年くらいの算定期間が欲しいため，買い手候補に提示するマネジメントケースは，図表6−1のように，自然体の事業計画に数年分を延長させることが多い。全期間において新たに策定したわけではなく，延長させただけなので，「自然体」と称したわけだ。嘘ではないが，100%自然体ではない。

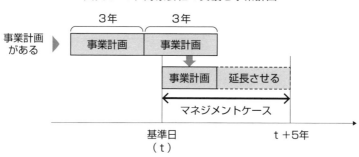

図表6-1 ▶ 対象会社の実績と事業計画

　ここで延長させたマネジメントケースがどういうものかを，一つの事例として図表6-2で説明する。

　図表6-2の左側の図は，「自然体の数字」の事業計画である。中計期間の初年度は，実績の数字が計画に届かなかったことを示している。ということは，この事業計画自体が強い計画だった可能性がある。だから初年度はビハインドした。

　この状況で，事業計画を延長させたマネジメントケースが右側のグラフである。

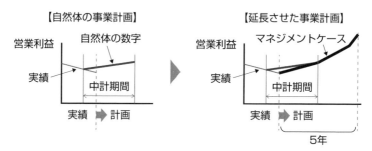

図表6-2 ▶ マネジメントケースの作られ方（例）

　延長させたマネジメントケースは，中期経営計画期間の最終年度の数字を同じ水準に置いたまま，中期経営計画内に，初年度のビハインド分を挽回させるシナリオである。中期経営計画期間以降は，営業利益をストレッチさせている。極めつけとして，最終年度の営業利益をもう一段ストレッチさせている。

　売り手は，こういった右肩上がりのマネジメントケースを出したがるが，それ

は，DCF法によるバリュエーション[9]を意識しているからである。バリュエーションに大きな影響を与えるのは，算定期間の最終年度の営業利益の数字である。最終年度の営業利益は，事業価値の多くを占める継続価値[10]を算定する際に使われる。継続価値とは，算定期間以後，将来にわたる期間における価値のことであり，企業はゴーイングコンサーンであるという前提で，永久に事業活動を行うことを前提としてバリュエーションするため，継続価値もバリュエーションの対象になる。したがってマネジメントケースについては，後半，特に最終年度の数字が自然体であるかどうかが重要であり，前半が自然体であるか否かは数字にそれほど大きな影響を与えない。

■強すぎるマネジメントケースの作られ方

マネジメントケースを作るのは，対象会社である。売り手は，売却想定金額を対象会社のマネジメントケースに反映させたいがために，非公式に，売却想定金額を想起させる情報を対象会社に耳打ちすることがある。あるいは，親会社から送り込まれたメンバーやFAが，対象会社にヒアリングしながら，マネジメントケースを作っている。

図表6-3 ▶ 実力値と耳打ちされた金額

デューデリジェンスでは買い手候補やそのDDアドバイザーから細かい質問がくるため，対象会社は，マネジメントケース上，むやみやたらな数字を置くわけにはいかない。デューデリジェンスにおいてきちんと説明できないと，不要な不信感を買い手候補に抱かせることになる。したがって，対象会社は，売り手の売却想定金

---

9 投資ファンドの場合は，LBO分析で通常のDCF法とは異なる手法をとることがある。
10 継続価値は，ターミナルバリュー（TV: Terminal Value）ともいう。

額が自分の実力値（A）を超える場合，その差をうまく説明できなくてはいけない。

そこで対象会社は，まず自然体の数字で策定した事業計画をもとにバリュエーション[11]をしてみる。本当の実力はいかほどかを自ら認識しておくためである。これが図表6-4上の実力値（A）である。実力値（A）でさえも，経営者の意気込みを反映した事業計画であるから，幾分強い数字である。

実力値（A）が，売り手から耳打ちされた売却想定金額に届かなければ，そこから価値の上積みが始まる。

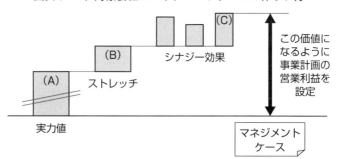

図表6-4 ▶ 対象会社のマネジメントケースの作られ方

最初に上積みされるのは，ストレッチ分（B）である。ストレッチ分とは，インフォメーションメモランダム（IM）に，項目として列挙した技術開発や，新製品，新領域開拓など，バラ色の成長戦略の一部である。またコスト削減策やBPR[12]などによる価値向上分も入っている。普段から経営課題にはあがっているが，なかなか着手できていない施策を実現させることによって増加する価値である。実行さえすれば，実現できるかもしれないため，全くの絵空事ではない。

その次に（A）と（B）にシナジー効果（C）を足す。実際にどこが買い手候補になるかは対象会社にはまだ分からないが，なりそうなところの顔ぶれを想定しながら，どれくらいのシナジー効果が発現しそうかを想定する。そのなかで最も大き

---

11 DCF法などの手法を用いて，価値を算定すること。
12 BPR（Business Process Re-engineering）とは，プロセスの観点から業務フローや組織構造，情報システムなどを再構築し，業務改革すること。

い金額となるシナジー効果（C）を足し上げる。

　（C）を足してしまうと，もはや対象会社単体の事業計画ではないが，（A）に（B）と（C）を足したものが，理論上，対象会社が最大限実現できそうな価値であり，昨今のM&A取引で出てくるマネジメントケースには，これくらいの強さになっていることが少なくない。とはいえこのレベルだったら，買い手候補にとっては想定の範囲かもしれない。

　これらの上積みだけでは売り手の売却想定金額に届かないことがある。その場合は，さらに何かを乗せることになるが，それが，図表6－5で，ロジック脆弱（D）としている価値である。

図表6－5▶強すぎる事業計画のイメージ

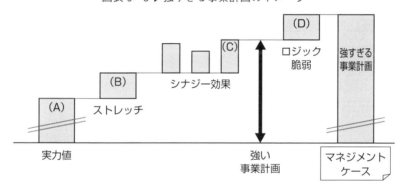

　対象会社が策定する事業計画（マネジメントケース）は，バリュエーションすると，（A）から（C）もしくは（A）から（D）を加味した事業計画の数字になる。

　しかしながら，デューデリジェンスの際に買い手候補から事業計画の根拠を聞かれても，対象会社は，当然のことながらこれらの（A）（B）（C）（D）を説明するのではなく，こういった構造になっていることを頭の片隅に置いたうえで，マネジメントケースを基にうまく説明する。

2．買い手候補のプライシング

■買い手候補によるデューデリジェンス

　強さ加減はさまざまであるも，手練れの買い手候補は，一般に対象会社から提示されるマネジメントケースが強い傾向にあることは分かっており，マネジメントケ

ースを鵜呑みにしているわけではない。ましてやM&A取引の対象会社になることが分かってから作成したマネジメントケースには，売り手の意向が反映されていることを十分に認識しているため，入念なビジネスDDを実施して数字を確認する。

図表6-6は，逆に買い手候補におけるプライシングの考え方と入札価額の関係を示した図[13]である。

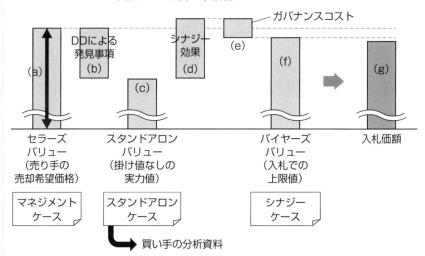

図表6-6 ▶ 買い手候補のプライシング

買い手候補には，主にビジネスDDにおいて，対象会社が上積みした図表6-5のストレッチ分（B）とロジック脆弱（D）の部分を見抜くことが求められる。これが図表6-6では（b）にあたる部分である。

買い手候補は，売り手から提示されたマネジメントケースを用いてバリュエーション（a）した後，（b）の部分を差し引いて[14]，スタンドアロンケースを作成し，掛け値なしの実力値であるスタンドアロンバリュー（c）を求める。

しかしながらスタンドアロンバリュー（c）だと，売り手が売却に同意しないた

---

13 買い手のプライシングの考え方については，『図解＆ストーリー「資本コスト」』第3版，岡俊子，中央経済社を参照のこと。
14 買い手の社内で分析するため，どういった修正を入れたかについては，売り手にも対象会社にもみせる必要はない。

め，買い手候補はシナジー効果（d）を算定し，それをスタンドアロンバリュー（c）に上乗せする。さらに対象会社がグループインした後には，ガバナンスコスト[15]（e）が発生するため，それを差し引いて，最大限出せる価値を算出する。これがバイヤーズバリュー（f）である。このバイヤーズバリュー（f）のもとになっている事業計画をシナジーケースという。買い手候補は，バイヤーズバリュー（f）の範囲内で入札額を提示することになる。

■買い手候補の課題

バイヤーズバリュー（f）の範囲内で価格が決まり，かつ想定した前提を実現させれば，理論上，買い手候補が高値づかみすることはない。しかしながら，こうやって算出したバイヤーズバリュー（f）は，実態よりも大きい数字になりがちであることが，実務上の大きな問題である。

その理由の一つは，デューデリジェンスのスコープと質である。デューデリジェンスを実施すれば，図表6-5のストレッチ分（B）とロジック脆弱（D）の部分を見抜けるはずだが，実際にはそうはいかない。デューデリジェンスにおいて買い手候補はスコープを設定することが多く，そのスコープ内の事業が精査対象であるため，（B）および（D）を全て見抜くことは難しい[16]。また限られた期間のなかで実施するデューデリジェンスの質が十分でないこともある。

もう一つは，確信犯的な行動であるが，売り手の売却希望価格に近付けようとして，買い手候補ができもしないシナジー効果を積み上げることである。社長などが当該案件の獲得に前のめりになっていると，本件をグリップしている部門は，シナジー効果を積み上げるしかなくなり，その分，バイヤーズバリュー（f）が高くなる。組織内でM&A取引に対する牽制機能が働かないと，そのまま機関決定を通ってしまう。

15　ガバナンスコストとは，対象会社が，買い手グループインするにあたって発生するコストのことであり，具体的には，グループインした後に，買い手グループが使っているITシステムに移行させる費用などのコストのことである。

16　売上や利益規模，リスクの観点から重要性が低いグループ会社や事業などは，デューデリジェンスのスコープ外になることがある。

3．減損のリスク

■のれんの減損

　こうやって強すぎるマネジメントケースが，高すぎる買収価格を導く[17]ことになるわけだが，数年経ち，マネジメントケースどおりの利益成長ができないと分かった時点で，買い手であった親会社は，のれんの減損のリスクにさらされる。

　のれんは，図表6-7のとおり，買収価額と時価評価した対象会社の純資産の差額[18]である。買収価額が大きくなればなるほど，のれんの金額が大きくなり，減損になった場合の影響が大きい。国際会計基準（IFRS）[19]を採用している場合，日本の会計基準とは異なりのれんは毎期償却しないため，計上したのれんの金額は，貸借対照表（BS）上そのまま残り，減損した時の影響は，日本の会計基準を採用した場合[20]よりも大きくなりがちである。

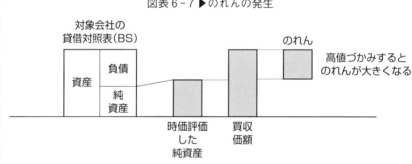

図表6-7 ▶のれんの発生

---

[17] 本章では，強すぎるマネジメントケースをテーマにしているが，たまに真逆の保守的すぎるマネジメントケースをみることがある。業績が芳しくない会社や製造業が対象会社である場合に，謙虚さやまじめさの現れなのか，あるいは自信のなさなのか，必要以上に保守的な事業計画が出てくることがある。あまり保守的すぎる事業計画は，魅力的でない会社とみられる可能性があるため，売り手のFAが保守的になりすぎないようにとアドバイスすることがある。

[18] 実際にのれんとして買い手の貸借対照表（BS）に載るのは，PPA（Purchase Price Allocation）で識別可能無形固定資産を除いた部分である。IFRS（国際会計基準または国際財務報告基準）を採用する企業はのれんを毎期償却しないため，貸借対照表（BS）上，のれんが計上されたままになり，減損することになった場合の影響が大きい。

[19] IFRS: International Financial Reporting Standardsは，イファースやアイファースと呼ばれ，国際財務報告基準と訳されることもある。

[20] 日本基準ではのれんは20年以内のその効果の及ぶ期間にわたって定額法その他の合理的な方法により規則的に償却する。

4．かつてのマネジメントケース

■かつてのマネジメントケースのイメージ

かつてわが国では，事業や子会社を売却すること自体が多くなかったし，売却に際して昨今のような強すぎるマネジメントケースを作ることもそれほど多くなかった。図表6-8のように，せいぜい実力値（A）に多少色をつけた程度の事業計画であった。

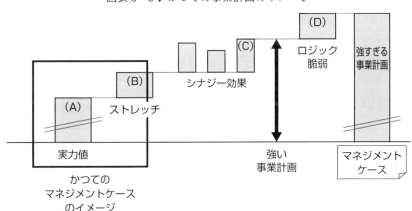

図表6-8 ▶かつての事業計画のイメージ

■強すぎるマネジメントケースになった背景

それが昨今のように強すぎるマネジメントケースになっていった背景には，わが国の企業やM&A取引に携わる関係者たちが，海外企業を買収する際に，マネジメントケースがかなり強いものであることを経験し，良くも悪くもそれに倣っていることがあげられる。

もう一つは，現会社法[21]に「公正な価格」[22]という概念が導入されたことがあげ

21　旧商法では，反対株主の買取請求権における買取価格は「決議ナカリセバ其ノ有スベカリシ公正ナル価格」とされ，シナジー効果は考慮される余地はなかった。
22　旧レックス・ホールディングスがMBOの一環として少数株主のスクイーズアウトを実施するに際して，全部取得条項付種類株式の取得価格について争われた事例（レックス事例）の東京地裁決定（平成19年12月19日）で，株式の「公正な価格」とは，取得日における株式の客観的価値に加え，株式の強制取得によって奪われる将来の株価上昇の期待権を含むものとされた。

られる。「公正な価格」は，将来発生が見込まれるシナジー効果を含むと解釈され，シナジー効果の半分は売り手も享受すると解されるようになった。

さらに実務面でも，売り手・買い手それぞれが独立した第三者による評価書をとることが多いが，その評価書の評価額のレンジが買収価格よりも低くなることを買い手が望まないことも，マネジメントケースが高くなる傾向が容認される背景になっている。バリュエーションの基になるのは，対象会社から提示されたマネジメントケースだからである。

第7章

第二の創業

〜あらすじと登場人物〜

- 事業戦略ワークショップが終わった頃，ミツカネ電子の寺田社長と西郷は，大手町に呼ばれた。そこで聞かされたのは，大手町がジェインと最終交渉することになったという結論だった。
- その結論に安堵している帰り道に，大手町の経営企画にいる小松がエレベーターに乗り込んできて，この決定に至ったのは，大久保の尽力が大きかったことを打ち明けてくれた。

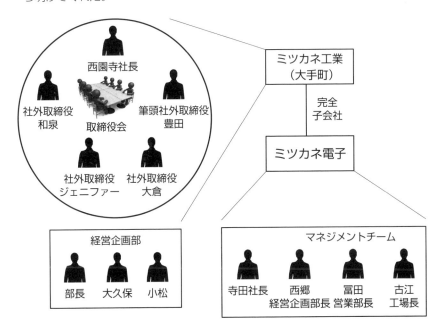

1 大手町から呼び出された寺田社長と西郷

突然の呼び出し

　事業戦略ワークショップが終了し，師走に入った頃，それまで音沙汰なしだった大手町から，ミツカネ電子の寺田社長と西郷に突然呼び出しがかかった。
　二人は，急いでスケジュールを調整して，大手町からの呼び出しに応じた。

　ミツカネ工業の西園寺社長の部屋。

　会議用テーブルの周りには，西園寺社長に加え，経営企画部長，このディールを担当した大久保とそのサポートの小松が座っていた。
　テーブルの上には，資料も何も置かれていない。

　ミツカネ電子の寺田社長と西郷が，秘書に先導され，西園寺社長の部屋に入る。
　西園寺社長が二人に近寄り，出迎える。
　経営企画部長以下の三人も，起立して，二人を出迎える。

　これから何が起こるのだろうか。仰々しい空気だ。

「先日の事業戦略ワークショップは，お疲れ様でした。寺田君のプレゼンは，良い出来栄えだったよ」
西園寺社長が寺田を労う。

「あっ，ありがとうございます。最近，プレゼンの機会が多くて，鍛えられました。プレゼンは，やはり場数を踏むことですね」

　なぜあの日，自分によそよそしかったのかを聞きたかったが，とりあえず寺田は無難にこう応えた。

　少しすると，秘書がコーヒーを運んできた。その秘書が姿を消し，少し間があって，西園寺社長が本題に入る。

「延長になっていた二次入札だが，昨日，バインディングオファーが出揃った」

歓喜か？　死刑宣告か？

寺田と西郷は，身を硬くする。

西園寺社長がこう言う。

「ジェインと，交渉する」

寺田と西郷は，顔を見合わせる。

突然の朗報に驚く二人は，（えっ？　そんなにあっけなく？　なんだか拍子抜け）と思いつつも，思わず笑みがこぼれそうになる。

でも，上げといて，またすぐ奈落の底に落とされる可能性もある。
これまでもそうだった。
だからすぐに硬い表情に戻る。そして西園寺社長の顔を見る二人。

二人の気持ちを感じ取ったのか，西園寺社長は，
「寺田君には，途中で何度も心配をかけたが，ジェインと，最終交渉に臨むことにした。
条件が整えば，ジェインで決まるだろう。
SPA[1]も双方でマークアップしてあるから，後は最終の詰めだけだ。大きな論点はもう残っていない。
社外取締役たちにも，先日，事前説明をして，彼らの懸念点は全てクリアした」

ゆっくりとだが，寺田と西郷の目を見ながら，張りのある心のこもった声でこの重要な方向性を二人に伝えた。

（嬉しい！　でもにわかには信じがたい……）

二人とも同じ心持ちだ。

何か反応しなきゃいけないと思う寺田。
お礼だろうか？　いや，お礼を言うのは変だ。

1　SPA（Stock Purchase Agreement）は，株式譲渡契約のこと。売り手と買い手が株式譲渡について合意した内容で作成される契約書。

「出て行け」と言われたのは自分たちのほうで，その自分たちから，出て行く先が決まったことにお礼を言うのはおかしい。

　意に沿うところに決めてくれたことに対するお礼か？　もともと意に沿わないところはどこかと聞かれたから「事業会社は避けてほしい」と返した。結果として，事業会社にはならなかった。でもこれもお礼を言う話でもないような気がする。

　たくさんの思いが頭を巡る。

　とりあえず，区切りがついたという意味で，
「ありがとうございます」
と言い，頭を下げる寺田。

　西郷も頭を下げる。

　西園寺社長の隣にいる大久保も安堵しているかのように微笑んでいる。
（大久保は，笑顔になると，こういう顔になるのか……）
　西郷は，大久保の表情に反応している自分が可笑しい。
　大久保ともいろいろとあったが，もうそんなことはどうでもよい。ノーサイドだ。

　安堵の気持ちが落ち着いてくると，今度は，
（ここしばらくの間に，一体，何が起きていたのだろうか？　どういう経緯でその結論に達したのだろうか？　あの日，なぜ，自分によそよそしかったのだろうか？）
　寺田と西郷には，聞きたいことがたくさんある。ウズウズする。

　堪えられなくなり，寺田が，
「ジェインになって，正直ホッとしています。ところで，決め手は何だったんですか？」
と恐る恐る西園寺社長に聞く。

なぜジェインになったのか？

　西園寺社長は，大久保と小松に目配せをする。

「総合的にということだ。

すんなりと決められたわけじゃなかった。それはもう，多くの観点について議論したよ。

　一時期は，事業会社に傾いた時期もあった。ちょうど事業戦略ワークショップの頃だ。だから，あのときは寺田君の顔を見るのが，辛くて……。

　最終的には，価格については両者とも大差はなかった。他の要因でジェインが勝っていたということだ」

と西園寺社長が説明する。

「両者……ですか？」

「うん……外資は，結局，バインディングオファーを出さなかった。
と言うか，『今回は無理しなくていいよ』とこちらから伝えてあげたよ。
『こういうディールこそ取らないといけないのに，何をやっているんだ！』と，本国からかなり強烈なお叱りを受けたようだが，『また機会があるから，その際に声をかけてあげる。今回は，ほとぼりが冷めるまで静かにしていたほうがよい』と言ってあげたよ」

と言い添え，外資の投資ファンドが金融機関とトラブルになっている背景を二人に伝えた。

「そうだったのですね……」

「最後は，ジェインと事業会社の勝負だった。
　ジェインには，大久保君が，価格の再考を何度も何度もお願いしてくれてね。それでやっと議論の俎上にのぼってきた。我々には，その時間が必要だったから，バインディングオファーの提出日を少し延長させた。
　事業会社のほうは，入札に参加するのが初めてだったらしく，不備が多くてね。手間がかかったが，こちらも大久保君と小松君が対応してくれた。あの事業会社には良い経験になったんじゃないかね。大久保君は，授業料を請求したらいいくらいだよ」

と言い，西園寺社長は，屈託のない大きな声で笑う。

（この豪快な笑いは，久しく聞いていなかったなぁ）
寺田と西郷は，懐かしさを感じる。

（ジェインが価格を上げてくるのに時間が必要だったのか……）

と納得しながら，背景を共有してもらっていると，いつの間にか，30分が経っていた。

「ジェインに決まったことは，私から伝えたかったので，今日は，急に来てもらってすまないね。申し訳ないが，ここで失礼するよ。この後，来客があるんだ」
と言う西園寺社長の言葉で，二人は，西園寺社長の部屋を出ることにした。

エレベーターに乗り込んでくる小松

　帰りは，経営企画部長，大久保，小松がエレベーターホールまで送ってくれた。

　寺田社長と西郷がエレベーターに乗り込むと，それに続いて小松がさっと乗り込んできて，
「下まで送ります」
と言う。

　寺田社長と西郷は，二人だけで，この安堵感を味わいたかったが，目の前でエレベーターの扉が閉まった。

「すみません，お帰りのところ……お伝えしておきたいことがありまして，ついてきました」
と言い，1階に着いたところで，小松は，寺田社長と西郷を玄関ホールの隅の目立たない一角に連れていった。

（なんだろう……これで終わりじゃないのか……）

　寺田社長と西郷は，不安を覚える。

　小松は，周囲を見渡し，人目がないことを確認して，こう言う。
「お帰りのところ，申し訳ありません。
　私は，経営企画の大久保の下で，今回のディールを担当している小松です。
　どうしてもお二人にお伝えしておきたいことがありまして……」

　大久保の名前に寺田社長と西郷が反応し，警戒の表情が浮かぶ。

　それを見て取る小松。

「最近，電子さんとウチの大久保との間が多少ギクシャクしていることを承知しています。だからこそ，是非とも，お二人には，最近の大久保の動きを知って頂きたいと思いまして……」

　小松の言葉に戸惑う寺田社長と西郷。

小松の打ち明け話

　小松は一呼吸置いて，話を始める。

「少し前のことになりますが，実は，ジェインと事業会社からは，バインディングオファーの骨子案を出してもらっていました」

　小松は，いきなり話の核心に入る。

「その骨子案を比較すると，ジェインの提示価格が，事業会社が出してきた価格と比べて，かなり低いことが分かりました。
　あの事業会社は，電子事業の将来に大きな可能性を感じていますし，事業上のシナジー効果があるため，高い価格を提示できることは想像に難くありません。
　これを見て社内では，これだけ価格差があれば，事業会社のほうがよいのではという意見が当然のように出てきました」

　顔を見合わせる二人。

「それで……，電子さんに，事業会社を受け入れる余地は本当にないのか，再確認すべきではないかという話になり，渋る西園寺社長を説得して，寺田社長に打診して頂きました。
　しかし，寺田社長からはあの事業会社だけはご免こうむりたいという返答があったと，西園寺社長から伺っています」

（そうか……そういうことだったのか）

　寺田社長と西郷の二人に，あのとき，西園寺社長が打診してきた背景が見えてきた。

「価格については，ウチの社外取締役に経過報告をした際に，『価格は極めて

重要』とのご意見でした。

　社外取締役たちは，ウチの組織風土をよく分かっています。だから，価格を置いといて，その他の要因で決めてしまうのではないかということを懸念していました。そうなると外部に合理的な説明ができなくなります。

　でも西園寺社長は，寺田社長の思いを汲み取って，ジェインにしてあげたいというお考えでした。

　いろんな人がいろんな考えを持っておりましたので，社内では，だんだん譲渡先を一本化できなくなっていきました。

　そこで，とりあえず『決定を延期する』ということになりました。あの時は，どれだけの期間延長になるのか，極めて不透明でした。だから電子さんに対しても，本社での方向性が明確になるまで，当分の間，余計な情報を入れるのを差し控えよう，ということになりました」

　事業戦略ワークショップのとき，大手町の人たちがよそよそしい態度だったことに合点がいった二人。

「ウチらしい，モノの運び方ですよね……。面倒な状況になると，すぐに意思決定を先延ばししてしまう……」

　小松は，小さな声でそう呟く。

　（そうか，小松も大手町の組織風土を分かっているのか……）と小松にシンパシーを感じる二人。

ジェインと話をしながら打開策を探る大久保

　一呼吸おいて小松は続ける。

「そういった経緯で，電子さんの譲渡先の意思決定はデッドロック[2]に乗り上げましたが，いつまでもこのままにしておくわけにはいかない，と言う人もいて，社内は，次第に『西園寺社長が，ああはおっしゃるものの，高い価格を提示している事業会社で決めざる得ないのでは』という方向に傾いてきました。

　そこで大久保と私は，事業戦略ワークショップの日も，ジェインに来てもら

2　デッドロックとは，お互いがロック解除待ち状態となり，どちらも処理が進行できなくなる状態のこと。

って，価格面で検討の余地がないかを探っていました。

　守秘義務があるので，当然のことながら，ジェインには，二次入札に何社残っていて，どこがジェインの競合なのかを伝えてありませんでした。だからジェインも，我々との会話のなかで，誰と何を競っているのかを知ろうとしていました。日下部代表パートナーもミーティングに出てくるようになって，我々との会話も突っ込んだ内容が多くなってきました。

　そのなかで我々は，ジェインが『ミツカネ電子を事業会社に取られるのは仕方がないが，他の投資ファンドに取られるのは耐え難い』と考えていることが分かったのです」

　投資ファンドの世界における厳しい案件獲得競争に思いを馳せながら，小松の話に聞き入る二人。

「事業戦略ワークショップが終わった頃，大久保と私は，ジェインを訪問しました。
　その日，大久保がこう言ったのです。
『我々は，今回は，是非ともジェインさんとこのディールをやりたいと思っています』と。
　私は，もうビックリして，大久保の隣で，唖然として大久保を凝視しました。そんな私のことなど全く眼中にないかのように，大久保は，
『でも今のジェインさんのオファー価格では，ウチの取締役会を通すことは難しいです。今回，バインディングオファーの提出期限を延長しますので，その間にバリュエーションを見直してもらえないでしょうか』と言ったんです。そして，『外資の投資ファンドがどれだけのレバレッジをかけて価格を設定してくるのか，ジェインさんなら分かると思います』
と信じられないような踏み込んだ発言をしました。
『これがミツカネの気持ちだとご理解ください。分かって頂けますよね。バリュエーションの目線だけなんです』と言って，ジェインの日下部代表パートナーに深々と頭を下げたのです。
　私は，話の成り行きを呆然としながら，隣で聞いていましたが，大久保が，深々と頭をさげるので，つられて，自分も同じように頭をさげていました」

想像をはるかに超える話に，二人は息をのむ。

「ジェインの日下部代表パートナーは，『自分たちは，誰よりも自分たちこそが，ミッカネ電子さんの事業を大きく発展させられると自負している。電子さんにとってみても，我々が最良のパートナーであると思います。バリュエーションが問題なのだとしたら再検討します。投資委員会[3]を経る必要があるので，もう少し時間をください』とおっしゃって，再検討を約束してくれました」

西郷の腕には鳥肌がたってくる。

「そもそも，あの時点では，外資の投資ファンドは，バインディングオファーを出せないとほぼ分かっていました……だから大久保が，あんなことまで言って，ジェインに頼み込む姿に私は衝撃を受けました。
　あれだけ『公正な競争環境を』と言い続けてきた当の本人が……あんな嘘までついて，踏み込んだ話をして，ジェインにバリュエーションを再考させたのです。
　今の時代は，コンプライアンスやガバナンスなどと言われるので，オークションにおいても，我々は中立のスタンスをとるように意識していました。そのなかで，『こんなことを言って大丈夫なのか』と私は，ただただ驚いていました」

言葉が出ない二人。

「その結果，ジェインは，最終的にウチの取締役会を通せる金額にまで，価格を上げてくれました」

（大久保さんが……そんなリスクを冒してまで，やってくれていたとは……）
　西郷は，片手で目頭を押さえる。

　小松は話を続ける。

「大久保は，最近，西郷さんと口論になることが多くて……西郷さんとの打ち合わせの後は，いつも後味が悪そうな表情をしていました。

3　投資委員会とは，投資ファンドのポートフォリオを監督する独立した組織のこと。投資方針を策定し，ファンドマネージャーをモニタリングする役割を担っている。

あの後，大久保に，『どうして，そこまでするのか？ 西園寺社長のためか？』と聞いたのです。そしたら大久保は，『そういうことではない。結果として，西園寺社長のためになったとしたら，それはそれで嬉しいが，それよりも，このディールの最中，自分の至らなさが，電子さんに不利な状況をもたらした。西郷さんには，幾度となく迷惑をかけた。自分にできることがあったら，何かしなければいけないと思った』と言うのです」

西郷は，大きく息を吸う。その目には涙が滲んでいる。

大久保のケジメ

「さらに大久保は，『オークションの当事者として，重要なことは，オークションの参加者を平等に扱うことだ。ジェインに対して踏み込んだ分だけ，事業会社のほうにも踏み込む』と言って，あれほど忙しい大久保が，事業会社にも何度も足を運んで，本来ならあちらのFAがきちんと整えるべきことを含めて，かなり突っ込んだ指導をしました。大久保は真面目すぎるところがあるんです。『両社とも，それぞれに足りないところをサポートする。どちらかを有利に取り扱ったわけではない』というのが，大久保流のケジメのつけ方だったのだと思います」

（そうだったのか。大久保さん，本当にありがとう）
西郷は，何度もまばたきしている。

「あっ，すみません。すっかりと長話になりました。
私は大久保と一緒にこの件を経験することができて本当に良かったと思っています。
大久保からは，このことは誰にも話すなと言われたのですが，お二人にはどうしてもご理解頂きたくて……おひきとめしまして，申し訳ありませんでした」

小松は二人に一礼する。

「話してくれて，ありがとう。このことは，二人の胸に収めておくので，安心してください」

寺田社長が小松に礼を言う。

（やっぱり，ミツカネは家族だ）

　寺田社長と西郷は，胸を熱くしながら，語る言葉も少なく，帰路についた。

2 ミツカネ電子のマネジメントチーム

X day対応策

　ミツカネ電子に帰り着いた寺田社長は，直ちに，マネジメントチーム会議を招集し，寺田社長，西郷経営企画部長，富田営業部長，古江工場長の四人が社長室に集合した。

　寺田社長は，大手町が総力をあげて頑張った結果，ジェインが最終交渉の相手となったことを，富田営業部長と古江工場長に話した。ただ，大久保が外資ファンドを当て馬にして，ジェインの価格を引き上げさせたことなどの詳細については触れなかった。

　富田営業部長と古江工場長は，
「大手町は良い選択をしてくれました。これも寺田社長と西郷さんの努力の賜物です。これで一安心です。良かったですね」
顔に満面の笑みを浮かべ，二人の気持ちも沸き立ってきていた。

　寺田社長は，二人の興奮が収まるのを待って，こう伝える。

「今後の喫緊の最重要課題は，X dayにおける対応です。
　大手町の取締役会で，ウチの株式をジェインに譲渡する旨の機関決定がなされたら，すぐにプレスリリースが行われます。
　取締役会は臨時で開かれると思うので，現時点では，X dayがいつになるのか分かりませんが，X dayには，その日のうちに，社員や取引先などに，私たちからこの件を知らせる必要があります」

　これを受けて，西郷がこう言う。

「X dayにおける社内の情報共有プランについては，既に原案を作り始めています。
　社内のイントラやメールなどの社内連絡網を用いて，情報を共有する予定です。動画で社長からのメッセージを配信することも考えています」

「ありがとう……。う〜ん，でも今回は，もっと積極的な姿勢で，気持ちを伝えられるような情報共有が要ると思う」

寺田社長は，少し硬い口調でこう言う。

「積極的な姿勢とは？」

寺田社長の考えを探ろうとする西郷。

誰一人取り残さない

「想像してごらんよ。社員がイントラやメールを見る前に外出先から直帰したとしよう。

　ウチに帰るとすぐに，報道でこの件を知った家族から『お父さんの会社が大変なことになっているんだって？』と言われるんだよ。その時の社員の気持ちを考えてほしい。

　あるいは会食に行って，他社の人たちから『お宅はどうなるのですか？』って聞かれるかもしれない。

　自分の会社がどこかへ譲渡されるというニュースを，社外の人から突然聞かされた社員は，晴天の霹靂どころか，会社に見捨てられたような大きな疎外感を抱くだろう。

　そんなことは絶対にあってはならない」

　寺田社長の口調に熱がこもる。続けて，

「大手町の取締役会は，普段は，９時半スタートだ。昼過ぎには終わる。

　その後，情報開示になるから，プレスリリースは，午後３時半[4]だろう。ということは，その日の午後３時半にはオンラインで報道されるということだ。

　X dayには，『ウチの株がジェインに譲渡される』という情報を，ウチの社員全員が，確実に得てから，帰宅させたい。

　外から知らされるのではない。会社から社員に，直接，この情報を知らせなきゃいけない。誰一人取り残してはならない」

　寺田社長の口調は，決意に満ちている。

4　2024年11月５日から東証取引時間の後場は，３時半まで（従来は３時まで）に変更された。

ハッとする西郷。

今回のアナウンスは，年始の挨拶などとは全く次元が異なる社内アナウンスなのだ。

「分かりました。『ウチの社員には，その日のうちに，我々から確実に直接知らせる。その後，帰路についてもらう』方法ですね。再検討します。

X dayにおいては，当然のことですが，幹部社員に対しては，社長から，直接，伝達をしますよね？」

「もちろんだ。それを受けて，その幹部社員からも，部下に譲渡のことを伝えてもらわなくてはいけないからね。

それから……デューデリジェンスに参画した社員には，X dayの日の午後一番に，このことを前振りしておきたい。多少，フライングになるが，彼らからは，誓約書をもらっている。これまでこの件に関与してくれていた彼らにこそ，この件を社内でポジティブに捉える伝道者の役割を担ってもらいたい。

X dayにおいて，プレスリリースがなされるのが午後3時半だとすると，それ以降1時間おきに，たとえば3時半スタート，4時半スタートと2回は説明会が開ける。書面での通達に加えて，説明会では，私の口から社員に直接話をしたい。私は，何度でも話すつもりだ。来れる社員には，できる限り説明会に来てもらいたい。

本社関係を終えたら，工場にも出向いて，工場の人たちにも直接私から話をする。それまでの間は，古江工場長の方で工場内の動揺を防いでほしい。よろしく頼みます」

そう言って，寺田社長は古江工場長の目を見る。

古江工場長は，真剣な眼差しで，大きく頷く。

寺田社長は，次に，富田営業部長のほうを向いて，こう伝える。

「事業所のほうも同じだ。事業所にも私が出向いて話をする。X day当日は，サラッとになるだろうが，翌日以降は，しっかりと説明したい。

お客さんのところにも挨拶に伺うので，必要に応じて，大口のお客さんとは会食のアポを入れてほしい」

富田もしっかりと寺田社長の目を見て答える。

「お客さん対応については，先日，ご指示があったので，どういう順番で話をするかについてシミュレーションはできています。

　先方の都合もあるので，アポ設定が出来次第，社長にもご足労をお願いします」

「うん，ありがとう。

　X day以降，当面の間，自分のスケジュールは，全て，社員，取引先などへの説明にあてる。

　X dayの翌日からは，タウンホールミーティングを開く。全社員と車座で直接会う。ウェブだけではダメだ。地方にも海外にも会いに行く。

　タウンホールのスケジュールは，西郷さんのほうで，秘書とスケジュール調整をして企画してもらえないだろうか。東京は，X dayに直接私が話す機会があるので，地方を優先させてほしい。

　タウンホールでも，誰一人取り残さない」
と言い，寺田社長は西郷に目配せをする。

　社長室に高揚感が漂ってきた。

「分かりました。社長と直接会う機会があれば，社員のモチベーションは上がります。ありがとうございます」

　西郷は引き締まった顔で答える。

　四人とも，第二の創業の幕開けを実感していた。

3 ミツカネ工業の臨時取締役会

「Project Elephantの件（決議事項）」

今日，ミツカネ工業では，臨時取締役会が開催される。

議案表には，「Project Elephantの件（決議事項）」とある。

議長が，取締役会の開会を宣言する。

「Project Elephantの件」を説明するのは，経営企画部長である。

経営企画部長は，一次入札を通過した3社のうち，1社がバインディングオファーに至らなかったことを説明し，残りの2社が提示してきたオファーの条件を比較した結果，ジェインのオファーが優れていると判断したことを説明した。

ジェインとの最終交渉の結果，全ての論点がクリアになり，契約書は，弁護士が最終チェックを済ませていること，クロージングは，4月1日を予定していることを説明し，出席している取締役に質問やコメントを求めた。

「先日の経過説明では，ジェインの価格が低いという話がありましたが，最終的に，価格にはそのような差はなかったということですね」

と和泉教授が確認する。

「はい，一次入札を通過した3社とは，何度も公正なやり取りを行いました。

その過程で，ジェインは，価格について再検討を行い，最終的に，ジェインともう1社の事業会社との間には，大きな価格差はありません」

と，経営企画部長は説明する。

今回は，オンラインで臨時取締役会に出席しているジェニファーは，これを聞いて，画面の向こうで大きく頷いている。

「この件は，メディアでも大きく取り上げられると思う。

ミツカネ電子の株式譲渡の件が報道されると，『譲渡によって得た資金を何にどう使うのか』という質問が出ると思うが，それへの回答は準備していますか？」

四人の社外取締役の中で一番の古手で筆頭格の豊田が確認する。

「はい，プレスリリース案を，取締役会配布資料のなかに入れておきましたので，それをご覧ください」

経営企画部長はそう言って，取締役会の資料を映しているスクリーンを，本日，開示する予定のプレスリリース案に切り替える。

「このプレスリリースは『ミツカネ電子の株式譲渡について』ですので，大半は，その株式の譲渡についての説明です。しかし最後のところで，ミツカネ工業として，譲渡によって得た資金の使途についても触れています」

経営企画部長は，プレス資料の後段にある資金使途の部分の記述について説明する。

これを聞いた豊田は，こう応じる。
「投資家は，資金使途については，大きな興味を持つと思います。
子会社の電子を適切な価格で譲渡して，それによって得られた資金を用いてさらなる飛躍を遂げるというストーリーをマーケットは期待するでしょうし，そのように受け取られるならば，株価の上昇も期待できます」

元官僚の大倉は，
「今回の株式譲渡の件は，メディアも強い興味を示すと思いますので，彼らは，電子にも直接，取材を行うと思います。
電子のメディア対応は大丈夫ですか？　ミツカネ工業の説明と食い違うようなことがあっては困ります」
と，ミツカネ電子のプレス対応体制を心配する。

「はい，電子とは，一緒にプレス対応のQ&A集を作ってきましたので，大丈夫だと思います。とは言っても，プレス対応には慣れていないので，ある程度の期間は，こちらの広報担当が電子をサポートいたします」
経営企画部長は，プレス対応について，電子と連携がとれている旨を説明する。

その後，いくつか質疑応答を経て，「Project Elephantの件」は，取締役会において承認決議された。

「おめでとう」を伝える西園寺社長

　取締役会終了後，西園寺社長は，ミツカネ電子の寺田社長に連絡し，
「今日の臨時取締役会で，ジェインへの株式譲渡の件が無事決議された。おめ
でとう」
と伝えた。

　これで一つ，区切りがついた。

> **解説** 事業計画の見直しは対象会社からも言い出そう

　第6章において，強すぎるマネジメントケースのために，高すぎる買収価格が導き出される背景を解説した。本章の解説では，数年後に，減損という事態に陥ることを避けるために，クロージング直後にどうすべきかについて考察する。

1．双方の言い分

■親会社の言い分

　M&A取引を実行した多くの事業会社においては，数年間その恐れがあることを薄々と感じてきたが，実際にのれんの減損の話が出てくると，あのときのM&A取引は高値づかみだったのではないかと，社内で囁かれるようになり，PMIも上手くいっていないのではと，追及のボルテージが高くなる。

　親子双方には，それぞれ言い分がある。

　買い手であった親会社は，「ある程度高い価格だったかもしれない。でも買収価格は，バリュエーションのレンジ内だった。そのバリュエーションは，子会社（当時の対象会社）から提示された事業計画を基にした。子会社は，できもしない施策まで事業計画に盛り込んだようだが，デューデリジェンスのときに，あれが無理な計画だとにおわせる言葉は一切なかった」と憤慨する。

　そして，「オートノミーが欲しいと言うから，これまで数年間，特段，介入も邪魔もせず，やりたいようにさせてきた。自分で作った事業計画なんだから，ちゃんと実行してほしい」と突き放す。

■子会社の言い分

　これに対する子会社の言い分はこうだ。当時の親会社（売り手）から「どうせデューデリジェンスで叩かれるから」と言われ，あの数字を作った。自分たちは，当時の親会社の指示にしたがっただけ。そもそも子会社の立場で親会社には逆らえない。

　契約後，それなりの譲渡価格になったと当時の親会社（売り手）は喜んでいたが，ウチは内心，大変だと思った。でも当時の親会社からは，こう言われた。「将来のことなど誰にも分からない。実際，新型コロナウィルスが世界的に蔓延するこ

とは，予測不能だったじゃないか。事業環境が好転することだってある。そうなれば数字はよくなる。世の中に言い訳はいくらでもある。そんなことくらい買い手だって分かっている。これからは新たな親会社のもとで頑張ってくれ」。

　その後，今の親会社グループに入って数年経ち，「自分がやると言った事業計画はきちんと実行してください」と言われている。でもあの数字には，シナジー効果が織り込まれている。だから自分たちだけであの数字を達成することは不可能だ。既に親子関係は冷え切っていて，親会社からは「事業計画を変えることは一切許さない」と言われ，シナジー効果の話を切り出すことさえできない。

2．同床異夢の親子

■子会社が認識するギャップ

　自分の実力値（A）と買収価額の間にどれくらい乖離があるかを最もよく分かっているのは，他の誰でもない，子会社である。子会社は，自分の実力である（A）が認識できるため，買収価額をみると，その差がどれくらいあるかが認識できる。

　実力値（A）と買収価額とのギャップ分は，（B）のストレッチ分と（C）のシナジー効果と，（D）のロジック脆弱の積み上げ分の一部である。子会社は，この（B）と（C）と（D）の一部をどれくらい顕在化させなければいけないかが，かなり早いタイミングで認識できているということである。

図表 7 - 1 ▶子会社目線からのギャップ

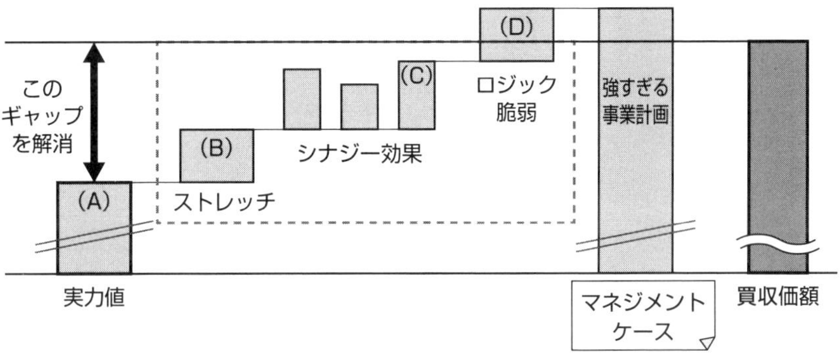

このなかの（B）はストレッチ分であり，頑張れば実現できる可能性がある[5]も，今までできなかったことであり，できていない理由がある。バラ色の戦略も項目を列挙しただけで中身は詰まっていない。

（C）のシナジー効果は，新たな親会社と協働して価値を創出する部分であるが，誰が新たな親会社になるか分からないなかで想定した内容である。新たな親会社に協働する意思やキャパシティがあるかは検証できていない。

（D）は，ロジックが脆弱である。数字として上積みしただけであり，何ができそうかの検討すらしていない。すべてはこれからである。

ということで，マネジメントケースには，ストレッチ分（B），実現可能性が検証されていないシナジー効果（C），さらにロジックが脆弱な（D）が含まれており，買収価額がマネジメントケースをもとにした価値に近いとしたら，かなりの価値創造を必要とする状況である。

対象会社は，自社の純資産の数字が分かるため，親会社の貸借対照表（BS）にのれんがいくら計上されるかについては，買収価額が分かった時点でおおよそ認識できる。自分の実力値（A）と買収価額のギャップも分かるため，のれんが減損になる可能性については，かなり早い段階で察知できる立場にある。

■親会社が認識するギャップ

他方，親会社のほうは，クロージング当初は，子会社の実力値（A）が分からない。認識しているのは，図表7−2のとおり，スタンドアロン（c）と買収価額のギャップである。スタンドアロン（c）の価値が子会社の実力値（A）とどれくらい離れているかが大きな問題であるが，それを横に置いといたとしても，親会社は，少なくともスタンドアロン（c）と買収価額のギャップをシナジー効果（d）で埋め合わせる必要がある。

---

5 できない理由が，組織のしがらみなどであれば，新たな親会社のもとであればできる可能性はある。

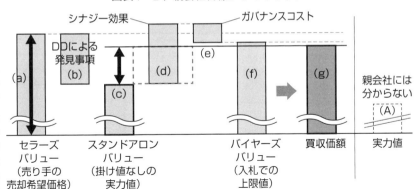

図表7-2 ▶親会社目線からのギャップ

　ところがこのシナジー効果（d）は，親会社が，買い手候補として，一方的に想定した内容であり，子会社（当時の対象会社）にその実現可能性を確認できているわけではない。

■親子は異なる内容のシナジー効果を想定

　という状況であるため，双方とも，同じ「シナジー効果」という言葉を使っているが，その中身は，親会社と子会社とで，異なる内容を想定している可能性がある。親会社が言うシナジー効果は，クロージング前に親会社の視点から一方的に想定したものであり，子会社が言うシナジー効果は，子会社の視点から一方的に想定したシナジー効果である。

図表 7 - 3 ▶同床異夢の親子

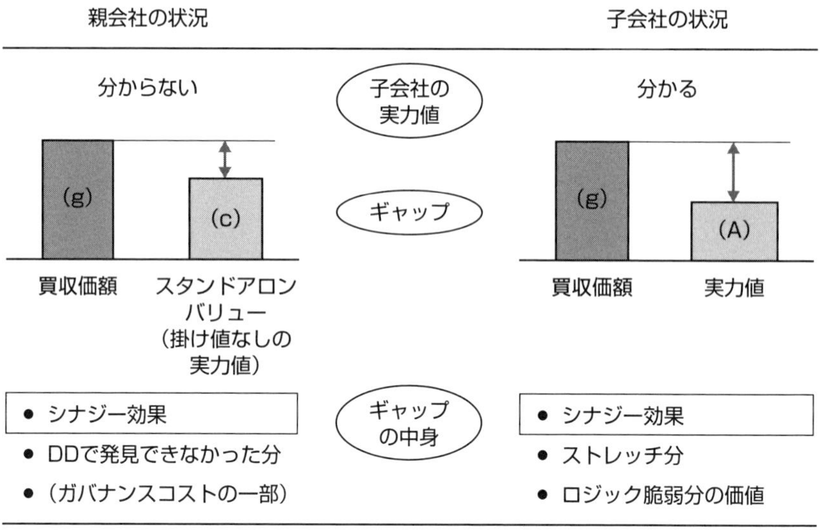

親会社の状況		子会社の状況

分からない　　　　　　子会社の　　　　　　分かる
　　　　　　　　　　　実力値

（g）　　　　　（c）　　ギャップ　　　（g）　　　（A）

買収価額　　スタンドアロン　　　　　　買収価額　　実力値
　　　　　　バリュー
　　　　　　（掛け値なしの
　　　　　　実力値）

- シナジー効果　　　　ギャップ　　　- シナジー効果
- DDで発見できなかった分　の中身　　- ストレッチ分
- （ガバナンスコストの一部）　　　　- ロジック脆弱分の価値

3．事業計画の見直し

■シナジー効果が鍵

　高値づかみになる背景は，子会社（当時の対象会社）が，売り手（当時の親会社）の意向を踏まえて，強すぎる事業計画を策定したことであるとしても，ディールがクロージングを迎えたら，バリュエーションの基になった事業計画の数字は実現させなければならない。実力値（A）と買収価額とのギャップ分をシナジー効果で埋めるということであるが，この時点で，問題になるのは親子それぞれが想定しているシナジー効果の内容が異なるという点である。

　シナジー効果は，親子および親会社のグループ会社など，複数の関与者が一緒になって価値を創出するものである。子会社だけで創出するものではない。したがって，親子それぞれが，どういった内容のシナジー効果を想定したかを，テーブルのうえに広げて，棚卸しすることが必要である。そのなかで双方が実現可能であるというシナジー効果を抽出する。短期と中長期，定量的なものと定性的なものに分けると議論がしやすい。双方ができるはずだと言うシナジー効果については，内容をさらに詰めて施策に落とし，実行計画を作る。片方が想定したものの，もう片方が

第7章　第二の創業　255

その実現は困難だというようなシナジー効果はおそらく実現できない。そうであれば，他の代替案のシナジー効果の施策を一緒に検討する。

　こうやってある程度ストレッチしつつも，実現可能な内容の事業計画を再策定するとともに，できるはずとして抽出したシナジー効果については，その実現のための行動計画を策定し，これを100日プラン[6]のアジェンダに入れる。そしてプロジェクトチームを組成して，進捗に応じて，計画の修正や，経営資源を追加投入するなどして，確実に数字を達成する。

図表7-4 ▶ 新たな事業計画策定プロセス

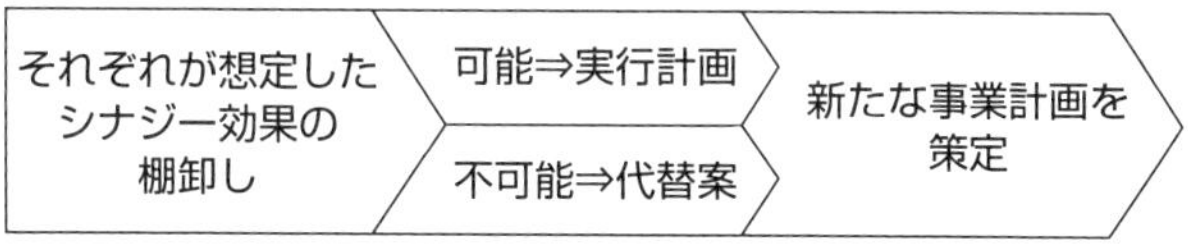

それぞれが想定した
シナジー効果の
棚卸し

可能⇒実行計画

不可能⇒代替案

新たな事業計画を
策定

■子会社から働きかけよう

　これが実行されないと，親子は同床異夢のままである。クロージングを迎えたら，子会社のほうから親会社に「一緒にシナジー効果を発現させよう」と働きかけたらよいのではないだろうか。

　事業計画を盛っていたことが露呈するため，「事業計画を見直そう」とは言い出しにくいだろうが，シナジー効果のことであれば，話を切り出しやすい。子会社の立場であると，どうしても親会社からの指示を待つ姿勢になりがちだが，シナジー効果が発現しないと，減損の可能性が高まる。そうなるとグループにおける子会社の立場が弱くなるため，減損という事態を避けるためにも，子会社からも話を切り出し，親子で力を合わせて想定した数字を実現させなければいけない。

　親会社のほうも「当初の事業計画は，子会社が自分で策定したものだから，ちゃんと達成してもらいましょう。数字を変えることは認めない」と突き放すような態度ではなく，どうやったら一緒に達成できるかを，クロージング後，早い段階で検討開始したらよいのではないだろうか。

6　100日プランとは，契約またはクロージング直後から100日間に行う作業の計画やスケジュールのこと。

■信頼関係の醸成がベース

　M&A取引では，表面的には，単体としての対象会社がディールの対象であるが，現実的には，対象会社が策定したマネジメントケースにも，買い手が想定する金額にも，それぞれにシナジー効果の価値が含まれている。

　各立場でそれぞれの言い分はある。最初は同床異夢のシナジー効果かもしれないが，それを修正しながら，シナジー効果発現の施策を実行することを，当事者だけでなく株主をはじめ全てのステークホルダーも求めている。

　その際にベースになるのは，両社の信頼関係である。シナジー効果の棚卸しについては子会社が言い出すにしても，親会社のほうからも歩み寄って，双方で信頼関係を醸成することから始めることが必要であろう。

図表7-5 ▶新たな事業計画策定プロセス

エピローグ■アクティビストのドラゴンからの連絡

3時半の投げ込み直後

　ミツカネ工業では，臨時取締役会の日の午後3時半に，ミツカネ電子の株式をジェインに譲渡する件について，投げ込み[1]がなされた。

　予想どおり，直後からミツカネ工業にはあらゆるメディアからの問い合わせが殺到し，リリースに記載していたIR担当者の連絡先はもちろんのこと，普段からコンタクトがある経営企画や経営陣たちにも連絡があり，会社のコメントをとろうとした。

　西園寺社長への取材申し込みもいくつもあり，IR担当部局と秘書部長は，連携しながら，内容に応じて取材申し込みを捌いていった。

　その日の夕刻，秘書部長が，西園寺社長の部屋に青い顔をして駆け込んできた。

「社長，大変です！
　今しがた，ドラゴンのチャールズから電話があって，『今日あるいは明日，できるだけ早いタイミングで西園寺社長に会いたい』とのことです。
　ネット配信で電子についての報道を見たようです。
『今日の予定はいっぱいだからもう無理だ。明日も始業時間から終日スケジュールが入っている』と伝えたのですが，『朝，どんなに早い時間でも大丈夫。10分でいいから時間を取ってくれ』とのことです。
『かわりに経営企画部長がお会いする』と伝えたのですが，どうしても『西園寺社長と直接話をしたい』とのことです……」

　ここしばらくドラゴンのことが頭から消えていた西園寺社長。

1　投げ込みとは，記者クラブに所属する新聞社やテレビ局にプレスリリースを配布すること。

（ドラゴン……そうだった。ドラゴンがいたんだ。
『電子がなくなったらミツカネ工業はどうやって生きていくんだ！』と非難しに来るのかもしれない……）

「アポは入れたのか？」

「いえ，まだです。『可能性があるのは明日早朝の時間帯だけだが，調整を要するので，後ほど連絡する』と答えてあります」

　秘書部長は，西園寺社長の指示を待っている。

「分かった。すぐに，法務部長と経営企画部長を呼んでくれ」

　またアクティビストが騒ぎ始めるのか……。
　ホッとしたのもつかの間か。
　今夜は，眠れそうにない……。

決議の翌日の早朝

　翌日の朝6時30分。

　西園寺社長の部屋には，西園寺社長，経営企画部長，法務部長，広報IR担当者，そしてこのディールを担当した大久保と小松が参集している。IR担当と法務部のスタッフは，昨夜遅い時間まで，西園寺社長がドラゴンと会談するための想定問答集を作成していた。

　西園寺社長は，緊張した面持ちで，想定問答集の内容についてレクチャーを受けた。

「ドラゴンは，こんなことまで言ってくるのかなぁ……」
と西園寺社長がつぶやく。

　そのつぶやきには反応しない法務部長が，こう言う。
「ドラゴンは『将来の稼ぎ頭である電子を売却するのは大問題だ』と怒りをぶちまけに来るのかもしれません。
　ドラゴンへの基本姿勢は，『昨日のプレスリリース以上のことは言わない』ということでお願いします。
　想定していない質問が出た時には，『検討中である』とか，『確認して，別途

返事する』とかお答え頂いて，その場での明確な返答は避けてください。細かい質問は経営企画部長が引き取ります。冷静な対応をお願いします」

「分かった。今朝のドラゴンとの会談は最大の正念場だね」
西園寺社長は大きく一呼吸する。

午前 7 時25分

午前 7 時25分。
秘書部長から，「ドラゴンのチャールズが来ました」との連絡が入る。

朝早い時間は受付が開いていないので，チャールズが到着した際には，秘書部長に連絡をもらうことになっていた。

秘書部長からの連絡を受けて，西園寺社長は来客用の会議室に向かう。想定問答集を小脇に抱えた経営企画部長がそれに随行する。
他のメンバーは，西園寺社長の部屋で待機だ。各人とも，次に起こりうること，それへの対処のことを考えていた。

午前 7 時43分

西園寺社長が社長室を出ていってから15分余りが経った。

午前 7 時43分。

社長室にはまだ緊張感が漂っている。
その社長室に，西園寺社長と経営企画部長が，戻ってきた。
二人の表情には，焦燥感はない。

「えっ？　もうですか？……チャールズとのミーティングは，どうなったのですか？」

待機していた皆は，一様に驚く。

「ミーティングは無事に終わった。あいつ，約束通り，10分で帰っていったよ。言いたいことだけ言ってね」
と言い，自分の椅子にドカッと座る西園寺社長。

「チャールズは，何を言ってきたのですか？」

　西園寺社長の顔が緩む。
「『おめでとう』だとさ」

　キョトンとする一同。

「あいつは，『直接，お祝いを伝えたかった』と言って，私の両の手をとって，称えるように，上下に振りおった。
（何か，お祝い事でもあったかな？）と一瞬思ったが，『ミツカネ電子を売却したのは，正しい選択です。素晴らしい』と言うんだよ。拍子抜けしたよ」
と言い，大きく息を吐く西園寺社長。

「だからチャールズに聞いたんだよ。『今朝，ここへ来たのは，私を非難するためではなかったのか？』とね」

　皆，その答えが聞きたくてたまらない。

　ドラゴンのチャールズは，かねてから『時代遅れの事業から早く撤退すべきだ』と言っており，ここにいる誰もがチャールズのいう時代遅れの事業とは，非鉄事業のことであると，捉えていた。

　経営企画部長が，この続きを引き取る。

「西園寺社長のその質問に，チャールズは，『ミツカネ工業は，非鉄事業しか，経営できない会社なのだから，非鉄事業に集中すべきだ。非鉄事業のなかに時代遅れの事業があるじゃないか。あれを早く何とかすると，非鉄事業はもっとよくなる』と言いました。そして，
『これまでいくつもの新規事業に取り組んできたが，どれもこれも減損になって資金流出させている。ミツカネがゴルフクラブのシャフトを作ったときは，すごい技術力を持っていると思ったが，ゴルフクラブのショップまで展開して，5年間も赤字を垂れ流したことを知ったときは，何をやっているんだと思った。電子事業も，ミツカネグループのなかで，これ以上成長させることは無理だとみていた。減損を出す前に売却を決断できたことは素晴らしい』と言っていました……。
『ミツカネ工業がやるべきことは，非鉄に集中すること。非鉄で効率的な経営

をして，利益を出す。そして株主還元を行う。下手に他の分野に手を広げる必要はない』とのことでした」
と説明し，いくぶん渋い表情になる経営企画部長。

　西園寺社長が，こう補足する。

「チャールズは，『スピンオフのほうが良かったが，すぐに上場は難しいだろうから，それは許す』と言っていた……。
　『電子の売却で資金が入ってくるので，株主還元を忘れないでください』とも言っていた。まったく……あいつはなぁ……」

「それって，東京事務所代表の山本さんが通訳してくれたんですか？」
と大久保が訊ねる。

「いや，チャールズは一人で来た。
　山本さんは辞めたらしい。『山本さんの通訳では自分が言いたいことが相手に伝わらないので，山本さんはもう必要ない』と帰り際に言っていた。確かに，山本さんの意訳はすごかったからね……チャールズは，『自分で日本語を勉強することにした』と言っていたよ。彼の日本語はかなり上手いよ。
　ただ……日本語ネイティブじゃないから，胸に刺さる直球の物言いだ。だからこそ言いたいことは明確にこちらに伝わってくるが……」
と苦笑いしながら説明する西園寺社長。

　状況が見えてきた。

　想定問答集が役に立たなかったことを知って，ホッとする反面，複雑な心境だ。そんな皆の気持ちを大久保が代弁する。
「チャールズが騒ぎ立てなかったことは……良かったです……。
　でもチャールズが言っているのは，『ミツカネは，非鉄事業以外の事業を担う能力がない』，『ミツカネ工業には新規事業を育成する能力がない』ということですよね」

　その場にいる皆も，悔しそうな表情になる。

「まぁそういうことだ。あいつは，言いたいことだけ言って，帰っていった。
　結局，彼らは，投資先のサスティナブルな成長には興味はないんだ。うわべ

だけは正論を吐くが，しょせん短期間での利益追求と株主還元にしか興味がないんだよ」
と言い，西園寺社長は，大きなため息をつく。

「とりあえず一件落着だ。皆，お疲れ様。ありがとう。
　さぁ，解散だ！　夕べから寝てないだろう。ゆっくりと休んでくれ」
西園寺社長は皆を労う。

　一人になりたかった。

　皆を部屋から送り出した西園寺社長の頭に浮かんできたのは，日本で最大手の鉄鋼会社が，米国の最大手の同業を買収すると発表した，数日前の報道のことだ。

（日米企業の大型再編で，総合力で『世界一』を目指すとメディアが書いていた。
　ああいう成長戦略もある……。新規事業がモノにならないのなら，M&Aもある。ウチに海外M&Aはできるだろうか……。PMIは大変そうだが……）

午前 9 時20分

　ドラゴンのチャールズと面談した数時間後，秘書部長が西園寺社長の部屋に駆け込んできた。

「社長！　大変です！　株価が!!」

「うん，私も見ている。こんなに株価が上がるなんて……記憶にない。こんなこと，ミツカネに入ってから初めてだ!!」

[参考文献・参考資料]

- 図解＆ストーリー「子会社売却」の意思決定，岡俊子，中央経済社，2023年
- 図解＆ストーリー「資本コスト」第3版，岡俊子，中央経済社，2024年
- 企業買収における行動指針，2023年8月31日，経済産業省
- 資本コストや株価を意識した経営の実現に向けた対応について，2023年3月31日，東京証券取引所
- 事業再編実務指針，経済産業省，2020年
- 公正なM&Aの在り方に関する指針—企業価値の向上と株主利益の確保に向けて—，経済産業省，2019年6月28日
- コーポレート・ガバナンス・システムに関する実務指針（CGSガイドライン）経済産業省，2017年3月，2018年9月に改訂，2022年7月に再改訂
- 近時の諸環境の変化を踏まえた買収防衛策の在り方（2008年報告書），経済産業省，2008年
- 企業価値の向上及び公正な手続き確保のための経営者による企業買収（MBO）に関する指針，経済産業省，2007年
- 企業価値・株主共同の利益の確保又は向上のための買収防衛策に関する指針（2005年指針），経済産業省・法務省，2005年5月27日
- 敵対的買収とアクティビスト，太田洋，岩波新書，2023年
- 米国アクティビスト・ファンドの実態と資本市場における役割，岩谷賢伸，野村資本市場研究所，2007年
- アクティビスト投資家の近時動向，一般化する株主アクティビズムと目立つM&Aアクティビズム，2024年3月11日，大和総研，コンサルティングレポート

●索引

●欧文

100日プラン ························ 255
3Dインベストメント ············· 42
CA（Confidentiality Agreement）
·································· 68
DA（Definitive Agreement）····· 72
DCF法 ······················ 116, 223
DCM社 ···························· 39
DD実施要領 ··················· 72, 152
DD対応チーム ····· 138, 144, 147, 196
DNP（大日本印刷）··············· 25
ESG ····························· 45
ESGアクティビスト ·············· 45
EXIT ··············· 28, 40, 60, 212
FA ······························ 77
IPO ························· 83, 93
JSR社 ··························· 26
J-STAR ·························· 42
LBO ························· 39, 110
M&Aアクティビズム ·············· 35
MBO ························· 35, 42
NDA（Non-Disclosure Agreement）
·································· 68
Non-Binding ···················· 126
NPO ······················· 9, 22, 45
PBR ··············· 14, 25, 34, 42
PMI ···························· 262
Q&Aシート ··········· 159, 196, 206
Q&Aセッション ·················· 115

Q&A対応 ················ 191, 194, 204
ROE基準 ·························· 27
ROIC経営 ························· 34
TAKISAWA社 ···················· 26
TOB ························· 29, 37
TSA（Transition Service
　Agreement）·············· 122, 130

●あ行

アービトラージ ···················· 32
相対取引 ·························· 61
アインホールディングス ··········· 44
アクティビスト ······· 2, 5, 18, 25, 62
アジェンダ ···················· 4, 221
アルプス電気 ······················ 37
イオン ···························· 44
意向表明 ·························· 71
意見表明報告書 ···················· 27
いちごアセットマネジメント ····· 35
いちごの乱 ························ 35
伊藤忠商事 ··················· 26, 40
いなばグループ ···················· 42
委任状争奪戦 ······················ 19
インサイダー情報 ················· 11
インタビューセッション ········· 196
インフォメーションメモランダム(IM)
····· 67, 83, 97, 99, 103, 113, 124, 198
ウエルシア社 ······················ 44
ウォール・ストリート・ルール·· 11
エクイティストーリー ············· 98

索引　265

エンゲージメント ……………… 42
エンロン事件 …………………… 18
オーガニックグロース ………… 94
オークション …………… 47, 50, 60
オートノミー ………… 88, 199, 250
オリンパス社 …………………… 25

●か行

カーブアウト ……………… 68, 120
海外M&A ……………………… 262
片倉工業 ………………………… 39
ガバナンス ……………………… 7
ガバナンスコスト ……………… 227
株式交換 ………………………… 37
株式譲渡契約（SPA）…………… 73
株式譲渡契約（SPA）（案）
　……………… 72, 152, 163, 164
株主還元 ………………………… 2, 6
株主共同の利益 ………………… 46
株主資本コスト ………………… 34
株主代表訴訟 …………………… 22
株主提案 ………… 6, 9, 15, 22, 44
株主名簿 ………………………… 30
下方修正 ………………………… 1
ガンジャンピング規制
　……………… 78, 115, 195, 199
機関投資家 ……………………… 23
議決権行使基準 ………………… 27
議決権行使助言会社 ……… 32, 140
気候変動問題 …………………… 9
キャンペーン ………………… 21, 31
クスリのアオキホールディングス
　…………………………………… 44
クリーンEXIT ………………… 81

クリーンチーム ………………… 79
クロージング ………… 74, 247, 255
クロージング調整方式 ………… 74
継続価値 ………………………… 223
ゲートキーパー ………………… 160
減損 ………………… 10, 228, 250
廣済堂 …………………………… 39
公正性担保措置 ……………… 38, 62
公正なM&Aの在り方に関する指針
　…………………………………… 38
公正な価格 ……………………… 229
光陽社 …………………………… 39
コードネーム ………………… 115, 210
コーポレートガバナンス …… 11, 60
コーポレートガバナンス・コード
　……………………………… 15, 22
コベナンツ ……………………… 75
コングロマリット ……………… 1
コングロマリット・ディスカウント
　…………………………………… 43
コントロールタワーチーム
　……………… 138, 144, 196, 206
コンプライアンス ……………… 34

●さ行

サーベンス・オクスリー法（SOX
　法）…………………………… 18
最終提案書 ……………………… 73
サイトビジット ……… 177, 191, 202
サムオブザパーツ分析（Sum-of-the-
　Parts, SOTP）……………… 121
事業戦略ワークショップ ……… 210
事業ポートフォリオ …… 4, 5, 8, 16, 50
自己勘定 ………………………… 22

自社株買い ……………………… 2
実質株主判明調査 …………… 3, 30
実力値 …………………………… 224
シティインデックスイレブンス ‥ 41
シナジー効果 …………… 224, 252
資本コスト ……………………… 46
資本政策 ………………………… 25
島忠 ……………………………… 39
指名諮問委員会 ………………… 58
社会的責任（CSR）…………… 45
従来型のデータルーム …… 154, 156
上場子会社の非上場化 ……… 35, 36
ショートリスト ………………… 66
スクイーズアウト ……………… 40
スタンドアロン ……… 120, 121, 252
スタンドアロンイッシュー …… 121
スタンドアロンケース ………… 226
スタンドアロンバリュー ……… 226
スチュワードシップ・コード ‥ 15, 22
ステークホルダー …………… 17, 25
ストラテジックバイヤー ……… 24
スピンオフ …………………… 18, 261
政策保有株式 …………… 6, 34, 140
誓約書 …………………………… 148
説明責任 ………………………… 152
セラーズDD …………… 48, 67, 68
ゼロ次 …………………………… 69
善管注意義務 …………………… 152
選択と集中 ……………………… 57
増配 ……………………………… 2
双務契約 ………………………… 69
ソニー …………………………… 43

●た行

対象会社 ………………………… 63
大量保有報告書 …………… 3, 30, 31
強すぎる事業計画 ……………… 220
ツルハ社 ………………………… 44
ティーザー（Teaser）……… 66, 99
ディールブレイク ……………… 154
ディスカウントTOB …………… 42
ディスクレーマー（Disclaimer）
………………………………… 107
敵対的TOB ……………………… 26
敵対的買収 …………………… 18, 20
デサント ………………………… 26
デジタルガレージ社 …………… 41
デッドロック …………………… 238
デューデリジェンス
…………… 71, 73, 80, 120, 152, 191
同意なき買収 ………………… 20, 26
東栄リーファーライン ………… 39
東京鋼鐵 ………………………… 35
東京ドーム社 …………………… 25
統合報告書 ……………………… 30
投資ファンド ………… 25, 27, 28, 60
特別委員会 …………………… 38, 46
トヨタ自動車 …………………… 45
トランジション ………………… 130
ドローン ………………………… 204

●な行

投げ込み ………………………… 257
ナナホシマネジメント ………… 42
ニデック社 ……………………… 26
ニトリ …………………………… 39

索引 267

ネガティブリスト …… 47, 53, 83, 133
のれん …………………… 228, 250
ノンネーム ………………………… 66
ノンバインディング（Non-Binding）
………………………………… 71, 109

●は行

バーチャルデータルーム（VDR）
………………… 61, 136, 154, 156
パーパス ………………………… 92
バイアウトファンド ……………… 27
買収防衛策 ……………………… 31
バイヤーズバリュー …………… 227
バインディングオファー … 165, 211
ハゲタカ ………………………… 24
バリュー投資家 ………………… 29
バリュエーション ………… 97, 116
ハレーション …………………… 220
ハンズオン ……………………… 28
バンプトラージ ………………… 34
ビジョン ………………………… 91
日立国際電気 …………………… 35
評価書 …………………………… 230
表明保証保険 …………… 79, 153
ファミリーマート ……………… 40
フィナンシャルバイヤー ………… 24
フージャースホールディングス社
………………………………… 41
フォローアップインタビュー
………………… 175, 176, 181
フジテック社 …………………… 32
プライシング …………………… 226
ブレークアップ ………………… 75
プレミアム ……………… 28, 38

プロセスレター …… 72, 103, 152, 163
米RMBキャピタル ……………… 40
米ウォルト・ディズニー ………… 43
米エリオット ………………… 25, 35
米KKR …………………………… 35
米サード・ポイント ……………… 43
米トライアン・パートナーズ …… 43
米バリューアクト ………… 25, 26
ベストオーナー ………………… 27
ポイズン・ピル ………………… 31
法廷闘争 ………………………… 22
ポストディール ………………… 130
ホワイト・ペーパー …………… 31
香港オアシス …… 25, 32, 37, 41, 44

●ま行

マークアップ ……………… 73, 164
マーケット・チェック ………… 62
マジョリティ …………………… 28
マスキング ……………… 132, 201
マネジメントインタビュー（マネイ
ン）………………… 115, 204
マネジメントケース
………………… 220, 229, 250, 256
マネジメントプレゼンテーション
（マネプレ）…… 138, 154, 191, 197
メンバーリスト ………………… 78
モノ言う株主 …………………… 2

●や行

焼津水産化学工業 ……………… 42
友好的買収 ……………………… 24
有償ストックオプション ……… 44

●ら行

リーガルアドバイザー ············· 77
リーマンショック ·················· 18
利益相反 ·························· 35
リバースブレークアップフィー ·· 76
リミテッド・オークション ········ 61
臨時株主総会 ······················ 22
類似会社比較法 ··················· 116

レバレッジ ·················· 18, 239
レピュテーションリスク ······· 23, 29
レブロン基準 ····················· 213
ロールアップ ················ 55, 212
ロックド・ボックス方式 ········· 74
ロングリスト ····················· 65

●わ行

ワールドコム事件 ·················· 18

[著者紹介]

岡　　俊　子

株式会社岡＆カンパニー代表取締役，明治大学大学院グローバル・ビジネス研究科（MBA）専任教授，株式会社ハピネット社外取締役，日立建機株式会社社外取締役，ENEOSホールディングス株式会社社外取締役，アース製薬社外取締役，株式会社産業革新投資機構（JIC）社外取締役，株式会社リブ・コンサルティング社外取締役。
北陸先端科学技術大学院大学客員教授。

（略歴）

1986年一橋大学卒業。1992年ペンシルベニア大学ウォートンスクール経営学修士（MBA）。1986年に等松・トウシュロスコンサルティング㈱（アビームコンサルティング㈱およびデロイトトーマツコンサルティングの前身）に入社。その後グループ内異籍，アビームM&Aコンサルティング株式会社代表取締役社長（2005年～2016年）などを経て，現在，株式会社岡＆カンパニー代表取締役。M&A戦略や経営戦略の策定支援，M&Aのディール支援，ポストM&A（PMI）のコンサルティングサービスを提供する。

ネットイヤーグループ株式会社社外取締役（2008年～2016年），アステラス製薬株式会社社外監査役（2014年～2018年），三菱商事株式会社社外取締役（2016年～2020年），日立金属株式会社（現株式会社プロテルアル）社外取締役（2016年～2021年），ソニーグループ株式会社社外取締役（2018年～2024年）を歴任。

経済産業省産業構造審議会委員，内閣府経済財政諮問会議対日投資会議専門部会委員，内閣府経済社会総合研究所M&A研究会委員，内閣府「地域力再生機構（仮）」研究会委員，経営系専門職大学院異議申立審査会委員などを歴任。

（主な著書）

『図解＆ストーリー「資本コスト」入門（第3版）』（中央経済社，2024年）

『図解＆ストーリー「子会社売却」の意思決定』（中央経済社，2023年）

『M&Aにおける第三者委員会の理論と実務』（商事法務，2015年（共同執筆））

『高値づかみをしないM&A』（中央経済社，2012年）

『M&Aを成功に導くビジネスデューデリジェンスの実務』（中央経済社，2010年（監修・共著））

『M&Aにおけるプライシングの実務』（中央経済社，2008年（監修・共著））

『三角合併がよ～くわかる本』（秀和システム，2007年）など多数。

図解＆ストーリー
「子会社売却」の実務

2025 年 4 月 15 日　第 1 版第 1 刷発行
2025 年 6 月 25 日　第 1 版第 2 刷発行

著　者　岡　　俊　子
発行者　山　本　　継
発行所　㈱中央経済社
発売元　㈱中央経済グループ
　　　　パブリッシング

〒 101-0051　東京都千代田区神田神保町1-35
電話 03（3293）3371（編集代表）
03（3293）3381（営業代表）
https://www.chuokeizai.co.jp
印刷・製本／文唱堂印刷㈱

ⓒ 2025
Printed in Japan

＊頁の「欠落」や「順序違い」などがありましたらお取り替えいた
しますので発売元までご送付ください。（送料小社負担）
ISBN978-4-502-53471-3　C3034

JCOPY〈出版者著作権管理機構委託出版物〉本書を無断で複写複製（コピー）することは，
著作権法上の例外を除き，禁じられています。本書をコピーされる場合は事前に出版者著
作権管理機構（JCOPY）の許諾を受けてください。
JCOPY〈https://www.jcopy.or.jp　e メール：info@jcopy.or.jp〉